prometeo
libros

PENSAR POR SÍ MISMO

Instrucciones para la resistencia

Harald Welzer

PENSAR POR SÍ MISMO

Instrucciones para la resistencia

prometeo
libros

Welzer, Harald
   Pensar por sí mismo : instrucciones para la resistencia / Harald Welzer. - 1a ed . - Ciudad Autónoma de Buenos Aires : Prometeo Libros, 2017.
   360 p. ; 23 x 16 cm.

   Traducción de: Ilana Marx.

   1. Ensayo Sociológico. 2. Ensayo Político. 3. Crítica Cultural. I. Marx, Ilana, trad. II. Título.
   CDD 301

Traducción: Ilana Marx
Armado: Yanina Pérez
Corrección de galeras: Liliana Stengele
Supervisión: Rocío Annunziata
Diseño de tapa: Erica Anabela Medina

© Harald Welzer: Selbst Denken. S. Fischer Verlag, Frankfurt/Berlin, 2013.

© De esta edición, Prometeo Libros, 2017
Pringles 521 (C1183AEI), Buenos Aires, Argentina
Tel.: (54-11) 4862-6794 / Fax: (54-11) 4864-3297
editorial@treintadiez.com
www.prometeoeditorial.com

Hecho el depósito que marca la Ley 11.723
Prohibida su reproducción total o parcial
Derechos reservados

Para Hanna y Dieter Paulmann

Índice

El futuro como promesa 13

El futuro como pasado 17

¿Dónde está el camino de retorno al futuro? 23

Extractivismo 25

Destrucción de la sociabilidad 29

¿Estás habitando todavía o destruyendo ya? 31

¡Perdón, medioambiente! 37

La post-ideología 41

Por qué no queremos ser como éramos 49

Religión de crecimiento 57

Por qué usted todavía sigue creyendo
que es diferente de lo que es 61

La textura de las expectativas ante el mundo 63

Industrialización profunda 65

Infraestructuras mentales 71

Vínculos culturales 73

Ciencia 77

La moralización del mercado 79

Ética de consumo 83

El consumidor no consume 87

Auto-inhabilitación 91

Auto-inhabilitación en verde 95

Una breve excursión a la historia del
movimiento ecologista 99

Protesta 105

Lo político se vuelve antiutópico 111

Sin conciencia histórica 115

El milagro del budín verde 121

¿Por qué el cambio climático es
tan maravilloso en realidad? 127

Vuelta a lo político 137

La tarea civilizatoria 141

Pensar por sí mismo 145

Utopías 149

Atención 155

Sin *masterplan* 159

Arte de vivir, pronto ya 163

Arte de vivir, veinte años después 167

Una historia no tan hermosa del año 2033 173

Una vida hipotética 183

Fuerzas productivas del comienzo 185

Economía moral 189

Culturas locales 193

Communities of practice 195

Sociedades de resiliencia y *commons*	199
Alfabetización para una modernidad sostenible	209
Reparaciones, innovaciones en el aprovechamiento	219
Cooperativas	223
Alianzas	227
Márgenes de acción	231
Incomodidad	235
Tomarse en serio	239
Política e historia	247
La contrahistoria	255
Modelos	261
Staudinger piensa por sí mismo	265
Los Sladek piensan por sí mismos	267
Christian Felber piensa por sí mismo	269
GLS: un banco piensa por sí mismo	271
Kowalsky piensa por sí mismo	273
Schridde piensa por sí mismo	277
Los Paulmann piensan por sí mismos	281
Un prestador de servicios del sector de la movilidad piensa por sí mismo	285
"Rímini Protokoll" piensa por sí mismo	289
Los "Yes men" piensan por sí mismos	293
Instrucciones para la resistencia	297

12 Reglas para una resistencia exitosa 305

Bibliografía 307

Anexos 317
   Los guardianes de semillas 319
   Una sala de cine para Ciudad Bolívar 323
   La democratización del agua 327
   La memoria en cartón 331
   Más allá de la crisis 335
   NEOJIBA - Música que transforma vidas 339
   Viviendo y aprendiendo 343
   Turismo comunitario en la Amazonia 347
   Documentando historias y tradiciones propias 349
   Aprendiendo con los inmigrantes 317

El futuro como promesa

Cuando yo era un niño, en casa había viejas revistas del ratón Mickey de los años 1950 que leía una y otra vez. No solo por las maravillosas historias de Patolandia en la parte central, sino también porque entre las historietas estaban las "noticias MMK[1]". Por ejemplo, allí estaba la serie "Nuestro amigo: el átomo". Hablaba sobre la física nuclear y las ventajas de la utilización pacífica de la energía atómica. "Nuestro amigo: el átomo" era una historia de promesas por entregas; a modo de ejemplo, cómo se podía calentar campos cultivados con energía atómica y obtener cosechas mucho más grandes, cómo se podía descubrir el universo con misiles impulsados por energía nuclear y, en total, dejar atrás de una vez por todas las cuestiones relativas al suministro energético.

"Nuestro amigo: el átomo" que, por lo demás, también existió como serie en la televisión alemana, realizada por Disney y levemente modificada, era menos la descripción de una tecnología novedosa que una historia sobre la posibilidad de incidir en el futuro, en un buen futuro. "Está en nuestras propias manos" –dice en el episodio número 27– "el utilizar los tesoros del átomo con sabiduría. Entonces, la energía mágica del átomo pronto comenzará a surtir efecto para todo el mundo. Llevará los dones de la tecnología hasta el más remoto rincón de la Tierra. Todos recibirán su porción de energía, alimentación y salud."[2]

Lo concebido en la frase anterior no era otra cosa que una promesa sobre la capacidad de construir un mundo que sería mejor que el que existía en ese momento. Y para mí, el futuro era una promesa que se cumplía constantemente. En los juegos de cartas con ilustraciones de autos había Maseratis y Ferraris que alcanzaban los 280 km por hora; en las de aviones, jets que volaban a velocidades varias veces mayores a la del sonido. Ambas cosas no existían solamente como ilustración en colores: si se tenía suerte, realmente se podía llegar a ver un auto tan inverosímil y, entonces, la cosa tenía algo de

---

[1] N. de T.: Micky-Maus-Klub [Club del Ratón Mickey], parte redactada de las revistas de esos años.
[2] *Micky Maus* N° 27, 12/7/1958, pág. 26.

sagrado. A veces, un *Starfighter* o un *Phantom* volaba con estruendo sobre nuestro pueblo, lo que yo percibía como algo impresionante, pero jamás como una amenaza. Yo envidiaba a los pilotos que podían manejar esas máquinas maravillosas, sobrenaturalmente rápidas y ruidosas, de la misma manera que los conductores de los bólidos exóticos. Se sabía, por supuesto, que para volar y para conducir se necesitaba combustible. Jugábamos al "petróleo para todos nosotros" y, en las estaciones de servicio, recibíamos figuritas de *oldtimers* para coleccionar (en lo de Shell) o monedas con autos grabados y, más adelante, vehículos espaciales (en lo de Aral) cada vez que mi padre iba a cargar nafta.

Lindo juego: "Petróleo para todos nosotros". (El juego de mesa fue primero un regalo de propaganda de BP, pero a partir de 1960, fue comercializado por la editorial Ravensburger.)

No mucho tiempo después, yo leía la revista *hobby*, en cierto modo, las "noticias MMK" ampliadas en formato revista, cuyas descripciones técnicas tenían un lenguaje mucho más exigente, por supuesto, que las del "ratón Mickey", y en realidad, estaban pensadas para adultos: informes sobre cámaras de fotos, barcos, arquitectura, autos, motos, todo muy variado y, sin embargo, radicalmente monotemático. Se trataba siempre de lo mismo: la vida mejor, más cómoda, ampliada, más rápida, facilitada por el progreso tecnológico.

Esos informes, que se movían en el espacio entre un presente que acababa de terminar y un futuro que recién acababa de empezar, adquirían su eficacia mental no solo gracias a las fantásticas fotos con las que estaba ilustrada la revista *hobby*, sino que, de nuevo, porque las promesas que allí se hacían, realmente se cumplían.

A fin de cuentas, fuimos los primeros seres humanos que tuvimos el honor de ser testigos de un aterrizaje en la luna. A la mañana siguiente, agitados y febriles, intercambiábamos las imágenes temblorosas que habíamos visto la noche anterior en la televisión. El futuro –y fue para eso que el primer ser humano estuvo parado, sí, de cuerpo entero, sobre la luna– *realmente* tuvo lugar, y si la misión Apolo fue posible, todo era posible.

Hoy día, aún puedo recordar exactamente que el futuro, el futuro tecnológico, la conquista de las más grandes alturas y de las más grandes profundidades, tenía algo increíblemente excitante, y lo mejor de todo era que, incluso siendo uno un escolar, de alguna manera pudo ser parte de ello. Lo de la misión Apolo no fue algo impuesto, aprendido, anónimo y lejano, sino una historia de partida, de salir a descubrir nuevos mundos. De poder. Y de hacer posible lo imposible. Una historia sobre nosotros.

En el caso de los varones de mi generación, en aquel entonces surgió una forma de pensar que alimentó la fantasía en lo tecnológico y que continuó escribiendo la historia de tal manera hasta el presente, a partir de los descubrimientos de Cristóbal Colón y de la conquista del Lejano Oeste, en forma del Apolo 11 y de los astronautas Armstrong y Collins, de modo que uno mismo se volvió parte de esa constante ampliación del horizonte de lo posible y de lo esperable. Fue también de esa manera que la cultura expansiva de la modernidad se convirtió en una parte de nuestro acondicionamiento mental interno (en el caso de las chicas, es probable que las cosas fueran un poco diferentes, pero tampoco produjo en ellas el efecto de un vínculo diferente con el presente y el futuro).

Quedar marcado de esa manera produce certeza respecto del futuro: veíamos al mundo como un laboratorio de futuras posibilidades. Quedar marcado de esa manera hace que el presente se vuelva más transparente y que sea siempre solo momentáneamente *una* versión de muchas realidades posibles, y un *aún no* que remite ya a la próxima etapa.

20 de julio de 1969. "Buzz" Aldrin en la luna. Yo tenía diez años y fui testigo.

Esa forma de certeza sobre el futuro tiene dos caras: por un lado, es el exacto traspaso de un modelo cultural expansivo hacia la vida interior y de los sentimientos, y crea un vínculo cultural del que no es fácil escapar. Al mismo tiempo, sin embargo, consolida la convicción profunda de que todo podría ser diferente siempre. Lo que quiere decir que la realidad no es hermética, sino porosa. Y mientras sea porosa, está abierta al futuro.

El futuro como pasado

Esto lo cuento, porque actualmente las sociedades como las nuestras parecen haber perdido su futuro. Cuando Francis Fukuyama proclamó "El fin de la historia"[3] luego del colapso del bloque del este, en realidad fue algo precipitado, pero sin querer, dio en el blanco: con el final de la competencia entre los sistemas comenzó también el final de la hegemonía oeste-este sobre el mundo. La economía capitalista de crecimiento se extendía como principio fundamental sobre cada vez más países, y los arrastró, independientemente de su talante político, hacia una curva de modernización y aumento del bienestar que persiste hasta el presente y que se acelera cada vez más. Esa curva se asemeja a aquella que puede dibujarse para los años 1950 y 1960 para las sociedades de la Europa occidental; lamentablemente, con ella no solo aumentó el bienestar, sino también la destrucción del medioambiente. Lo mismo sucede hoy de forma global, y en consecuencia, todo se ve aumentado de acuerdo con la escala correspondiente. En el caso de las reorientaciones geopolíticas, que trajeron consigo el ascenso o retroceso de países como China o India, los países industrializados tempranamente, es decir, los del oeste, comienzan a estresarse, y en realidad, debido a otras razones que las pronosticadas en los *Límites del crecimiento*[4] de 1972, pero con las mismas consecuencias. Entretanto, en medio de la crisis financiera, del cambio climático, de la competencia por los recursos y la globalización de los ciclos económicos, hace mucho que ya no se trata de la configuración de un futuro abierto: todo impulso se detuvo. De lo que se trata ahora es de restauración, de mantener un *status quo* ya frágil, y en ese sentido, ya no se trata de política, sino que de un bricolaje de apuro.

Como la historia siempre se entiende a partir de un presente, y esta comprensión, por su parte, depende de hacia cuál futuro uno desea dirigirse, con la pérdida radical de futuro, de hecho nos encontramos al final de la

---

[3] Fukuyama, Francis: *Das Ende der Geschichte: wo stehen wir?*, München, 1992.
[4] Meadows, Dennis /Meadows, DonellaH. / Randers, Jørgen: *Limits to Growth. The 30-Year Update*, London/New York 2004.

historia, más exactamente: de *nuestra* historia. Claro que Fukuyama no lo había imaginado de esa manera: para él, el año 1989 representaba el triunfo final de ese y en el futuro único sistema social y económico. De hecho, en 1989, sin embargo, comenzó la declinación del oeste, y todavía se encuentra en plena marcha. Un error de ese tipo puede suceder alguna vez, cuando el deseo es el padre del pensamiento, y, sobre todo, si se cree poder entender las transformaciones sociales con la mirada puesta en una o dos décadas. Lo que realmente es arrastrado en el remolino de las transformaciones básicas en caída y, cuáles son los mojones decisivos de las transformaciones sociales, eso recién queda claro mediante consideraciones que focalizan su óptica en períodos más largos y, entonces, todo adquiere un aspecto diferente, más sobrio, pero más claro.

Así, puede verse que China, ya en 1820 aproximadamente, tenía exactamente la misma participación en la economía mundial que volverá a tener en algunos años. Europa, por el contrario, se encuentra en un movimiento descendente. Es decir que, solamente desde el punto de vista europeo se trata de un desarrollo *nuevo*; lo que está experimentando China es un renacimiento. Cada vez que las sociedades se encuentran en caída respecto a su antigua significación, la conciencia no sigue a la par del proceso. Dejar de tener la significación y el poder de antaño es difícil de soportar y, por eso, es preferible *sentirse* por lo menos todavía significativo y poderoso.

Participación de diferentes regiones en la economía mundial en porcentajes

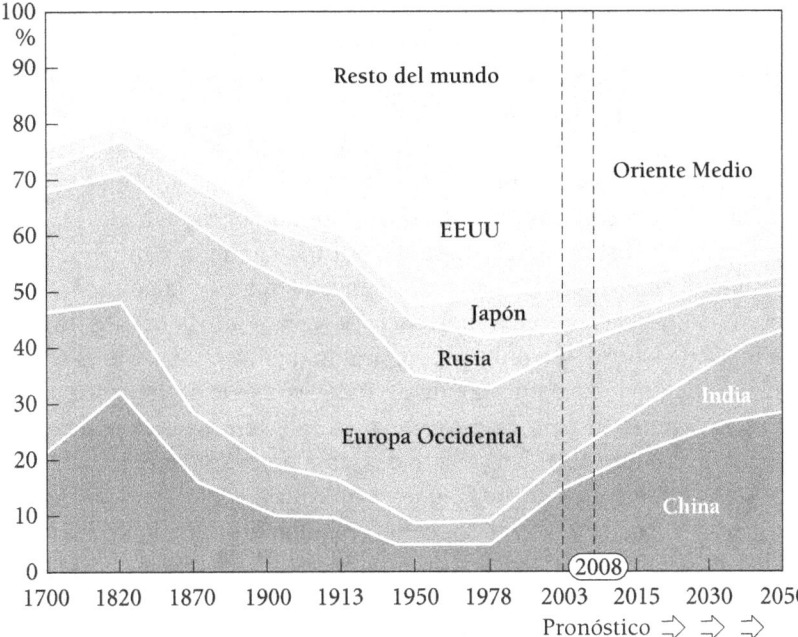

Vuelta atrás. El ascenso de los países emergentes.

El sociólogo Norbert Elias lo ha llamado "efecto de retraso" del hábito social: la gente permanece "en una etapa anterior en su estructura de personalidad, en su hábito social"[5] –en otras palabras, en el punto más alto de su significación histórica percibida, en lugar de luchar denodadamente por procesos de transformación de roles, posición social y poder político. Eso mismo les sucedió en el pasado a potencias marítimas significativas, tales como Holanda o Portugal, también a la Inglaterra desindustrializada y desregularizada por el neoliberalismo, convertida en una sucursal financiera, y eso les sucede tanto al occidente europeo como a Norteamérica. Pero ya no están a la altura; creen ser algo que ya hace tiempo que no son. Ello conduce, naturalmente, a un irracionalismo político: se parte de premisas falsas, por ejemplo, de aquella según la cual también en el orden mundial multipolar habría algo importante para decir, lo que, sin embargo, bajo condiciones de

---

[5] Elias, Norbert: *Studien über die Deutschen. Machtkämpfe und Habitusentwicklungim 19. und 20. Jahrhundert*, Frankfurt am Main 1989, pág. 281.

poder cambiadas, puede ser percibido fácilmente como darse importancia sin mayor significación.[6]

Caer en la pérdida de significación naturalmente también significa una pérdida de futuro, al menos, de un futuro que nos acostumbramos a imaginar cada vez mejor, más amplio y más hermoso. Y también por eso, en Europa, en la actualidad, todo interés político tiene que ver con el restablecimiento del *status quo* anterior: cuando el deseo aún era confirmado por la realidad. La transición de la política hacia un ilusionismo restaurativo es fatal, porque ya no conoce un proyecto que vaya más allá de sí mismo: de ahí que se hable de la "falta de alternativas", de ahí el desestimar la propia lógica de los procesos democráticos, de ahí el desprecio por todo aquello por lo que se luchó con esfuerzo en el siglo XX – a favor de un accionismo de política cotidiana, cuyas decisiones de enorme importancia se rigen por los horarios de apertura de la Bolsa de Valores. La política, precisamente de esa manera, al querer ser tan rápida y actual, es crónicamente de ayer. Solo sería capaz de actuar si aún tuviera algo previsto para hacer, pero para eso, tendría que tener una idea sobre un futuro deseable. Un pasado deseable no es suficiente.

Jared Diamond, en su libro *Kollaps*[7][8], muestra en qué fracasaron sociedades como la maya, la de los vikingos de Groenlandia, o la de los isleños de la Isla de Pascua. Una característica común de tales fracasos consistía en que en el momento en que se entendía que las condiciones de supervivencia se volvían precarias, comenzaban a intensificar todas las estrategias con las cuales habían tenido éxito *hasta ese momento*. Cuando los suelos se deterioraban, se cultivaba de forma más intensiva y se incentivaba la erosión. Se talaba más madera de la que podía crecer, para construir botes para la pesca. Se operaba en el modo de la experiencia, pero esta no ayuda cuando las condiciones de supervivencia han cambiado. En esas condiciones, la experiencia se convierte en una trampa. Nuevas condiciones de supervivencia requieren nuevas estrategias de supervivencia.

Lo mismo sucede en nuestra cultura, que desde hace doscientos años sigue estrategias expansivas y, por eso, es especialmente vulnerable. Actualmente, en la industria pesquera, se capturan los animales todavía no maduros

---

[6] Así, Peter Bofinger, Jürgen Habermas y Julian Nida-Rümelin escriben el 4/8/2012 en el periódico *Frankfurter Allgemeinen Zeitung* un artículo difícil de entender en el que se articula el reclamo de un estado federal europeo, que sería necesario, si "es que se quiere tener influencia sobre la agenda de la política mundial y en la solución de los problemas globales" (*FAZ*, 4. 8. 2012, pág. 33). El valor de ejercer una tal influencia no parece requerir más explicaciones, y qué debería tener que ver con las realidades geopolíticas ya hace mucho desviadas, no se informa. La significación percibida parece ser suficiente para que un deseo aparezca como argumento.
[7] N. de T.: Colapso.
[8] Diamond, Jared: *Kollaps: Warum Gesellschaften überleben oder untergehen*, Frankfurt am Main 2005.

sexualmente cuando las existencias ya están muy diezmadas y, de esa manera, se acelera la desaparición de un recurso alimenticio del cual depende más de la mitad de la población mundial. Cuando se ha excedido *peak oil*[9], se perfora aún más profundamente, con grandes riesgos medioambientales; cuando el endeudamiento amenaza con volverse catastrófico, se inunda el mercado monetario. La incapacidad de enfrentar culturalmente, de *otra* forma, tanto en el modo de la percepción, como en el de la acción las condiciones diferentes mientras se está sometido a estrés, es decir, continuar haciendo lo mismo, pero de forma más intensa, conduce regularmente a algo así como a una mirada a través del túnel y, con ello, a que otras posibilidades ya ni siquiera *puedan* percibirse. La falta de alternativas también fue concebida de la misma manera por los vikingos de Groenlandia cuando se les acabaron los alimentos. Solo hubiera sido necesario que comieran pescado, pero en su cultura era considerado no comestible. Qué forma tan absurda de extinción.

---

[9] N. de T.: en el original en inglés: pico petrolero.

¿Dónde está el camino de retorno al futuro?

En este libro se trata de hacer terapia a nuestra mirada a través del túnel. Su título: "Pensar por sí mismo" es, naturalmente, una referencia al programa kantiano de "abandono por parte del hombre de una minoría de edad cuyo responsable es él mismo"[10]; para ello, el ser humano debe pensar, pensar por sí mismo. En una época en que la orientación del desarrollo de la sociedad va en sentido contrario a lo que sería factible en el futuro, sin embargo, solo con pensar no alcanza: también hay que *hacer* algo para cambiar de dirección. Después de más de dos siglos de ilustración, emancipación y libertad, el auto-esclarecimiento se encuentra hoy bajo otras condiciones que en la época de Kant: debe imponerse contra infraestructuras materiales, institucionales y mentales que se deben a la historia exitosa de una cultura que, en este momento, amenaza con cambiar de dirección convirtiéndose en una historia peligrosa del fracaso, porque al sistema se le han extraviado las condiciones sobre las que fue construido.

Y el autoesclarecimiento debe imponerse a una interfaz medial de usuarios que está tan estrechamente entrelazada como nunca antes, lo que significa que nunca antes fue tan fácil procurarse conocimiento como hoy, y nunca antes tan difícil saber orientarse en la aparente homogeneidad de las informaciones infinitamente disponibles. Ilustración significa hoy: adquirir capacidad de discernimiento. Y sobre todo: el autoesclarecimiento debe imponerse frente a todas las tentaciones consumistas omnipresentes, persistiendo en que no tiene sentido el querer poseerlo todo, solo porque *es posible* tenerlo todo. Hoy, el consumismo se ha vuelto totalitario y alienta la minoría de edad por responsabilidad propia, haciendo de los consumidores, es decir, de usted, sus verdaderos productos, proveyéndole siempre con nuevos

---

[10] N. de T.: frase de Immanuel Kant de su texto: *Beantwortung der Frage: Was ist Aufklärung?* Berlinische Monatsschrift, 1784, 2, S. 481–494. (*Respuesta a la pregunta: ¿qué es la Ilustración?* Roberto Aramayo (tr.) Madrid: Alianza, 2009, pp. 81-93.

deseos, deseos que usted hasta hace poco ni siquiera imaginaba que alguna vez tendría.

El libro muestra cómo es posible encontrar salidas del túnel, salidas de emergencia, pero también ranuras estrechas, agujeros y vistas más extensas que es posible ampliar hasta tener salidas: en otras palabras, muestra la búsqueda de aquellos lugares en los cuales puede perforarse la realidad sólida que parece tenernos sujetos en la supuesta masividad de lo que es. Aunque esto último no está bien formulado: la característica de nuestro presente es más bien que nos entregamos voluntariamente en manos de esta carcasa altamente moderna de la sumisión, nadie lo obliga a uno, aunque todo hace pensar que hay suficiente coacción en marcha: la competencia, la premura de tiempo, el mercado, el crecimiento y unas cuantas cosas más.

Pero no hay guerra en Alemania, no hay un régimen totalitario. No hay terremotos, no hay inundaciones. Ningún huracán amenaza nuestra existencia, y a pesar de ello, la mayoría de la gente dice no tener elección. Son palabras bastante arrogantes, teniendo el privilegio de vivir en una sociedad libre y opulenta, pero eso no llama mucho la atención si todos dicen lo mismo. Por lo demás, también es una afirmación arrogante en contra de sí mismo: uno mismo se declara tan tonto e incompetente que, a pesar de tener una buena educación, ingresos y un estándar de vida exorbitantes comparados a nivel mundial, a pesar de gozar de gran libertad, movilidad y posibilidades de elegir lo que se quiera, "no puede hacer nada" contra el progresivo deterioro del mundo. Y se rechaza con indignación cualquier exhortación respecto a asumir responsabilidad para que el mundo se vuelva un lugar mejor y no permanentemente peor.

Un momento: recuerde en qué pensó cuando en ese mismo instante le vino a la mente la palabra "bienhechor". A usted ya le ha parecido una exigencia excesiva que alguien piense seriamente que podrían existir posibilidades y compromisos de asegurarse dentro de su propio ámbito de influencia y responsabilidad de que el futuro no sea peor que el presente. La conformidad apática con cualquier empeoramiento de las perspectivas de futuro se muestra sobre todo en que vivimos sin protestar en una cultura en la que la palabra "bienhechor" es considerada igual de ofensiva que "indignado". Pero en realidad, solo son los insultos de aquellos que están de acuerdo con todo, en contra de los que demuestran con su propio ejemplo que no existe ningún motivo, ni el más mínimo, para estar orgullosos de su propia impotencia social. Pues al final, los así llamados, son personas que abogan *a favor* de algo, y en contra solo se puede estar porque cuestiona al propio letargo. En otras palabras: ¿Las "malas personas" serían entonces el modelo a seguir que usted prefiere? ¿Usted mismo quiere ser uno de ellos?

Extractivismo

Sin duda que desde el punto de vista empírico, usted lo es: pues desde hace mucho tiempo ya sabe que nuestra cultura destruye con una velocidad diariamente creciente cada ámbito importante de nuestra futura existencia: suelo, agua, diversidad de las especies, clima, pero eso no lo inquieta realmente. Usted hace caso omiso a sus propios conocimientos de que la ciencia tiene razón, y lo que usted mismo ya percibe en la aparición de tornados en la región central de Hesse: que nuestro enormemente exitoso modelo civilizatorio está enfrentado a la finitud, cosa que jamás consideró posible. Y por lo que ahora tampoco cuenta con ella, aunque ya está aquí. Pero nuestra máquina civilizatoria lo disimula con facilidad: a pesar de tantas señales de erosión, a pesar de los crecientes impactos en el mercado financiero, en el ámbito sindical, en la política medioambiental, a pesar de todos los *peaks*[11] y de todas las deudas, las infraestructuras siguen funcionando perfectamente.

El colapso del bloque del este debería haberles enseñado que los sistemas pueden continuar existiendo mucho tiempo después de su fecha de vencimiento, para después, al igual que una casa de termitas vaciada desde adentro, caer sobre sí mismos sin ruido. Pero nosotros resolvemos el proceso de erosión actual del mismo modo que los Breschnews, los Ceausescus y los Honeckers de aquella época: mediante un desprecio arrogante de la realidad y mediante desconsideración ante aquellos cuyo futuro ha sido expoliado por nosotros. La realidad consiste en la simple circunstancia de que un mundo finito no tiene a su disposición un espacio para el crecimiento infinito, por lo que, consecuentemente, ya no se expande en el espacio como antes, sino en el tiempo.[12] El significado no es otro si no se gestiona de forma sostenible: para los que vendrán después, lamentablemente, poco quedará. O, tal vez, nada más. En una encuesta de la Boston Consulting Group, solo un 13% de todos los padres encuestados creen que a sus hijos les irá mejor que a ellos

---

[11] N. de T.: En inglés en el original: picos.
[12] Koschorke, Albrecht: Spiel mit Zukunft. En: *Süddeutsche Zeitung*, 30/10/ 2008.

alguna vez.[13] El 87% restante, ¿de dónde saca la postura distendida de no hacer nada en contra de eso? Sus hijos y nietos, y – si aún no cumplió los cincuenta años– también usted mismo, están enfrentados a la finitud desde el punto de vista estructural, sobre todo, a dos niveles: a nivel de los muchos *peaks* en el sector de las materias primas, y a nivel de la sostenibilidad de los "sumideros" que absorben las emisiones, que surgen debido a la producción incesante de bienes de todos los tipos imaginables e inimaginables: bosques tropicales y océanos, por ejemplo. En lo que refiere a la energía que amplía constantemente nuestra zona de confort, las cosas están mejor que lo pronosticado hace algunos decenios, pero eso es una desgracia: probablemente estemos más allá del *peak oil*, pero el carbón alcanzará para algunos cientos de años más, y las así llamadas renovables se están imponiendo cada vez más. Y eso significa que seguramente no se frenará el extractivismo sin límites que destruye a la Tierra por falta de energía.

Extractivismo: una palabra poco habitual, pero que no se refiere a nada abstracto. Su auto, su casa, su máquina de lavar, su *iPhone*, su ropa, sus muebles, todo está hecho de materiales que de alguna manera fueron extraídos del suelo, de los bosques, del mar sea en forma de petróleo, tierras raras, arena, metal, agua, madera, algodón, minerales, lo que fuere.

No renovable. Mina de cobre de Palabora, Sudáfrica.

Pero usted ve siempre solo el objeto que ha comprado y que enriquece su vida; las materias primas y la así llamada cadena de valor que forman parte de él, por lo general, no las ve.

---
[13] *Frankfurter Allgemeine Sonntagszeitung*, 19/ 8/2012, pág. 27.

Por eso, es una minoría de personas la que se da cuenta de que forma parte activa de una cultura que aumenta permanentemente su demanda de recursos, aunque ellos mismos piensen que hace mucho que son "verdes", "sustentables" o incluso "conscientes del clima". De forma paralela a la creciente conciencia ambiental que se refleja en todas las encuestas pertinentes[14], transcurre la curva del consumo de materiales y energía y de las emisiones. Con excepción del 2009, el año de la crisis económica mundial, en los pasados decenios cada año fue un nuevo año récord en asuntos energéticos y emisiones, sin que, por ejemplo, en algún periódico hubiera sido importante llamar la atención respecto a que el consumo de energía en 2010 aumentó en casi un seis por ciento en comparación con el año anterior. ¿A qué se debe? A que en cada hogar, donde antes había *un* televisor, hay seis pantallas. A que usted está constantemente en la calle, de camino a alguna parte. A que hay varios autos por hogar, de los cuales uno es más grande que aquel único que se tenía hace veinte años por cada familia.

Una transformación de ese tipo de entorno vital tiene lugar casi inadvertidamente, porque, entre otras cosas, en nuestra cultura es parte de las expectativas que se dan por sentado el que siempre haya más, más rápido y más barato. E incluso, forma parte del no darse cuenta, el hecho de que algunos de esos productos con los cuales uno se imagina el mundo, además son "orgánicos", "producidos de forma justa", "eficientes desde el punto de vista energético", y hasta "sostenibles", por lo que no llama la atención que su simple multiplicación elimine sin esfuerzo todo efecto positivo de ahorro ecológico. La cultura de la dilapidación enverdecida encontró su expresión más visible cuando alguna gente, en ocasión de la mencionada crisis económica, recibió dinero si hacía desguazar sus automóviles aún operativos y compraba nuevos en su lugar; ese llamado a la eliminación colectiva de recursos recibió el nombre de "prima ecológica".

---

[14] Kuckartz, Udo: Nicht hier, nicht jetzt, nicht ich – Über die symbolische Bearbeitung eines ernsten Problems, en: Welzer, Harald /Soeffner, Hans-Georg / Giesecke, Dana (Hg.): *KlimaKulturen. Soziale Wirklichkeiten im Klimawandel*, Frankfurt am Main /New York 2010, págs. 143–160.

Destrucción de la sociabilidad

La rescisión del contrato generacional es algo único desde el punto de vista histórico. No conocemos a ninguna sociedad que se hubiera comprendido a sí misma por fuera de un vínculo histórico intergeneracional. No conocemos tampoco ninguna cosmología religiosa o ideológica que hubiera tomado el presente como único punto de referencia para el pensamiento, las decisiones y los actos. En cierto modo, la masa universal actual de sociedades anónimas del yo es una continuación consecuente de la emancipación de los vínculos naturales, de la forma en que la modernidad los impulsa desde tiempos inmemoriales: ahora cada generación vive y muere para sí misma. Todo compromiso que exceda el yo va en contra de las condiciones de funcionamiento de esta cultura. Por esa misma razón justamente es que el neoliberalismo jamás habría podido inventar algo así como familia, amistad y cualquier forma de relación social autónoma; por eso mismo intenta destruir todo lo que no se somete al mercado. De forma inversa, las relaciones no instrumentales de las personas entre sí son, en principio, nidos de resistencia en contra del consumismo y, sin más, de la totalización del mercado.

Si se tiene en cuenta, por lo demás, de dónde han extraído su fuerza los sistemas totalitarios para organizar el mundo según sus ideas, al menos por un tiempo, entonces fue en primerísimo lugar, la destrucción de las relaciones sociales existentes: en el nacionalsocialismo (los nazis), mediante la violencia contra los opositores políticos o "raciales" y mediante una política de exclusión radical, que se traducía concretamente en la división de la sociedad en pertenecientes y excluidos. El estalinismo destruyó la sociabilidad mediante la definición arbitrariamente cambiante de aquello que en ese momento valía como "bueno" o "malo", como conformista o criminal. Ese tipo de arbitrariedad destruye la base de cualquier sociabilidad: la confianza.[15] Ambos sistemas de dominación construyeron su poder social sobre la

---

[15] Reemtsma, Jan Philipp: *Vertrauen und Gewalt: Versuch über eine besondere Konstellation der Moderne*, Hamburg 2008.

destrucción de las relaciones autónomas, incontroladas entre las personas. Se destruyó la cohesión social, las partes se volvieron a componer de otra manera y el entramado mismo de los vínculos sociales se transformó en un poderoso instrumento de dominación.

El mismo principio fue efectivo en la China de la revolución cultural, en la Camboya de los Jemeres Rojos, y también en la utopía social del behaviorismo: la organización ideal del mundo requiere siempre, como primer paso, de la destrucción de los vínculos sociales que salen de lo común. Es precisamente allí donde se asientan las distopías literarias de George Orwell o de Aldous Huxley y, probablemente, uno debería prestar atención precisamente a esos procesos de destrucción si se está preocupado por la pérdida de rumbo de algunas sociedades hacia direcciones antisociales y contrarias a los seres humanos. Y probablemente uno sea demasiado romántico si supone que algo así siempre sucede como copia de antecedentes históricos. Más bien podría ser que el totalitarismo actual se presente precisamente disfrazado de libertad: poder tener y ser todo lo que se cree poder tener y ser en todo momento. Existe un solo sistema regulatorio que limita una libertad de ese tipo: el mercado. Pues a diferencia de "1984", hoy ya no es necesaria una instancia de vigilancia que controle los deseos y emociones de las personas e intervenga cuando se vuelven peligrosos. Ya no se requiere de una Gestapo y tampoco de una Checa; pues en los tiempos de Google y Facebook, cada uno de los "presos" de la red entrega los datos necesarios sobre su persona de forma voluntaria, sin ninguna obligación. Lo que ello significa en todas sus consecuencias puede quedarle claro a uno, si se imagina durante un momento el fascismo con Facebook. Ni un solo judío hubiera sido escondido, ningún perseguido hubiera podido escapar.

Hoy día todavía no tenemos que vérnoslas con la destrucción de la cohesión social, pero sí con un terrible potencial para ello. Si este diagnóstico es correcto, entonces, es necesario oponer resistencia. Resistencia en contra de la destrucción física de las futuras bases para la supervivencia, resistencia contra el extractivismo, pero también contra la ocupación de lo social. Resistencia contra la entrega voluntaria de la libertad. Resistencia contra la ignorancia. Resistencia contra la facilidad de engañarse a sí mismo, de decir simplemente: "Da lo mismo, si al final no depende de mí." Nada da lo mismo. Depende solo de usted.

¿Estás habitando todavía o destruyendo ya?

Imagine la siguiente situación: un matrimonio mayor va a IKEA, se queda largo tiempo parado delante del armario "Bjursta", abre y cierra las puertas, abre y cierra cajones, revisa la madera, acaricia las superficies, da la vuelta al objeto, reflexiona, medita. Finalmente, la mujer le dice al marido: "Lo llevamos. ¡Es hermoso y sólido, nuestro nietito podrá disfrutar de él todavía!"

Cuando cuento este pequeño episodio ficticio en conferencias, las risas siempre están aseguradas. ¿Por qué? Porque hoy la idea de que uno podría *heredar* un mueble, aún más, que pudieran comprarlo con la perspectiva de que a más tardar en cinco, seis años no hubiera pasado de moda y sería reemplazado, parece totalmente absurda. De hecho, hoy se compran muebles para ser tirados luego a la basura, donde aterrizarán tarde o temprano. En relación con los ingresos disponibles, son muy económicos, por lo que no importa tirarlos y sustituirlos por otros *á la mode*. Lo que han logrado IKEA y otras casas de venta de muebles baratos es transformar bienes de consumo de larga vida en unos de corta vida. Mientras que las familias promedio antes ahorraban durante mucho tiempo para poder permitirse un armario, y luego lo mandaban hacer por encargo o lo compraban en una mueblería, hoy día se trata de artículos para llevarse y tirar. Desde el punto de vista ecológico, estos pseudo muebles de corta vida, no solo son una catástrofe por eso mismo, porque después de poco uso se tiran: para producirlos se gasta mucho más energía, material y transporte que para cualquier armario hecho por un carpintero. La ikeaización del mundo se traduce en cifras de manera que el consumo de muebles en las sociedades occidentales aumenta cada diez años en un 150 %.[16] Y la empresa IKEA, entretanto, está en todas partes. Con su repugnante tuteo, con el que se dirige a los clientes exactamente en el mismo estado infantil al que intenta convertirlos.

Solo en el siglo XX se utilizó más energía que durante toda la historia previa de la humanidad. En el mismo período, la economía creció catorce veces

---

[16] Schor, Juliet: *Plenitude: The new economics of true wealth*, London, 2010.

más, la producción industrial cuarenta veces más.[17] En los EE.UU., la cantidad de ropa comprada se duplica cada decenio.[18] Pero no solo tenemos un aumento exorbitante de las cantidades; muchos productos requieren cada vez más material. Los autos, por ejemplo, registraron un crecimiento espectacular en los últimos decenios. Un VW Golf, en el transcurso de su fabricación, ha aumentado su peso de 750 kilos a 1,2 toneladas. Más extremo todavía es el Mini. Si hace cuarenta años era realmente pequeño y transportaba con 34 PS y 617 kilos de peso al menos a cuatro personas, hoy existe como limusina, cabrio, combi, coupé, *roadster* y SUV, con hasta 211 PS y 1380 kilos de peso. El tamaño del Mini actual excede fácilmente al antiguo prototipo del auto deportivo Porsche 911. Ese, a su vez, en su etapa actual de ampliación, es tan ancho como en 1960 el legendario Mercedes 300, el "Mercedes Adenauer".

Mini hipertrofiado.

Entretanto, las calles, los lugares para estacionar y las autopistas se han vuelto demasiado estrechos para ese crecimiento tan hipertrófico, ampliamente superado por los surreales "cuatro x cuatro urbanos" Audi Q7, BMW X5, Porsche Cayenne, etc. En consecuencia, la mayor y más poderosa ONG de Alemania, el ADAC, pide una ampliación de los carriles de alta velocidad

---

[17] McNeill, John R.: *Blue Planet. Die Geschichte der Umwelt im 20. Jahrhundert,* Bonn 2005, pág. 9, pág. 29.
[18] Schor, *Plenitude* (Ver nota 16).

en las autopistas –las que naturalmente se multiplicarían si esa solicitud se aceptara–.

Y de ese tipo de autos monstruo que, por lo general, solo transportan a una persona, no hay uno solo por hogar, sino que muchas veces hay dos o tres, y en los mismos hogares se encuentran seis pantallas planas, un equipo de aire acondicionado, un refrigerador estadounidense con preparador de cubitos de hielo (por si llega a pasar Dean Martin), y además, una así llamada cocina estilo *country*, con cuyo equipamiento técnico se podría abastecer sin problemas a dos albergues juveniles llenos. En más del 70 % de los hogares estadounidenses hay un taladro. Su tiempo de uso asciende a trece minutos promedio, en total.[19]

Muy verde: etiqueta de corriente eléctrica ecológica. Selección.

Para el año 2012, en Alemania se pronosticaron ventas de diez millones de televisores de pantalla plana.[20] La duración de los aparatos electrónicos se acorta enormemente, gracias a los incansables ingenieros, y entretanto, en los EE.UU. y en Europa, se tira el treinta por ciento de los alimentos como basura porque solo pueden ser comprados, no consumidos.

La industria de la sostenibilidad produce incansablemente cálculos y etiquetas respecto a los *carbon footprints*[21], mochilas ecológicas, agua virtual, y pasa totalmente por alto que todo esto va a productos que, en primer lugar, nadie necesita, y en segundo lugar, sin duda ya nadie consume, sino que

---

[19] *Süddeutsche Zeitung* del 25/8/2012, S V2 / 1.
[20] ZDF heute Nachrichten, 29/ 8/2012.
[21] N. de T.: En inglés en el original: huellas de carbono.

simplemente se compran y se tiran. O que solo funcionan como las máquinas productoras de basura del tipo "Nespresso". Primero se impone la estrategia en el mercado de comprar por taza de café una costosa cápsula de plástico, para así poder dar al producto un precio exorbitante y un mayor factor basura. En las cápsulas, con un precio de hasta 43 centavos cada una, según el fabricante, hay entre 7 y 16 gramos de café; con ese precio, los 500 g de café llegan a 30 euros. Las máquinas de café, por lo contrario, son comparativamente económicas, por lo que en el año 2011, tan solo en Alemania, se vendieron más de un millón de máquinas de cápsulas de café.[22] En lo que respecta a los costos medioambientales de las cápsulas, no tengo cálculos hechos, pero naturalmente que era solo cuestión de tiempo hasta que a alguien le llamase la atención que, en ese caso, tenemos una verdadera porquería ecológica. En consecuencia, se empezaron a fabricar cápsulas de café ecológicas para la máquina de cápsulas de café. Así, en un abrir y cerrar de ojos, un producto que hasta hace poco no existía, podía ser considerado "amigable con el medio ambiente". Nestlé ya inició la próxima etapa (ver abajo).

Probablemente, al leer las últimas páginas, usted haya tenido la impresión de que hace tiempo que está haciendo algo que jamás había planeado ni por propia voluntad ni conscientemente: usted renuncia a la libertad de organizar su vida en base a sus propias decisiones. De la misma manera en que usted imagina su espacio vital con productos de los cuales hasta hace poco ni sabía que alguna vez fuera a querer tenerlos, de la misma manera usa cada vez más tiempo para decidirse en este universo de consumo a favor o en contra de algo: usted lee tests e informes sobre experiencias, examina instrucciones de uso y *updates*, baja comparaciones de precios, firma contratos de todo tipo, por lo que compra cada vez más, pero consume cada vez menos lo que ha comprado.

---

[22] Nicolai, Birger: Starbucks und Krüger attackieren Nespresso. En: *Welt am Sonntag*, 27/5/2012, pág. 31.

Pensar por sí mismo: Instrucciones para la resistencia

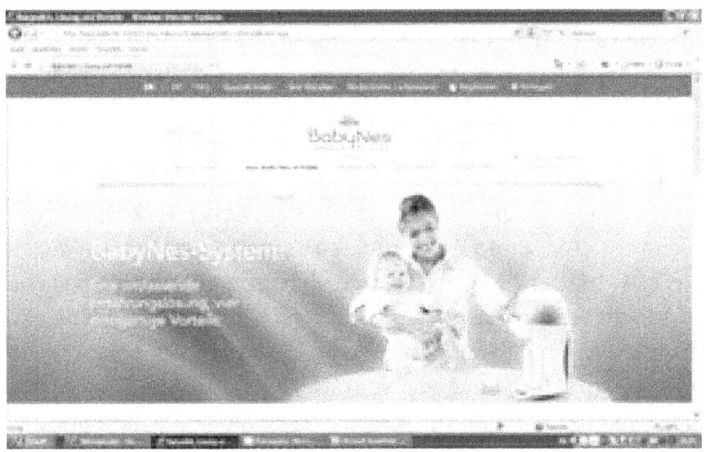

BabyNes: en el caso de la persona que aparece en la fotografía no se trata de una ministra.

En otras palabras, en realidad usted no satisface *sus* necesidades, sino las de un mercado que no existiría sin usted. Usted es como el inquilino de un apartamento de veinte metros cuadrados que tiene que ir al balcón para poder ver sin distorsiones la serie *Tatort*[23] en su televisor con 60 pulgadas de diagonal de pantalla. Usted limita su libertad para hacer lugar para productos. O para realizar viajes de fin de semana con la línea aérea económica y transferencias de avión y controles de seguridad en lugar de quedarse en casa y recuperarse de la semana de trabajo –¿Alguien le dio la orden para hacerlo? ¿Quién?–.

Un hombre encargado del marketing de Harley-Davidson dijo una vez: "En lo de Harley usted compra un estilo de vida y además recibe una moto gratis." Como cliente de proveedores de estilo de vida, usted hace mucho que forma parte de la interfaz de los usuarios de estrategias empresariales que lo han inventado a usted como el verdadero producto: como constante nuevo "sentidor" de necesidades, al cual se le ofrecen cada vez más cosas nuevas en períodos cada vez más cortos. Por ejemplo, a Apple no le interesa en absoluto saber cuáles enfermedades sufrirán los empleados que realizan la impregnación de los displays en Foxconn, sobre los cuales luego sus manos pueden instalarse en su vida interior. En ella, tanto las prioridades, la atención y las percepciones han cambiado de tal manera que usted hace tiempo que ya es un *junkie*[24] digital que tiene síntomas de abstinencia cuando no tiene el

---

[23] N. de T.: Serie policial de la TV alemana.
[24] N. de T.: En inglés en el original: adicto.

iPhone. Incluso en los festivales de música se forman largas colas delante de los puestos de carga para celulares; ni pensar qué sucedería si no es posible conectarse a Internet. Ver a las jóvenes parejas de la movida actual sentados juntos en los bares de moda en Berlín mirando fijamente a las pantallas de sus *MacBooks* y apretando de vez en cuando algunas teclas en sus teclados, me resulta bastante deprimente.

Me deja mal la renuncia simple a la libertad y el canje voluntario de autonomía por productos, también porque en este caso se entrega sin necesidad lo que fue el verdadero logro histórico del progreso de las sociedades con industrialización temprana. No se trata primariamente del bienestar, el cual, teniendo en cuenta su valor agregado de felicidad, es bastante limitado a partir de un cierto nivel, sino que se trata precisamente de derechos civiles, democracia, estado de derecho, educación y salud. Pues las sociedades capitalistas producen ambas cosas al mismo tiempo: la experiencia de libertad y participación, y de desigualdad e injusticia. Mayor felicidad individual y destrucción del mundo. Ilustración y minoría de edad autoinfligida.

Por eso, toda crítica verde a una cultura que sobreexplota los recursos y toda exigencia por más sostenibilidad de la economía de crecimiento que defienda, se equivoca dos veces al mismo tiempo: primero, hoy día ya no se trata de correcciones, sino de un dar vuelta atrás, y en segundo lugar, no se trata de la cuestión de qué hay que evitar, sino de qué hay que mantener. Pues una cosa está clara: las sociedades de nuestro tipo empezarán a estresarse cada vez más durante los próximos años, y será un estrés por los recursos, estrés por las deudas, estrés migratorio, etc. Bajo condiciones de mayor estrés se reduce el espacio para actuar: se empieza solamente a reaccionar y se deja de crear –tal como ya lo hacen los gobiernos europeos bajo la presión de la industria financiera-. Por lo que uno se encuentra ante una alternativa simple: como nuestro mundo cambiará radicalmente, no nos vemos enfrentados a la pregunta de si todo debe permanecer como está o no. Solo estamos ante la pregunta de si estos cambios se realizarán por medio de creación o destrucción, si se permite a ojos vista que tenga lugar la sucesiva reducción del margen de acción aún existente y, con ello, se renuncia a la libertad, a la democracia, al derecho y al bienestar. O si se aprovecha el propio margen de acción para preservar libertad, es decir, también la libertad de hacer las cosas mejor. ¿Por qué usted prefiere la primera variante?

¡Perdón, medioambiente!

Mi colega Peter Seele me contó hace algunos años la siguiente historia sobre una fiesta en la playa en la zona Rheinauen de Dusseldorf, en Alemania. Familias con barbacoas, en algún momento, los niños, cuando están alegres y distendidos, prenden algún fuego. Rápidamente se acaba el combustible, van a buscar. Al poco tiempo, un niño de aproximadamente diez años, trae un gran pino seco, quizá un árbol de navidad que ha sido tirado. "¡Seguro que arderá muy bien! Lo lanza entero al fuego, poco tiempo después arde, hay humo y olor fuerte en la playa. Satisfecho, el chico mira las llamas. Y dice las siguientes palabras memorables: "Lo lamento, medioambiente, no hubo más remedio".

¿Qué relata esta pequeña historia? Que la conciencia medioambiental y la acción solo se relacionan de forma lejana, y que el malestar que surge a veces cuando se hacen cosas que *en realidad* están mal, se puede superar fácilmente. La gente puede poner distancia de la dimensión de la fosa Mariana entre sus conocimientos y su forma de actuar y, no tener el menor problema con ello, al integrar sin esfuerzos las contradicciones más increíbles y seguir viviendo en el día a día. El niño de diez años ya sabe que saber y actuar no necesariamente tienen por qué ir juntos. El concepto de ser humano que presupone que las personas aspiran a estar libres de contradicciones, se ha deslizado en nuestro imaginario colectivo, proveniente de la filosofía moral y de la teología, pero es absolutamente incorrecto. En situaciones diferentes, la gente se comporta de forma diferente, porque —en la profesión, en el deporte, en la familia, entre amigos— deben cumplir respectivamente con requerimientos diferentes y se ven enfrentados a expectativas de roles constantemente cambiantes.

Pues con la diferenciación funcional de las sociedades que están organizadas de acuerdo a la división del trabajo, ha surgido un tipo de sujeto altamente flexible, que es capaz de cumplir sin mayores problemas con requisitos de roles cambiantes e, incluso, altamente contradictorios respecto a familia, profesión, clubes deportivos, relaciones familiares, etc. El sociólogo Erving Goffman utilizó toda su obra para mostrar que en las sociedades modernas, la gente percibe, interpreta y actúa de forma muy diferente según la situación, y que no tienen ningún problema en distanciarse de ciertas normas cuando cumplen un rol, que luego acatan en el otro rol ("¿Me está preguntando como político o como ser humano?"). Y él descifró la coreografía social que regula los vínculos, juegos de rol e escenificaciones de las personas. No tiene sentido, a no ser en un caso límite patológico, invocar motivos que serían efectivos para explicar la actuación de las personas, independientemente de la situación. Y las sociedades modernas, por el contrario, no saben qué hacer con patólogos de la norma. Aquel que da siempre la misma respuesta a requerimientos cambiantes sin tener en cuenta la situación, en las sociedades modernas, termina en la psiquiatría.

El hombre flexible, sin embargo, no es una variante patológica del que en realidad es rígido, sino exactamente aquel que es formado por todas las instancias de socialización e instituciones educativas en las sociedades modernas: pues para poder funcionar, es justamente a él a quien necesitan. Las convicciones morales no son guías de actuación, sino que sirven de orientación para saber qué motivación es la adecuada para alinear un acto equivocado con una conciencia correcta. Eso es exactamente lo que el niño demostraba en la pequeña historia, nada más que un ejemplo especialmente llamativo de una contradicción soportada sin problema, con plena conciencia de que acababa de hacer algo que estaba muy mal. Paradójicamente, el hecho de que él tuviera bien claro que su acto fuera erróneo "en realidad", indicaba un sentimiento moral: pues al menos pudo atestarse una conciencia correcta actuando mal.

La psicología social tiene un concepto para el conjunto sin límites de tales formas de interpretación, es decir, el de la reducción de disonancias. Fue acuñado por Leon Festinger debido a un suceso remarcable. Hace aproximadamente medio siglo, los seguidores de una secta en Wisconsin vendieron todas sus pertenencias, porque a su guía le habían profetizado que faltaba muy poco para el fin del mundo, que tendría lugar en forma de una enorme inundación. Acto seguido, los miembros de la secta se reunieron en la montaña más alta de los alrededores para esperar juntos el apocalipsis, y para ser salvada por un extraterrestre como la Elegida. Sin embargo, como se sabe, el fin del mundo no tuvo lugar, y los creyentes estaban en la montaña, desconcertados. Leon Festinger se interesó por saber cómo se las arreglarían con esa amarga decepción de sus expectativas, e hizo un descubrimiento sorprendente. En lugar de estar frustrados, de dudar de su fe o incluso, de reconocer su grotesco error, los supuestos elegidos habían desarrollado una nueva teoría: en ese caso, sin duda se trataría de una prueba de la firmeza de su fe. De esa forma se eliminaba la contradicción entre realidad y convicción, y Leon Festinger había descubierto el fenómeno de la disonancia cognitiva. Cuando los seres humanos experimentan una discrepancia entre unas expectativas y una realidad que no puede hacerse a un lado prácticamente, ello produce un malestar profundo, y de ahí la urgente necesidad de hacer desaparecer la disonancia, o por lo menos, de reducirla. Por ello, la percepción de la realidad se adapta a la propia convicción, por lo que los fumadores consideran que las estadísticas de cáncer de pulmón están sobrevaloradas y, los que viven cerca de centrales nucleares, estiman regularmente el riesgo de radiación y los accidentes como más bajo que las personas que viven lejos de centrales atómicas.

También un fenómeno como el cambio climático se presta para provocar una disonancia cognitiva considerable. La amenaza se vuelve cada vez más dramática con cada año que pasa, el hielo ártico se derrite más rápido de lo que lo han pronosticado los modelos pesimistas de los investigadores del clima, y al mismo tiempo, aumentan las cantidades de las emisiones a nivel mundial a una velocidad incambiada. El sentimiento de amenaza no se reduce por el hecho de que el calentamiento del clima ya no pueda ser controlado directamente, porque la situación actual fue causada por las emisiones del milagro económico y de los años siguientes (ver pág. 26). Todo lo que se hiciera en este momento, a su vez, tendría consecuencias recién en un par de decenios. La cadena causa-efecto se ha quebrado, porque el clima es lento. ¿Qué puede hacerse entonces? Por ejemplo, decirse que todo esfuerzo propio será minado de todas formas por los chinos, indios, rusos y brasileños: todos están esforzándose por mejorar su bienestar, al precio de que todo esfuerzo propio por tratar de salvar al mundo se desvanezca desde el principio, ante las estadísticas anuales de las emisiones. O solicitar a "los políticos" que por fin aprueben un acuerdo climático trasnacional. Antes de eso, de todas maneras, no se podría hacer nada. O, algo también muy popular, hacer referencia a la "historia de la humanidad" e informar de forma esclarecida que "el ser humano" recién aprendería cuando la catástrofe ya sucedió. O como alternativa: que "al ser humano" siempre se le ha ocurrido algo que habría evitado la catástrofe.

¿Qué son ese tipo de frases? Adaptaciones mentales a condiciones medioambientales en proceso de cambio. Hace algún tiempo se publicó un estudio sobre cómo los pescadores en el Golfo de California evaluaban el retroceso de las poblaciones de peces. A pesar de una considerable reducción objetiva en las poblaciones de peces y de la sobrepesca en las regiones cercanas a las costas, los pescadores se mostraban menos preocupados cuanto más jóvenes eran.[25] A diferencia de los colegas de más edad, ya no conocían muchas especies que antes se pescaban cerca de la costa. Una investigación

---

[25] Sáenz-Arojo, Andrea, u. a.: Rapidly shifting environmental baselines among fishers of the Gulf of California. In: *Proceedings of the Royal Society*, 272 / 2005, págs. 1957-1962.

similar en China había mostrado que los pescadores más jóvenes ya no eran capaces de nombrar especies de peces que todavía hacía pocos años formaban parte de las existencias típicas de la región.[26] Encuestas en la India confirman que para los más jóvenes el consumo de carne representa el comportamiento alimenticio más natural y por eso deseable, mientras que para los mayores, eso era nuevo y poco natural. Y en Alemania, mucha gente se considera "verde", como ya se ha dicho, aunque se consumen cada vez más materias primas.

Tales *shifting baselines*[27], el cambio de la propia percepción paralelamente a situaciones cambiantes en el entorno social y físico, desde el punto de vista evolucionario probablemente representen una cualidad altamente exitosa del ser humano, siendo el que tiene mayor capacidad de adaptación de todos los seres vivos. Sin embargo, si las condiciones de vida y supervivencia se transforman muy lentamente de forma negativa, esa flexibilidad puede terminar siendo una gran desventaja.

Adaptarse a situaciones cambiantes puede ser todo menos constructivo; pero al menos, reduce el malestar por la disonancia. No solo ante ese trasfondo los constantes esfuerzos de esclarecimiento respecto a las consecuencias esperables del cambio climático debido al uso excesivo de recursos y a la destrucción del mundo, parecen carecer de sentido: a través de la repetición de las figuras argumentativas hace cuatro decenios ya, han sufrido desgaste y se han vuelto parte de la comunicación normal. Hoy día llamaría la atención si hubiera avisos positivos provenientes del frente de las noticias medioambientales; el valor como llamado de atención de noticias del tipo "La capa de hielo del Ártico se derrite más rápido de lo esperado" tiende casi a cero. Parte del problema es, además, el falso supuesto de que los argumentos negativos podrían dar lugar a un accionar proactivo. Puede que eso funcione en el marco de situaciones graves de emergencia, pero no cuando las interfaces de usuarios de las sociedades de consumo todavía brillan y parecen estar funcionando.

---

[26] Turvey, S. T., u. a.: Rapidly Shifting Baselines in Yangtze Fishing Communities and Local Memory of Extinct Species. En: *Conservation Biology*, 24(3), 2010, págs. 778-787.
[27] N. de T.: en inglés en el original: líneas de referencia cambiantes.

La post-ideología

El 22 de abril de 2012, el joven corredor alemán de autos y tres veces campeón mundial de fórmula uno, Sebastian Vettel, ganó el Gran Premio de Bahrain. La península de Bahrain es una monarquía constitucional con alrededor de un millón doscientos mil habitantes, en la que desde el inicio de la rebelión árabe también existe un movimiento de protesta. En los últimos tres años, hubo más de cincuenta muertos y numerosos heridos durante las manifestaciones; en ocasión de las protestas que precedieron la carrera de fórmula uno nuevamente murió un joven. El movimiento de liberación de Bahrain se manifestó contra la carrera de fórmula uno porque, en su opinión, revalorizaba un régimen que llevaba adelante una política de represión respecto a la oposición.

Sebastian Vettel, el ganador, pareció poco impresionado por las protestas que eran protagonizadas mayormente por gente joven de su edad. Según informes de la revista *stern*-online, después de su triunfo, Vettel se mostró sonriendo por la Boxengasse. "Fue un domingo perfecto. Estoy muy contento, fue una carrera increíble" – dijo Vettel [...]. "Saludos a los chicos en el Box, que trabajaron mucho". A la hora de la victoria, el campeón mundial también se acordó de su abuela enferma: "Quisiera enviar saludos a la patria, a mi abuela. Que se mejore."[28]

La así llamada primavera árabe sacude hace tres años el espacio norafricano. En Túnez y Egipto, tuvo éxito la oposición; los regímenes cayeron. En Libia, el dictador Gadafi pudo ser vencido finalmente, después de una guerra con muchas pérdidas; en Siria continúa, en Yemen y en Bahrain, hasta ahora, la oposición es reprimida con éxito. Los que llevan adelante las rebeliones son jóvenes, sobre todo para quienes tienen una buena formación, pero que a pesar de ello no consiguen trabajo. En todos los países afectados hay un

---

[28] Massing, Michel: Bahrain GP – Schumacher kritisiert Reifen, Ecclestone wird makaber. In: *STERNonline*, 23. 4. 2012, ver: http://www.stern.de / sport / formel1/bahrain-gp-schumacherkritisiert-reifen-ecclestone-wird-makaber-1817409.html

alto desempleo de universitarios, y sobre todo, les toca a aquellos que aún no han logrado poner el primer pie en el mercado de trabajo. Por eso, Volker Perthes habla de una experiencia central que dejaría su impronta especialmente en el grupo etario de los de veinte a treinta y cinco años: "De Rabat a Riad, así se puede decir simplificando apenas, es una generación que se ve engañada respecto a sus chances de participación económica, social y política. Muchos miembros de esa generación cuentan con una buena formación desde el punto de vista formal, pero con malos o ningún puesto de trabajo, y a diferencia de las generaciones de más edad, también tienen pocas posibilidades de encontrar trabajo legalmente en Europa o en el Golfo. Como disponen de pocos o de ningún ingreso, no pueden alquilar viviendas. Sin vivienda propia, no pueden constituir una familia."[29]

Es un sentimiento de degradación social y de falta de futuro, de no tener acceso a posibilidades lo que se articula en las protestas, se podría decir también: un sentimiento de la pérdida de libertad de poder elegir cómo vivir su propia vida, o sea, una pérdida de futuro. Sentimientos de ese tipo sirvieron siempre ya de combustible intergeneracional.

El 22 de abril de 2012, jóvenes adultos bien capacitados hacían sus rondas en una pista de carreras especialmente preparada para eso en el desierto, para los espectadores de la televisión del mundo, mientras afuera, jóvenes adultos bien capacitados eran apaleados por la policía. Los unos proveían una oferta de consumo muy bien paga para televidentes con necesidad de entretenimiento, los otros luchaban por sus posibilidades de libertad y trabajo. En otras palabras: los de adentro representaban la falta de sentido, mientras que los de afuera buscaban sentido.

Sin embargo, con esto, de ninguna manera se han enumerado todas las absurdidades que coinciden en un domingo así. Dentro de algunos años, a Bahrain previsiblemente se le acabará el petróleo que ha hecho rico al pequeño país. De ahí que el hecho de que desde 2004 precisamente sea *el* tipo de deporte icónico del mundo fósil el que se celebre una vez por año en Bahrain, no está exento de ironía: la fórmula uno es considerada la élite en el deporte de carreras de automóviles; los jóvenes corredores ganan entre uno y treinta millones de euros por año. Para la carrera en el desierto, la arena es mezclada con una sustancia química de modo que no le vuele a la cara a los corredores y no provoque daños en los sensibles vehículos. Bernie Ecclestone, el padrino espiritual de más de ochenta años de la fórmula Uno, hace mucho tiempo que ha globalizado exitosamente su serie de carreras; últimamente, también China, India y Rusia figuran en el programa.

---

[29] Perthes, Volker: *Der Aufstand. Die arabische Revolution und ihre Folgen*, München, 2011, pág. 32.

La mayor parte del más de un millón de dólares anuales que pone en circulación ese circo, resulta de los derechos internacionales de emisión de las carreras, pues son más de seis millones de alemanes solamente que se sientan delante de los televisores cuando Sebastian Vettel hace sus circuitos en alguna parte del mundo. Bernie Ecclestone se ha convertido en multimillonario con la fórmula uno y en el doceavo hombre más rico de Inglaterra. El valor de la fórmula uno está estimado en total en casi doce mil millones de dólares.

Ecclestone desea volver a Bahrain con su circo una vez al año, como hasta el momento. La fórmula uno continuaría estando de invitada en el país "mientras sigan queriendo que estemos". No tiene nada en contra de las protestas: "Pienso que está bien, porque la gente habla sobre las cosas. Significa que no hay algo así como mala publicidad".[30]

Sebastian Vettel conduce un "Red Bull"; con esa escudería fue dos veces campeón mundial. "Red Bull" es una bebida muy dulce, con cafeína, que el austríaco Dietrich Mateschitz colocó en el mercado austríaco en 1987 como bebida energética. A los pocos años, Mateschitz empezó a comercializar su producto también internacionalmente, con éxito: desde 1987, se bebieron aproximadamente treinta millones de latas "Red Bull" a nivel mundial, más de 4,6 mil millones solo en el año 2011. Las tasas de crecimientos dejan sin aliento: en 2011 se vaciaron 11,4 % más latas de Red Bull que en 2010, el volumen de ventas aumentó incluso en un 12,4 %: de 3,785 mil millones a 4,253 mil millones de euros.[31] ¿Pero qué tiene que ver la bebida con la fórmula uno? La estrategia de comercialización de Mateschitz ha construido alrededor de la bebida una gigantesca máquina de creación de estilo de vida, y a ella pertenece, además del equipo de fórmula uno "Red Bull", también otro equipo, sin embargo, no tan exitoso, de nombre "Toro Rosso". Además, Mateschitz es dueño de cuatro asociaciones de fútbol (New York's Red Bulls, Red Bull Salzburg, Red Bull Brasil y Red Bull Leipzig), de un aeropuerto privado con aviones *oldtimer* con diseño Red Bull, y de algunas cosas más. Asimismo, publica la revista The Red Bulletin en una edición total de 3,7 millones de ejemplares, un diario de estilo de vida, en el que se informa sobre carreras de *moto cross*, espectáculos aéreos, escalada deportiva de tipo extremo, música, etc., –por ejemplo, sobre una carrera de motos que se destaca porque de quinientos que parten, por lo general, solo tres o cuatro llegan a la meta–.

---

[30] Massing, Bahrain GP (Ver nota 28).
[31] http: //www.redbull.de / cs / Satellite / de_DE /Unternehmenszahlen/001243044071188?pcs_c=PCS_Article&pcs_cid=1243041553189

Mateschitz no vende una bebida, sino que un sentimiento de vida que tiene como "identidad de marca" y atractivo principal, los valores energía, rendimiento y competencia, y con ello, refleja perfectamente los valores centrales de las sociedades capitalistas en el siglo XXI. Mientras que los costos de producción del "Red Bull" ascienden a seiscientos millones de euros, la empresa gasta aproximadamente mil millones para su marketing. Mateschitz y la fórmula uno representan un vínculo congenial: ambas empresas económicas generan miles de millones sin un producto que tuviera algún valor de uso. No hay cálculos ecológicos sobre las consecuencias destructivas de todas las carreras en agua, tierra y aire que parten de "Red Bull" y de otros actores de la industria internacional de eventos. Al igual que en todos los ramos de la economía, esos costos están externalizados y todos cargan con ellos.

Las empresas de ese tipo representan la etapa más alta de desarrollo de las economías de crecimiento orientadas hacia el consumo. Sus verdaderos productos son los consumidores mismos, que satisfacen sus necesidades de productos totalmente superfluos en calidad de *consumidores* dirigidos desde afuera. Las bebidas, carreras, revistas, etc. son las materias primas con las que se fabrican personas que sufren de incontinencia crónica de necesidades.

Las necesidades de los opositores en Bahrain son, en cierta forma, opuestas. A ellos lo que les importa de momento, no es tener más posibilidades de consumo, sino luchar por derechos civiles, puestos de trabajo, libertad, etc. Ciertamente allí, en Bahrain, durante la carrera de fórmula uno 2012, se encontraban enfrentados un concepto de libertad burgués y uno consumista: en un caso, se trata de la libertad para elegir la propia vida, en el segundo, de la libertad para comprar.

Bahrain es un microscopio. Muestra la mecánica de las relaciones sociales básicas en tiempos de globalización: un consumismo desvinculado de las necesidades vitales, convertido en totalitario, cuyos organizadores, con su poder de actuar, pueden dirigir economías y países enteros, y pueden inducir o apoyar a los gobiernos para evitar o reprimir el contrapoder. Sin embargo, no se debe interpretar la resistencia al contrapoder como si estuviera motivada por oposición política o incluso enemistad. Es útil, no es ideológica: un acto de transición que parece necesario en tanto los respectivos estados aún no han sido pacificados, sino que conforman sociedades en las que las posibilidades de consumo disponibles aseguren la paz social. Los opositores son futuros ciudadanos consumistas, por lo que, en principio, ningún actor económico tendrá nada que decir en su contra. A veces, esa gente hace oposición simplemente en el momento equivocado, pero por lo general, se trata de roces pasajeros. También *occupy* –es el juicio más negativo que jamás haya sido pronunciado sobre un movimiento social– a todos les caía bien.³² Su eslogan –somos el 99%- suena bien, pero ya muestra en sí mismo lo apolítico: pues la distribución social del poder y de la aprobación es un poco más complicada que si se tratara de una mayoría enorme la que estuviera en *contra de* y una pequeñísima minoría la que estuviera *a favor* de la situación tal como está. De hecho, no está para nada claro en contra de quién se dirigen las protestas, y mientras sea así, lo mismo pueden no hacerse. Quizás el vaciamiento de la protesta en un mero gesto –que ciertamente tiene un parentesco con la indignación de los tres euros de Stéphane Hessel³³– sea, por su lado, solo un indicador de un cambio radical que ya hace rato que ha tenido lugar, aunque todavía no ha sido reconocido por la conciencia retrasada. Los conflictos ideológicos hace mucho que se han vuelto superfluos. Por eso, los indignados de ese perfil no son opositores y no es necesario combatirlos. No hay ningún motivo para la enemistad.

Un grupo de trabajo de la ETH (Universidad tecnológica) Zurich publicó en 2011 un estudio que analizó la arquitectura de redes de empresas que trabajan a nivel internacional. El estudio, basado sobre un análisis de las redes, llega a la destacable conclusión de que el 40% del valor empresarial a nivel mundial es sostenido solamente por ciento cuarenta y siete empresas trasnacionales, lo que, sin embargo, permanece invisible debido a los numerosos entramados de la propiedad. Se trata de una concentración de poder impresionante, especialmente si a ello se agrega que los primeros cuarenta y nueve lugares de ese ranking están ocupados por empresas financieras, entre ellas, algunas que suenan tan serias como "Affiliated Managers Group" (lugar 47), o "Legal & General Group" (lugar 7).³⁴ Ello plantea la siguiente pregunta, ¿en contra de quién debería dirigirse en el siglo XXI la protesta política, y cómo debería ser realmente? Ese grupo de empresas transnacionales tiene la capacidad de arruinar enteramente y sin esfuerzo economías nacionales y

---

[32] El pensador principal de Occupy, el antropólogo cultural David Graeber, en una entrevista del 18/5/2012 con SPIEGELonline dijo lo siguiente respecto a las reacciones ante Occupy Wall Street: "Algunos nos insultaron, otros eran amables. En el banco emisor Fed de los EUA incluso teníamos *fans*. Uno me dijo: 'Durante dos meses intentamos averiguar qué es exactamente lo que ustedes quieren. Cuando nos dimos cuenta de que no pedían nada determinado, nos pareció brillante.'" http://www.spiegel.de /wirtschaft / interview-mit-david-graeber-von-occupy-a-833789.html.

[33] El panfleto "¡Indignaos!" del ex-combatiente de la resistencia Stéphane Hessel es barato, porque no dice exactamente sobre qué debería indignarse uno y qué debería uno poner en el platillo de la balanza al hacerlo. Bajo puntos de vista de marketing, el librito que se ofrecía por tres euros en las cajas de las librerías como si fueran tarjetas postales o dichos de calendario, fue una estrategia genial: se vendieron cuatro millones de ejemplares a nivel mundial, y por supuesto que a corto plazo hubo una cascada de imitaciones de parte de todo tipo de editoriales.

[34] Vitali, Stefania / Glattfelder, James B. /Battiston, Stefano: *The Network of Global Corporate Control*, PLOS ONE, 6(10) e25995 (2011) doi:10.1371/journal.pone.0025995.

sus monedas, y, al mismo tiempo, con su arquitectura actual de conexión en redes, es imposible de controlar por parte de las instituciones de vigilancia de cada país, tales como autoridades impositivas, autoridades de vigilancia de los cárteles, algunas ONG de transparencia, etc.

Ejercer influencia sobre la política de estado nacional no tiene en el presente un anclaje de estado nacional, por lo que entre tanto, los partidos y los gobiernos tienen una postura de negociación mucho más débil que antes de 1989. Y todo lo que se dice sobre la "codicia" de los *manager* trivializa una revolución estructural que tiene lugar tras de las bambalinas de la política de estado nacional e internacional: un gobierno por parte de las grandes empresas o *trusts* ("trustocracia") que, por ser y poder ser post-ideológica, tolera por debajo de sí todo tipo de forma de gobierno y de estado, en tanto que estos se valgan del sistema capitalista para administrar. Desde el punto de vista político plantea una pregunta muy diferente de aquella que marcó el período europeo de posguerra: en este caso ya no se trata del conflicto entre capital y trabajo, entre "derecha" e "izquierda", entre progreso y conservadurismo, sino de uno que aún no está bien definido. A diferencia de los lineamientos políticos conflictivos de la segunda mitad del siglo XX, actualmente ya no se trata de contraposiciones ideológicas, sino del conflicto entre grupos con ventajas de organización en contra de aquellos con desventajas de organización.

Las ciento cuarenta y siete corporaciones identificadas por el grupo de investigación suizo, cuentan con ventaja organizativa desde todo punto de vista, pues prácticamente ya no tienen que ocuparse de vínculos culturales, compromisos nacionales, equiparación de intereses, cogestión y asuntos anticuados similares. Las poblaciones de los estados nacionales están en desventaja desde el punto de vista organizativo, porque no pueden ejercer ninguna influencia sobre las aglomeraciones trasnacionales de poder que se han establecido hace rato por detrás de de las políticas nacionales. Se podría intentar hacer huelga en contra de Google. Brevemente: las formas de lucha e influencia política utilizadas en el siglo XX se han vuelto débiles o incluso superfluas en el siglo XXI. Se trata de nuevas formas de conformación de poder que no pueden combatirse con los antiguos medios. Ni siquiera ofrecen ya un concepto común de enemigo alrededor del cual podría organizarse un contrapoder.

Al consumidor de tipo occidental todo eso lo deja frío: por ejemplo, el que lee en el *Süddeutsche Zeitung*[35] sobre la represión de los chiitas de Bahrain o sobre la evacuación de los campamentos *occupy* en Nueva York y permite que se le esclarezca sobre el trasfondo objetivo e intereses que se esconden tras de

---

[35] N. de T.: Periódico alemán.

esos temas, luego hojea interesado el "Red Bulletin" que viene de suplemento en el mismo periódico, se muestra impresionado por los logros de Sebastian Vettel y se conmueve por el asunto de la abuela, y al mismo tiempo, le parece horrible la bebida "Red Bull". Sabe manejar una cuatro por cuatro, votar por el partido Verde, ser de "izquierda", dar de comer productos orgánicos a sus hijos y estar encantado con el estándar de vida que tiene el privilegio de reivindicar. En pocas palabras: puede tener y ser todo al mismo tiempo. Es la versión de la utopía marxista hecha realidad por la panacea del consumo que abarca todo: "que pueda por la mañana cazar, por la tarde pescar y por la noche apacentar el ganado, y después de comer, si me place, dedicarme a criticar"[36]. La liberación de un sujeto de ese tipo –y eso seguro que Marx[37] no lo habría imaginado– es mérito exclusivo de la economía capitalista y de la cultura consumista.

El hombre nuevo cambia permanentemente por las necesidades que son despertadas en él una y otra vez, y está ocupado incesantemente en satisfacerlas. Ya se habrá dado cuenta: hablo de usted.

---

[36] N. de T.: Marx, K. y Engels, F. *La ideología alemana*. Madrid: Akal, 2014.
[37] Marx, Karl: *Deutsche Ideologie*. In: Marx-Engels-Werke, Bd. 3, Berlin (Ost) 1969, pág. 33.

Por qué no queremos ser como éramos

Todo aquel que como yo ha tenido la suerte de haber nacido en algún momento de la segunda mitad del siglo XX, se crió en un mundo convencido de que todo está y debe estar disponible. Ese mundo fue creado por las naciones industriales occidentales en el período posterior a la Segunda Guerra Mundial, una época marcada por un crecimiento económico espectacular y al mismo tiempo, de un consumo material creciente, y de un rápido aumento de la destrucción de los recursos naturales. Una mirada a las estadísticas muestra que los primeros doscientos años de economía de crecimiento capitalista aún habían ocasionado comparativamente pocos daños, recién después de la Segunda Guerra Mundial el asunto se puso serio.

Las gráficas siguientes muestran el crecimiento exponencial en cada ámbito relacionado con nuestra *praxis* vital, y se refieren al mundo pre-industrializado, en el que se desarrolló la cultura del "TODO SIEMPRE". Esa cultura se expande actualmente por todo el mundo; la lógica de crecimiento exponencial se vuelve universal.

Es una tontería cuando se dice que los chinos o los indios querían "ser como nosotros". Porque ni siquiera nosotros queremos ser como "nosotros". Junto a los chinos y a todos los demás queremos participar en un modelo cultural que sí fue inventado en occidente, pero que se destaca sobre todo por nivelar radicalmente todas las diferencias culturales, primero en un espacio de extensión limitada, ahora globalmente.

El formato actual de este modelo cultural tiene poco que ver con las imágenes de sí mismos y experiencias de las generaciones de posguerra de Europa occidental y de los *baby-boomers*[38], pues estos se criaron en un mundo de valores centrado en categorías como progreso, ascenso laboral, libertad, democracia, equidad social, formación, ahorro, y no en primer lugar

---

[38] N. de T.: En inglés en el original: *baby boomers* es un término utilizado para describir personas que nacieron en países anglosajones entre el año 1940 y finales de 1950. Hubo una gran explosión de la natalidad entonces.

en el aumento constante de las posibilidades de consumo. Una definición del sentido de la vida que hubiera sido idéntica con el mero crecimiento de las posibilidades de consumo y los correspondientes eslóganes de "la avaricia es genial" (Saturn[39]) hasta "Al fin y al cabo, el que cuenta soy yo" (Postbank), hubiera sido rechazada de la misma manera por la mayoría de los ciudadanos de Alemania Federal en los años 1980, como por los de la RDA. Recién después de la caída del bloque este, al desaparecer la competencia entre sistemas, comenzó a imponerse la oferta de sentido que había sido desarrollada sucesivamente en los países capitalistas victoriosos después de la Segunda Guerra Mundial: el sentido, así dice esta oferta, puede comprarse. La economía facilita un universo de disponibilidad infinitamente amplio de objetos para equipar una casa, autos, viajes lejanos, textiles, etc. –todo lo que se *podría* necesitar– y las consumidoras y consumidores solo necesitan hacer dos cosas para formar parte de ese universo: trabajar y comprar. La historia del consumo moderno demuestra que no fue nada fácil imponer ese modelo de conferir sentido.

Así, para la mayoría de las personas que después de la crisis económica mundial y de la Segunda Guerra Mundial estaban familiarizadas con las carencias, el administrar con moderación les daba una cierta orientación; si se quería comprar algo, había que ahorrar durante suficiente tiempo hasta haber juntado el dinero. En la economía política, como reacción a la crisis económica mundial, empezó a establecerse otra cultura: mediante créditos podían financiarse programas de inversión estatales, mantener bajo el desempleo y reactivar el crecimiento económico. Fue el verdadero nacimiento de la popularización de la economía del crédito y del crecimiento. El historiador John R. Mc Neill lo resume como sigue: los economistas estadounidenses "infiltraron los corredores del poder y las honorables salas de las academias, se presentaban en sus países y en el extranjero, capacitaban hordas de conversos en todo el mundo, escribían columnas para revistas populares, no se perdió ninguna oportunidad para anunciar la buena nueva de la ideología del crecimiento. Sus sacerdotes toleraban muchas sectas mientras se estuviera de acuerdo sobre las cuestiones básicas. Sus ideas se adecuaban tan bien a los conceptos sociales y políticos de la época, que en muchos estados alcanzaron fácilmente el estatus de la ortodoxia".[40] La introducción de créditos al consumo, primero en los años veinte en los Estados Unidos, en los años cincuenta después también en los países de Europa Occidental, revirtió exitosamente el principio tradicional: en ese momento era posible, en cuanto

---

[39] N. de T.: Empresa alemana.
[40] McNeill, *Blue Planet* (*op. cit.*), pág. 354.

uno sintiera la correspondiente necesidad, comprar *de inmediato* y acceder al placer del objeto ansiado y pagar por él después.

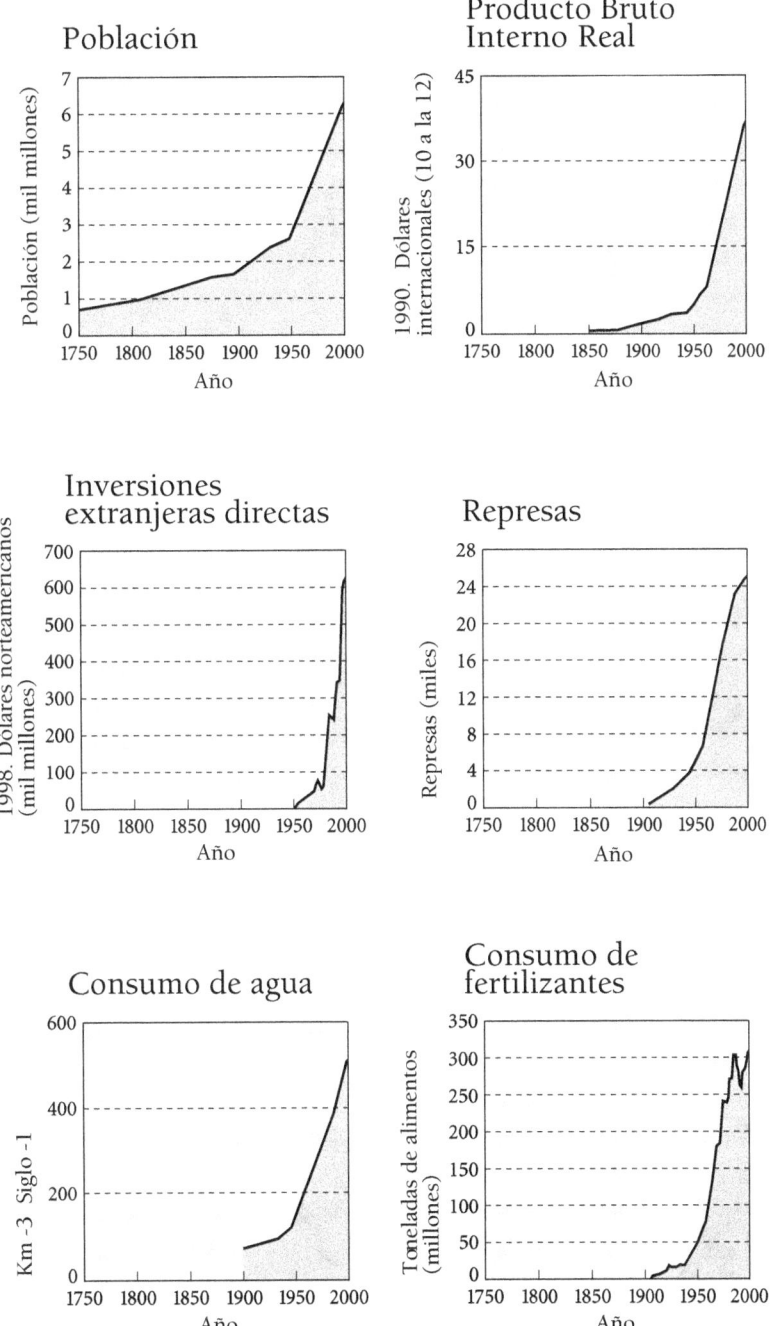

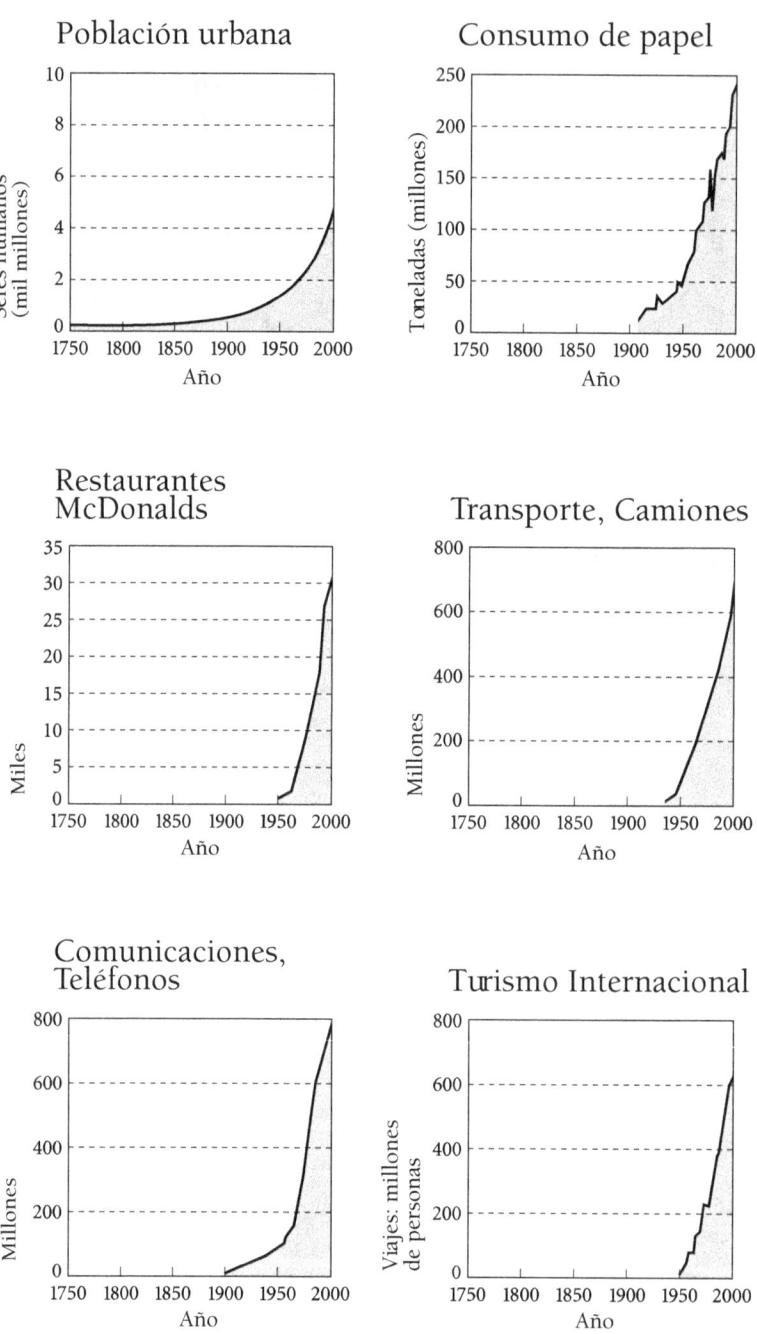

La gran aceleración (según Will Steffen, entre otros, 2004).

Extracción Global de Materiales

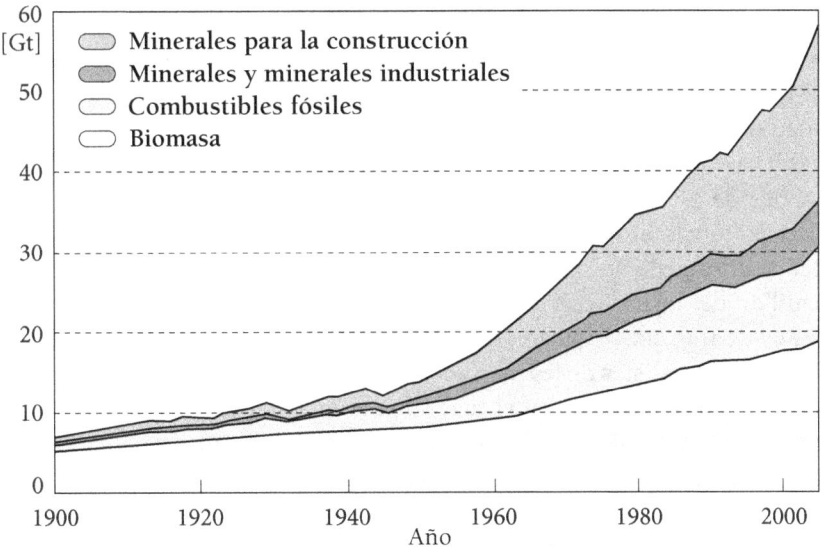

Aumento de la extracción de materiales

Psicológicamente, este principio de la "inmediatez" significa un acortamiento drástico del período de tiempo entre la necesidad y su satisfacción. Si antes de la satisfacción todavía había un período considerable de demora antes de "poder permitirse" el respectivo objeto de deseo, la compra inmediata ya no costaba esfuerzo alguno: los costos para satisfacer la necesidad pasaban a segundo plano. El hecho de que eso haya sido el paso decisivo para desencadenar el consumo masivo y, sobre todo, para la constante creación de nuevas necesidades queda claro cuando se lee la siguiente guía para el consumo de Victor Lebov, un experto estadounidense de marketing de los años 50: "Nuestra economía increíblemente productiva exige que hagamos del consumo nuestro estilo de vida y de las compras y aprovechamiento de bienes, un ritual, que busquemos nuestra satisfacción espiritual y la plenitud de nuestro ser en el consumo."[41]

El volumen de créditos al consumo crece desde entonces incesantemente: solo en el pasado decenio en los Estados Unidos en un tercio (de aproximadamente 1,2 en el año 2000 a 1,8 mil millones de euros en el 2010); en

---

[41] Worldwatch Institute, Washington, D. C. (Hg.): *State of the World 2010, Transforming Cultures*, New York, London. Dt. Ausgabe: *Zur Lage der Welt 2010*, publicado por la Heinrich-Böll-Stiftung, München, 2010, pág. 49.

Alemania, en comparativamente moderados cinco por ciento (216 en 1999 a 227 mil millones de euros en 2009).[42]

Y hasta qué punto la licencia para comprar ocupó el lugar de conferir sentido no acorde con el mercado, se desprende a más tardar por el llamado que Robert Giuliani, alcalde de Nueva York, dirigió a los ciudadanos de su ciudad después del ataque al World Trade Center: "¡Muestren que no tienen miedo! ¡Vayan de compras!". No está exento de ironía el hecho de que la antípoda de este modelo cultural, Osama bin Laden, midiera el éxito de su forma del terror también por puntos de vista comerciales: en un mensaje por video alardeaba de que cada dólar invertido por Al-Qaeda habría "eliminado un millón de dólares, con el permiso de Alá, y además, una cifra enorme de puestos de trabajo."[43] Quizá esto demuestre más claramente en qué medida las formas capitalistas de las mercaderías y del pensamiento se han extendido por el mundo y colocado en el lugar de antiguas formas de otorgar sentido. Este modelo cultural se ha emancipado de todas las formas nacionales y religiosas de conferir sentido y lo define exclusivamente por las posibilidades de consumo.

Aquellos que, de momento, todavía no pueden acceder a esta oferta de sentido, los manifestantes de Bahrain, por ejemplo, o los "mil millones de más abajo", por los que hasta ahora pasó de largo todo mejoramiento del bienestar, a mediano plazo naturalmente tienen que formar parte de ello. Por eso, entretanto se les da microcréditos a los pobres, para que también puedan convertirse en participantes del mercado (ver pág. 141). Para poder venderles algo. Exactamente por ese mismo motivo nos encontramos en la época post-ideológica: exceptuando la museal Corea del Norte, todas las sociedades del mundo se han abierto al consumismo, y en él, todas las personas son iguales. Su felicidad es regulada por un mercado anónimo, y si en ese a algunos les va mejor y a otros peor, ello se debe a las leyes eternas de la oferta y la demanda, no a una desigualdad crecida históricamente, a ventajas y desventajas de poder, a discriminación o violencia y represión.

Por eso, los pobres no son considerados enemigos, sino consumidores en potencia. El consumismo no conoce enemigos porque su éxito depende de que *todos* participen. Es apolítico y, por ello, no ofrece un objetivo identificable desde el punto de vista político. Los gobiernos pueden ser malos, corruptos, criminales: entonces –ver Bahrain– pueden ser atacables y vulnerables. El consumismo universal, por el contrario, es neutral en cuanto a valores, es objetivo, es robusto. Atacarlo es lo mismo que atacarse a sí mismo.

---

[42] Brand eins y Statista: *Die Welt in Zahlen 2012*, Hamburg 2012, pág. 25, 77.
[43] Hoffman, Bruce: *Terrorismus. Der unerklärte Krieg, Neue Gefahren politischer Gewalt*, Frankfurt am Main 1999, pág. 215.

Por eso, pronto desaparecerán las últimas manchas blancas en el mapa mundial del consumismo totalitario.

Religión de crecimiento

Cuando hace más de doscientos años la utilización de energías fósiles anunció la primera revolución industrial y con ello, comenzó a posibilitar enormes progresos de la productividad, el mapa mundial todavía estaba prácticamente lleno de manchas blancas: los países que todavía no se habían transformado en sociedades industriales, sino más bien en gigantescos *storehouses of matter* (Isaac Newton), que formaban depósitos de materias primas aparentemente interminables para la máquina civilizatoria que había sido puesta en marcha en Inglaterra, Alemania, Francia y Estados Unidos, y que se destacaba por un hambre en principio insaciable de energía y material. De hecho, el principio de la economía del crecimiento se basa en la presunción de que los recursos estarían a disposición infinitamente. Esta idea se alimentaba por un lado, con el aumento impresionante de la productividad, que sugería infinitas posibilidades de aumento de valor agregado, cantidades de bienes, y por el otro lado, de la disponibilidad real de todo un planeta para las necesidades de una parte pequeña de sus habitantes. Ninguna persona en el hemisferio occidental podía imaginar seriamente que esa Tierra gigante pudiera no tener suficiente materia prima para las técnicas de transformación de una pequeña parte de la humanidad, y no suficientes depósitos para su basura.

El asunto se volvió más candente cuando en los años 1960 se empezaron a dar cuenta de que incluso a esa escala podían provocarse daños ambientales que, teniendo en cuenta sus efectos a largo plazo, no eran tan fáciles de corregir; entonces, el mundo preindustrializado ya se encontraba en la curva empinada de la función exponencial del crecimiento que lo abarcaba todo. El movimiento ecologista en las naciones industriales a partir de los años 1960 se dirigió primeramente contra las consecuencias imprevisibles de la contaminación química de los ríos y de los suelos por un lado, y la destrucción visible de la naturaleza aparentemente intacta. El sistema de competitividad del bloque del este estalinista fue menos escrupuloso con los recursos naturales que el del oeste, pues allí ni siquiera existía el control público y acerca de las muchas destrucciones realmente radicales que hubo[44], solo se sabía algo en forma de rumor.

Precisamente, el sistema de competitividad, sin embargo, fue un alentador del crecimiento por excelencia, ya que los dos sistemas debían superar en silencio sus logros para demostrar su superioridad histórica. Al comparar la inmensidad del mundo todavía disponible, la ola de destrucción industrial parecía no poder provocar daños irreversibles. Eso recién se llegó a entender a través de las imágenes del "planeta azul", tales como fueron tomadas por las cápsulas espaciales Apolo. Mostraban la finitud total e irrevocable del espacio vital Tierra, un planeta vulnerable en la amplitud del espacio.

Pero la estética de la vulnerabilidad resultó ser una adversaria débil del concepto consumista de libertad: cuando el bloque este se derrumbó de forma tan poco espectacular, como si la historia solo hubiera eructado, la globalización comenzó de lleno como universalización de la economía capitalista de crecimiento, y hasta el día de hoy implica una explotación tan excesiva y terrible de los recursos de supervivencia disponibles, que es previsible que en dos a tres decenios haya destruido sus propias condiciones de funcionamiento.

Una economía de ese tipo no es nada rentable, pues para mantenerse en funcionamiento, consume cada vez más material para fabricar más cantidad de bienes que a su vez, son más caros para cada vez más personas con cada vez más exigencias. Para poder ignorar el fin previsible de este proceso, hay que ser –según una conocida visión de conjunto– o loco o economista. Pero de esa forma, probablemente se haya descrito exactamente el problema: hoy no son solo Hans-Werner Sinn y sus colegas congeniales provenientes de las ciencias económicas los arrogantes despreciadores de lo real, sino prácticamente todos los habitantes del mundo consumista. Pues solo los locos pueden pensar que en una entidad limitada físicamente pudiera haber de todo cada vez más.

Pero la historia enseña que la verdad es una función de consenso social, y que la gente cree aun las cosas más absurdas, con la condición de que todos las crean. Robert Solow, ganador del premio Nobel de economía en 1974, defendía con total seriedad la teoría de que la humanidad podría arreglárselas sin recursos naturales; su colega economista, Julian Simon, informó en 1984 que se podría contar con siete mil millones de años de crecimiento económico.[45] A comienzos del siglo pasado, el sociólogo William Thomas hizo su

---

[44] Desde 1971 la RDA tenía un ministerio de Medio Ambiente, pero hasta el día de hoy no está claro qué se hacía exactamente allí. (Radkau, Joachim: *Die Ära der Ökologie – Eine Weltgeschichte*, München 2011, pág. 130.)
[45] McNeill, *Blue Planet* (*op. cit.*), pág. 355.

famosa afirmación: cuando la gente considera que algo es real, entonces lo es realmente en sus consecuencias. Una convicción puede por consiguiente, ser completamente insostenible o fantástica, sin embargo, si se actúa sobre la base de esa convicción, el acto produce también realidad. *Quod erat demonstrandum*[46]: hasta el presente, la mayoría de las teorías económicas ignoran tanto las limitaciones como la lógica propia de las condiciones climáticas y ambientales de la naturaleza. En su propio mundo, aparece simplemente como depósito de materias primas.

La consecuencia de la superstición contemporánea de que el crecimiento ilimitado es posible porque es necesario para que la economía florezca, puede ilustrarse mediante la imagen del *Earth-Overshoot-Day*[47]. Se apoya en el pensamiento de que se administra de forma sostenible cuando se calcula el consumo de recursos por año de tal manera que la cantidad disponible matemáticamente haya sido consumida después de 365 días, o sea que al 1° de enero del año siguiente, esté disponible la misma cantidad: la fórmula es biocapacidad dividido por la huella ecológica x 365 = *overshoot day*.

Desde que se mide así, el día en el que los recursos se consumieron cae cada vez más temprano cada año: en el 2011 fue el 27 de setiembre, en 2012 el 21 de agosto. De esta forma tan ilustrativa, no solo queda claro que la tasa de sobreexplotación crece, sino que también lo hace la velocidad del aumento de la sobreexplotación: la fecha se desplaza de año en año más rápido hacia adelante, de manera que el doble del consumo anual se alcanzará en un período de tiempo cada vez más corto que, por ejemplo, la marca de una sobreexplotación del 150 %. La sobreexplotación no es un suceso que tenga lugar de un momento al otro, sino que es un proceso lento.

¿Pero cómo puede ser que se consuma más de lo que hay a disposición? Muy simple: lo que se sobreexplota *ahora*, les faltará a aquellos que lo necesiten *más adelante*. Cuanto más se sobreexplota, tanto menos crecerá, o dicho en otras palabras: los consumidores actuales, o sea usted, son prestadores de crédito que transmiten sus deudas para ser saldadas por sus hijos. Cuando el principio de la economía de crecimiento se extiende en el mundo, significa que ya no se puede expandir en el espacio, como en tiempos de la industrialización europea y norteamericana de los siglos XIX y XX para buscar afuera el combustible que se requiere para impulsar la máquina civilizatoria. Como único recurso para producir valor agregado queda solo el futuro. La cultura del TODO SIEMPRE consume el futuro de aquellos que tuvieron la mala suerte de haber nacido más tarde que usted.

---

[46] N. de T.: Locución latina, abreviada Q.E.D., que significa: Lo que se quería demostrar.
[47] N. de T: En inglés en el original: Día del Exceso de la Tierra, marcado como la fecha anual en que la humanidad ha agotado el presupuesto de la naturaleza para ese año.

Harald Welzer

El hecho de que usted pueda manejarse de modo relativamente impasible con este estado de cosas que trastorna moralmente de forma profunda, se debe probablemente a que usted esté acostumbrado a satisfacer sus necesidades consumistas a costas de otros. ¿O usted había pensado seriamente que no se perjudicaba a nadie comprando una remera por 4,95 euros o yendo de vacaciones *all inclusive* a la República Dominicana por 799 euros? Todo esto no es nada nuevo. Lo único nuevo es que usted ya no estafa solamente a los otros que viven en alguna parte allí afuera en el mundo, sino que entretanto, también estafa a su propia gente: a sus hijos, sobrinas, sobrinos, nietos y a todo aquel que venga después de usted. Y con ello, a usted mismo, pues usted nunca quiso ser tan malo.

Por qué usted todavía sigue creyendo que es diferente de lo que es

Probablemente usted –durante la mayor parte de su vida– también ha creído que formaba parte de un mundo bueno en general, al menos de uno mejor que la mayoría de los demás allí afuera, en Asia, África o donde fuera. Eso es lo que también cree la mayoría de la gente en esos otros países, por lo que es una suposición errónea el pensar que un chino o una india quisieran ser "como nosotros".

No, naturalmente que quieren ser como son ellos mismos, pero en lo posible, vivir mejor que hasta el momento. El modelo cultural que ofrece una perspectiva para ello es, como ya se ha dicho, el mismo al que "nosotros" aspiramos. Pero la manera en que esta aspiración se conecta con la historia y tradición de las respectivas sociedades y se traduce en estrategias es muy variada. Incluso cuando las culturas ya no se diferencian desde el punto de vista económico y consumista, las mentalidades y hábitos de sus miembros conservan características especiales.

Tanto la etnología como la antropología han reunido una cantidad de material que proporciona información múltiple y diferenciada respecto a que las personas, en sus percepciones, interpretaciones y conclusiones, no solo son guiadas por factores fisiológicos y físicos, sino también por los modelos culturales con los que han aprendido a percibir *su* mundo, a interpretarlo y a actuar en él. Esta impronta cultural de mundo y de sí mismo va desde descubrimientos tan sorprendentes como aquel que una memoria autobiográfica se desarrolla más tarde en los asiáticos que en los europeos occidentales, o que los bebés japoneses tienen que aprender primero que la "l" y la "r" tienen un sonido diferente[48], hasta el hecho no menos sorprendente de que la esperanza de vida media de la gente en las sociedades ricas ha aumentado en increíbles cuarenta años desde 1840 –y con ello, prácticamente se ha duplicado,

---
[48] Markowitsch, Hans-J. /Welzer, Harald: *Das autobiographische Gedächtnis*, Stuttgart 2005.

mientras que en algunas partes de África se encuentra aún hoy en aproximadamente cuarenta años–.

¿Por qué los dos primeros descubrimientos parecen más sorprendentes que el tercero? Porque el tercero pertenece a "nuestras" expectativas culturales y la mayoría de los lectores de este libro asumen que su expectativa de vida superará ampliamente los treinta y nueve años que hubieran podido esperar en otro lugar o en otra época. Las sociedades no solo se desarrollan de forma desigual, sino también asincrónicamente. Sin embargo, uno recién adquiere conciencia del respectivo universo existente de lo esperable, cuando el flujo constante de los sucesos es interrumpido por cambios abruptos y radicales. Si uno ha vivido una guerra, un terremoto con muchas pérdidas, o una catástrofe nuclear –algo que interrumpe el transcurso continuo de la vida– lo esperable no sucedió, y recién entonces queda claro lo que uno siempre suponía. El universo de lo esperable, el "*assumptive world*[49]", como lo ha llamado el fenomenólogo Alfred Schütz, está hecho de condiciones de las cuales uno precisamente no es consciente, porque desde el comienzo de una vida individual definen el mundo en el que uno está y al que uno pertenece.

---

[49] N. de T.: En inglés en el original: el mundo tal como se supone que es.

La textura de las expectativas ante el mundo

El sociólogo estadounidense Harold Garfinkel desarrolló en los años 60 junto a sus estudiantes una escuela científica que denominó "etnometodología" –lo que impidió así de forma duradera su popularidad–. La etnometodología se ocupa de las reglas básicas de nuestra vida y actos cotidianos. Usted mismo puede comprobar fácilmente de qué tratan esas reglas, mediante una conversación en el tren o en el bar del hotel –lenta pero consecuentemente– al disminuir la distancia entre la nariz de su interlocutor y la propia. Apenas haya traspasado una determinada distancia, digamos 30 a 35 centímetros, notará que su interlocutor se pone muy inquieto, y si usted se le acerca aún más, su propia excitación también aumentará considerablemente. Su pulso se acelerará, las palmas de sus manos se humedecerán. Pues usted está violando justamente una de las numerosas leyes que regulan el comportamiento social, sin que en un caso normal sea consciente de ello y sobre todo, sin que se haya *aprendido* alguna vez de forma *consciente*. El mundo social está lleno de reglas de ese tipo, desde el volumen del sonido adecuado al hablar, a no mirarse en el ascensor, hasta las normas de cómo pararse en las filas de gente. Las consecuencias de ese tipo de reglas para la vida cotidiana quedan claras, por ejemplo, en que relativamente más británicos que estadounidenses estaban entre las víctimas del hundimiento del Titanic, porque los primeros, por cortesía, tendían a dejarles a los otros la preferencia para subir al bote salvavidas. Las convenciones sociales hacen que la gente corra el riesgo de quemarse en una casa antes que correr a la calle sin pantalones – como lo formuló una vez Stanley Milgram–, o que gestos realizados de forma inocente sean interpretados como una afrenta mortal cuando se utilizan en el marco cultural equivocado.

El mundo en que uno se cría es el mundo tal cual es. Su textura conforma el fundamento cultural y social de nuestra respectiva existencia, y sus reglas son tan efectivas y determinantes de la realidad precisamente porque jamás se vuelven objeto de reflexión consciente. Lo que a uno no le es consciente tampoco se puede criticar o poner en duda. Las reglas sociales de la vida cotidiana, sin embargo, de ninguna manera conforman el único trasfondo inconsciente de nuestras orientaciones y expectativas. Sobre todo las sociedades modernas están estructuradas hasta lo más profundo por regulaciones e infraestructuras institucionales de todo tipo. El *assumptive world* en el que uno vive no solo influye en las percepciones e interpretaciones, sino que también impone al mismo tiempo obligaciones culturales y favorece vínculos que también permanecen inconscientes. Cada cultura equipa a sus miembros con normas de comportamiento, expectativas y sentimientos que deben su efectividad justamente a que, por lo general, uno no ha rendido cuentas sobre ellas. Por eso, los esfuerzos por cambiar ese tipo de normas no sirven de nada si se realizan solamente a nivel cognitivo, es decir, allí donde algo es conscientemente accesible a la experiencia. La influencia de "Mickey Mouse" y *hobby* en mi certeza sobre el futuro tampoco es un resultado consciente de operaciones cognitivas, sino que transcurrió sobre todo como un proceso de apropiación emocional. Por eso, aun hoy no puedo sustraerme a la fascinación de los autos, las motos o los aviones "lindos". Como las improntas de los hábitos tienen lugar más allá del umbral de la conciencia, por lo general no resulta el apelar a la "comprensión" y a la "razón". El mundo solo funciona de manera kantiana en el estrecho margen percibido por la conciencia despierta; la comprensión no llega generalmente hasta el comportamiento, porque el comportamiento no se basa en comprensión. Es tan simple como eso.

Industrialización profunda

Si las sociedades cambian –por ejemplo, mediante un nuevo sistema energético– y con ello empiezan a establecerse otras relaciones productivas y formas económicas, ello no afecta jamás solamente las circunstancias vitales externas. La sociogénesis y la psicogénesis conforman dos aspectos del mismo proceso; si el mundo exterior se transforma, también se transforma el mundo interior. Así, las ideas surgidas con la revolución industrial respecto a un crecimiento en principio ilimitado y a la importancia de la "energía", también se tradujeron en nuestras propias ideas. Uno puede llamarlo "industrialización profunda": así como los emplazamientos de la producción, las vías de tránsito, las centrales térmicas, los grandes almacenes, el suministro de energía eléctrica, etc. estructuran nuestro mundo exterior, del mismo modo, las categorías de la expansión ilimitada determinan nuestra vida interior. En la modernidad expansiva, en lo referente a la existencia individual, también se trata de expansión y crecimiento. "Buscar captar en sí mismo tanto mundo como sea posible", lo había formulado Wilhelm von Humboldt y hoy se ha convertido en nuestra segunda naturaleza el que uno deba "ascender", "evolucionar", "progresar", "aprender durante toda la vida". Pruebe usted una vez cómo reacciona su entorno cuando les dice que ya no quiere aprender más nada, que sería suficiente. O que ya no quiere viajar, que en realidad ya vio suficiente. Y que de todas maneras no quiere seguir desarrollándose, que usted simplemente terminó.

La idea de que los trayectos vitales serían lo mismo que amontonar continuamente más conocimientos, más experiencia, más vivencias, está vinculada íntimamente a que nuestro modelo cultural es expansivo, hasta llegar a que una categoría como "crecimiento" entretanto haya adquirido una cualidad religiosa: si, digamos, tuviera que explicarle a un niño de nueve años que la Tierra no puede calmar el hambre de recursos de la población mundial, y usted le preguntara cuál podría ser la solución, el niño podría decir, por ejemplo: "Inventen algo que achique a la gente, entonces la cantidad de recursos que ofrece la Tierra alcanzará para todos". Un adulto, por lo contrario, diría:

"¡Tenemos que crecer! Sin crecimiento no tenemos posibilidades económicas para solucionar los problemas medioambientales!" Dos conceptos opuestos: encogerse o crecer, ¿qué es más realista, si hay demasiado poco para todos? El adulto, desde el punto de vista lógico, claramente está en el barco equivocado, pero no necesita fundamentar especialmente para qué debe servir el crecimiento ante la amplia escasez, pues ya hace mucho que se ha convertido en un incuestionable asunto de fe que el crecimiento y los acreedores no argumentan. Kurt Bock, jefe de la BASF, informó incluso hace poco en una entrevista con el periódico FAZ: "Si evitamos el crecimiento, prohibiremos a la gente que piense"[50]. La Canciller federal parafrasea incluso un dicho, en el que en realidad se trata del amor, y dice: "Sin crecimiento todo es nada".

Se nota que convertirse en adulto a menudo significa, lamentablemente, volverse más tonto. Si el concepto del niño también es biológicamente imposible, igualmente hace referencia al camino más inteligente: solo puede sobrevivir quien se prepara a tiempo para la reducción de la oferta de alimentos, agua, reservas de peces, suelos fértiles. Pero de forma contrafáctica a lo anterior, el crecimiento vale como panacea económica y política, se supone que ayuda contra la pobreza a nivel mundial, el desempleo nacional, la debilidad estructural regional y una y otra vez contra el *eurocrash*. Aun cuando el crecimiento se presente como algo tan importante, como concepto económico es sorprendentemente nuevo. Por primera vez adquiere más significación en la lucha contra la crisis económica mundial en los años 1930, y más tarde, en la Guerra Fría, se convierte en una unidad de medida decisiva de la competitividad del sistema: más rendimiento económico igual a sistema superior. Y en los países de Europa Occidental, el crecimiento fue el medio de equidad social por excelencia. Si el ascensor económico va hacia arriba, falta mucho para que todos los ocupantes sean iguales, pero todos reciben algo de los beneficios del bienestar. Al paradigma del crecimiento en la economía se agregó el de la política: el crecimiento se convirtió en tarea de estado.

Pero también en las vidas interiores de la gente se extendió el concepto de crecimiento, un concepto que antes de la industrialización hubiera sido totalmente imposible. La psiquis y la mentalidad de la gente que vivía en la época feudal eran muy diferentes de las de la gente en la actualidad: no existía la noción de que uno fuera responsable por su propia vida, porque apenas había movilidad social en el sentido del ascenso de una capa social a la superior. Los trayectos vitales en sentido moderno recién evolucionaron con el capitalismo industrial: categorías como auto-responsabilidad, disciplina,

---

[50] *Frankfurter Allgemeine Zeitung: Deutsche arbeiten häufiger nachts und am Wochenende*, http://www.faz.net / aktuell /wirtschaft /arbeitszeiten-deutsche-arbeiten-haeufiger-nachts-und-amwochenende-11861812.html vom 20. 8. 2012.

voluntad, adquieren importancia para los individuos en crecimiento en el momento en que no solo "uno *podía* hacer" algo de sí mismo, sino que *tenía* que hacerlo. Pues al igual que el asalariado por fin era libre de trabajar donde fuera más favorable para él, más allá de las constricciones feudales, de la misma manera, como dice Marx, era igualmente libre de "jugarse el pellejo", es decir que también se había librado de la seguridad en cuanto a orientación y abastecimiento que ofrecía su anterior existencia no libre como campesino sin tierra, trabajador en el campo, peón, etc. El programa de su vida ya no estaba preconfigurado y falto de alternativas, sino que debía ser escrito por él mismo. Ese proceso se llama individualización. Caracteriza a la modernidad expansiva hasta el día de hoy.

La industrialización profunda significa también el cambio de percepción del tiempo. La industrialización creó un ritmo siempre igual de tiempo de trabajo y de descanso, dependiente de las estaciones y de los ciclos agrícolas. A ello se agregó en el siglo XIX, con los medios de transporte impulsados a vapor, una industrialización de la experiencia de espacio y tiempo (Wolfgang Schivelbusch), una aceleración constante del movimiento en el espacio que dura hasta el presente. Con ello, la percepción cambia: si el viaje en uno de los primeros trenes producía en muchos pasajeros, debido a la velocidad (de 15 kilómetros por hora), trastornos de la percepción y malestar, hoy día se justifican las obras de construcción gigantescas a fin de poder conducir en una vía rápida con 300 en lugar de 250 km por hora.

También creció la expectativa de vida: si en 1800 era de 30 años de edad, en el año 2000, ascendía a nivel mundial a un promedio de 67 años, con claras tendencias hacia arriba en las sociedades industriales. El tiempo interno se cuantifica: se puede utilizar como el dinero, aprovecharlo, ahorrarlo, acumularlo, y de igual forma, el tiempo biográfico, el vital, se vuelve otro. El transcurso de una vida es un proyecto sin cerrar que está sometido a la configuración propia y a la social. La pedagogía, la escolaridad obligatoria, la prolongación del período de formación, la ampliación de las exigencias educativas tanto en la edad preescolar como en la de retiro: todas estas son características del proceso inacabado hasta el día de hoy, en el que la propia vida se conforma y se percibe como propio proyecto de crecimiento. Constantemente deben acumularse más conocimientos, más competencias, más cualificaciones, nadie termina nunca. Un estado al que se ha llegado, siempre es únicamente la etapa previa de un yo que debe ponerse en camino hacia la próxima etapa biográfica.

Lo interesante es que no solo la trascendencia de limitaciones temporales y espaciales tiene su correspondencia mental, sino que, aún más, la categoría de la energía tal como alcanzó fama en el siglo XIX: el cambio del sistema energético de biomasa a carbón y más adelante al petróleo en los países

Harald Welzer

tempranamente industrializados, no solo marcó una profunda diferencia entre los países de occidente y todos los demás países de la Tierra[51], sino que llevó también a una revalorización de lo "energético" sin igual en otras partes del mundo: "Occidente, rico en energías y que se diseñaba a sí mismo como 'enérgico', también se presentaba ante el mundo de esa manera. Los héroes culturales de la época no eran ociosos contemplativos, ascetas religiosos o sabios silenciosos, sino practicantes de una *vita activa* cargada de energía: conquistadores incansables, viajeros temerarios, investigadores inquietos, capitanes económicos autocráticos. A todas partes adonde llegaban, las naturalezas fuertes occidentales impresionaban, asustaban o sorprendían con sus dinamismo personal, en el que debía reflejarse el excedente de energía de sus sociedades de origen"[52]. No llama la atención que ello fuera acompañado de un sentimiento de superioridad ante aquellos pertenecientes a otras "razas" de carácter "holgazán", "impuntual" o "apático"; la teoría racial que surgió paralelamente en el tiempo ordena también las "razas no solo según características físicas, sino que también según su supuesta capacidad de rendimiento y energía". Hoy, en el ámbito de la política de desarrollo, se utiliza el concepto de "pobreza energética" con una finalidad supuestamente crítica, por lo que se puede reconocer perfectamente el efecto profundo y duradero de las improntas mentales.

También la psicología que surge en esa época está impregnada de los conceptos sobre energía de la época industrial: actualmente casi se ha olvidado que fue un logro histórico de la psicología del siglo XIX el poder *medir* la actividad de los nervios, porque se descubrió que se basaba en *energía eléctrica*; Helmholtz pudo comprobar que su conducción requería un determinado tiempo. La temprana psicología experimental se ocupó de medir intensidades de estímulos y de la energía utilizada para ello; la psicofísica en ciernes hizo grandes méritos al adaptar de forma óptima el personal de servicio a los requerimientos de los dispositivos técnicos. Pero sería totalmente falso emplazar los conceptos energéticos desde lo mental únicamente en el ámbito científico-natural de la psicología. Toda la obra de Sigmund Freud está atravesada por la mecánica, hidráulica y energética de la época industrial: el concepto de la "energía" (libre y ligada) juega en el psicoanálisis un rol igualmente grande que el "instinto" y su "dinámica"; otros conceptos muy conocidos son la "represión" y el "estancamiento", el "desplazamiento" y la "condensación", y por lo demás, también la "economía" de la vida espiritual. Aun en el famoso "vocabulario" del psicoanálisis dice desde un punto

---

[51] Osterhammel, Jürgen: *Die Verwandlung der Welt. Eine Geschichte des 19 Jahrhunderts*, München 2009, pág. 936.
[52] Ebd., S. 937.

de vista de la ingeniería, "que los procesos psíquicos consisten en la circulación y distribución de una energía mensurable (energía de los instintos), que puede aumentarse o disminuirse y ser equivalente a otras energías".[53] [54]

Durante esa época, la pedagogía no solo elabora la concepción de que las personas se desarrollan, sino que pueden ser alentadas o perturbadas de muchas formas en ese desarrollo. En ello juegan un rol importante las ideas sobre el dominio y manejo de las energías (sobre todo las sexuales).[55] La invención de la escuela como institución de educación y desarrollo para *todos* los miembros de una sociedad también es una creación de los países pre-industrializados, donde además de la transmisión de conocimientos, sobre todo figuraba en primer plano la función educativa y disciplinadora. Allí se practicaron aquellas virtudes que –como puntualidad, limpieza, cuidados, orden, etc.– marcaban un carácter social que fue capaz de funcionar en sociedades altamente divididas en cuanto al trabajo, es decir, que era sincronizable bajo todo tipo de condiciones con determinados ritmos.

Un efecto de la escolarización digno de ser tomado en cuenta fue asimismo la práctica del comportamiento de competencia y de competitividad, así como la medición del rendimiento personal a través de los sistemas de notas. Todo eso sigue vigente aún: no solo que las tasas de escolarización y de alfabetización son consideradas como rasgos distintivos de "desarrollo"[56], sino que la estructuración de todos los aspectos del aprendizaje y de la formación mediante criterios medibles de rendimiento continúa sin cambios más que nunca desde "Bologna" y el "G8". Hoy día, las alumnas, alumnos y estudiantes apenas pueden imaginar que puedan existir contenidos libres de finalidad y evaluación en la educación y en los *curriculum vitae* más allá de la competencia y de comprobantes de rendimiento. En otras palabras, según lo anterior, el aprendizaje aparece como la apropiación y el almacenaje de tanto conocimiento e información como sea posible.

La revolución industrial, la división del trabajo, la pedagogía, la individualización y biografización, la universalización del concepto de energía, todo eso hace que como resultado se produzca un cambio sorprendente de lo sustancial a meros estados de pasaje: cada proceso de fabricación es solamente el antecesor del próximo, cada producto, el antecesor del que sigue, cada fase de trabajo solo el acto provisorio en una cadena infinita de repeticiones.

---

[53] Laplanche, Jean /Pontalis, Jean B.: *Das Vokabular der Psychoanalyse*, Frankfurt am Main, 1973.
[54] N. de T.: Esta versión pertenece a la traductora de este libro. Existe una traducción al español publicada en 1996 por Paidós Ibérica, pero no se pudo encontrar esta frase.
[55] Hagner, Michael: *Der Hauslehrer: Die Geschichte eines Kriminalfalls. Erziehung, Sexualität und Medien um 1900*, Frankfurt am Main, 2010.
[56] Osterhammel, *Die Verwandlung der Welt*, (como nota 35), pág. 1131.

Harald Welzer

Jamás se alcanza un objetivo, pero el dinero es multiplicable infinitamente y la productividad tiene capacidad ilimitada de aumento. Así como el trabajo se vuelve interminable en el capitalismo, asimismo cada momento de la vida, cada etapa en el transcurso de la vida, cada euro en la cuenta bancaria es simplemente la etapa previa a la próxima etapa, de cada euro más.

Uno no tiene por qué ser consciente de nada de eso para que sea eficaz. Es la razón por la cual un modelo cultural tiene un efecto tan profundo sobre los hábitos de los seres humanos. La textura del mundo exterior tiene su correspondencia exacta en el querer y desear y en las imágenes de sí mismas de las personas que han crecido y que viven en una cultura así: es su vínculo cultural.

Infraestructuras mentales

Ante este trasfondo queda claro que no solo hay infraestructuras materiales e institucionales que marcan nuestra existencia y guían nuestras decisiones, sino también mentales. En otras palabras: la mayor parte de lo que percibimos, interpretamos y hacemos se sustrae al ámbito de la conciencia. Es "industrialización profunda", una relación con el mundo social y físico caracterizada por los cambios en las formas de producción y reproducción de los últimos doscientos años. La transformación necesaria no solo de las infraestructuras materiales e institucionales, sino también de las mentales debe pasar cuenta: no se trata en este caso simplemente de un problema cognitivo que podría solucionarse mediante esclarecimiento y comprensión, sino también de la lentitud de la historia y del entorno vital. Y como sabemos todos, las costumbres y las rutinas muchas veces están atrasadas respecto de los conocimientos sobre las situaciones, y lo sujetan a uno con terca perseverancia al entramado estable del *assumptive world* y de los vínculos culturales que le pertenecen.

Este es exactamente el punto en el que el esclarecimiento llega a sus límites y siempre ha llegado pues llega solamente a la parte cognitiva de nuestro aparato de orientación; la mayor parte de nuestras orientaciones, organizadas a través de rutinas, modelos de interpretación y referencias inconscientes –hablando desde el punto de vista sociológico: a través del hábito– permanecen totalmente intocadas. Si las cosas fueran diferentes, yo mismo volaría mucho menos en avión, no habría ampliado continuamente el espacio de mi vivienda en el correr de mi vida y no tendría coche en el garaje. Yo mismo soy el problema que debe solucionarse si queremos hacer que el mundo tenga un futuro. Desde que eso me quedó claro, he pensado intensamente sobre el tema de lo que significa en realidad una transformación de las infraestructuras mentales. Cada producto, desde el VW Scirocco hasta un gel para ducha cualquiera, en las sociedades de consumo, cuenta una historia sobre sus usuarios, de la misma manera en que un sistema de autopistas cuenta una historia sobre nuestros conceptos de movilidad y un negocio de venta de autos una historia sobre nuestras necesidades libidinosas. Visto así, el mundo del supuesto *homo oeconomicus* es un mundo de sentimientos, deseos, necesidades aprendidas y solamente marcado por la racionalidad de forma limitada, y cosas tan concretas como las tasas de crecimiento de una empresa y el funcionamiento de un mercado de trabajo dependen de factores solo aparentemente blandos como las emociones.

Por eso, la historia que se podría oponer al *status quo* es básicamente –y de forma muy incompleta e insalvablemente– impotente si cree poder ignorar las historias que los productos y su infraestructura cuentan desde siempre. La historia que relata la Ilustración empieza a nivel cognitivo, y por lo general, lamentablemente también a nivel moral, y transmite el mensaje poco convincente de que la vida sería menos placentera, pero que tendría más posibilidades para las futuras generaciones, si se cambiara. Eso no es para nada atractivo, de ahí que el mundo del TODO SIEMPRE parezca tener bastante más que ofrecer. Por eso se puede hacer tanta "educación para el desarrollo sostenible" como se quiera y sorprenderse de todos modos de que el desarrollo de las sociedades modernas y en proceso de modernización no cambie de dirección: porque nos encontramos en una historia que habla sobre nosotros con los conceptos de progreso, competencia y crecimiento. Antes de poder decir algo en contra de esa historia, ya formamos parte de ella desde siempre.

Vínculos culturales

Los conocimientos no son, por lo general, una condición suficiente como para cambiar situaciones, pues, a su vez, esas situaciones no se basan en conocimientos, sino en infraestructuras materiales e institucionales de todo tipo y en una cultura que abarca mucho más de lo que sus miembros pueden saber sobre ella. Por ejemplo, la creencia de que basándose en conocimientos científicos –por ejemplo, en relación al peligroso calentamiento climático– se podría iniciar una "gran transformación"[57] y haber superado los principales problemas del futuro de las sociedades modernas mediante un cambio del sistema energético, es ingenua. De hecho, lo contrario sería el caso: si se sustituyera totalmente el uso de energías fósiles por el uso de energías renovables, en relación a la expansión de los estilos de alimentación, vivienda y movilidad que dependen del uso intensivo de las materias primas, ya no habría forma de detenerlo, pues finalmente, la energía necesaria para su producción, estaría disponible de forma ilimitada.[58] Mediante este ejemplo se ve que mientras un modelo cultural como la cultura del TODO SIEMPRE se mantenga tal cual, la transformación de uno de sus elementos se traduce en una optimización de lo equivocado. Un "cambio energético" exitoso en la cultura equivocada puede, como consecuencia, llevar a un aumento de la fuerza destructiva de la práctica existente, es decir, *no* a una transformación precisamente.

Por lo demás, es históricamente ingenuo hablar en singular de una transformación. Como las sociedades modernas conforman ámbitos de funcionamiento altamente diferenciados, solo puede haber una pluralidad de transformaciones que se basen respectivamente sobre lógicas y medidas de tiempo propias y que no se desarrollan de forma sincronizada. En otras palabras, algunas cosas cambiarán más rápido, otras más lentamente y otras nada.

---

[57] Wissenschaftlicher Beirat der Bundesregierung Globale Umweltveränderungen (WBGU):*Welt im Wandel: Gesellschaftsvertrag für eine Große Transformation. Hauptgutachten 2011*, Berlin 2011.
[58] Este pensamiento proviene de Uwe Schneidewind.

Es precisamente en la lógica contradictoria de los procesos sociales de cambio que se encuentran desafíos significativos no solo para comprender lo que sucede, sino sobre todo, respecto a los deseos de poder controlar algo así.

La idea de la "gran transformación" tiene otros déficits sistemáticos más: históricamente, las transformaciones –por ejemplo, la revolución industrial con sus efectos básicos sobre las condiciones de producción, las formas de la economía, las estructuras temporales, las normas familiares, las imágenes de sí mismo, las enfermedades, etc.– *no* suceden *a propósito*. Nadie planificó algo así como la Revolución Industrial. Las revoluciones de ese tipo tampoco se comprenden como tales cuando ocurren, sino recién en la retrospectiva histórica posterior, cuando se ha podido reconocer cuánto se había diferenciado una situación histórica de una anterior. También la generación del 68 no sabía en el año 1968 que alguna vez serían los del "68". Como contemporáneo, uno se mueve con el punto actual en transición, uno es parte del cambio, y por eso no se puede tener una visión de conjunto.

Así, Daniel Defoe, a comienzos del siglo XVIII, durante un viaje por la región cercana a Newcastle, vio la zona de extracción de carbón más importante en la Inglaterra de entonces, y quedó boquiabierto ante los "increíbles montones, sí, montañas de carbón que se extraen de cada fosa, y sobre la cantidad de fosas de ese tipo que había; estamos muy asombrados y nos preguntamos dónde vivirán las personas que puedan consumirlo"[59]. El autor de *Robinson Crusoe*, con grandes dotes de fantasía, quien –sea en forma de novela o de alguna de sus numerosas filmaciones– acercó a generaciones de niños y jóvenes occidentales las bendiciones de una civilización de orden racional, en ese caso no pudo confiar en absoluto en su fantasía: lo que en ese momento sucedía ante sus ojos, en otras palabras, el preludio de esa revolución industrial que primero cambió radicalmente y durante mucho tiempo el aspecto de Inglaterra, luego de Europa y finalmente de todo el planeta, no lo comprendía. ¿Pero cómo habría de hacerlo? En ese momento nadie podía imaginar que la utilización industrial de la energía fósil carbón iba a revolucionar sucesivamente a toda una sociedad desde el punto de vista energético y que además, traería al mundo todas las ideas de progreso, crecimiento e infinitud que caracterizan nuestro modelo cultural hasta el día de hoy.

Pero ni los alemanes ni los chinos ni nadie más encontrará al año 2030 en el estado en el que todavía lo imaginan hoy, y así, se encuentran en exactamente la misma situación que Defoe hace tres siglos. A ellos les falta, hablando con un concepto de Guenther Anders, la "fantasía moral" de imaginarse lo

---

[59] Cit. según Wolfgang Schivelbusch: *Geschichte der Eisenbahnreise. Zur Industrialisierung von Raum und Zeit im 19. Jahrhundert*, Frankfurt am Main 2004, pág. 9.

que fabrican[60]. La idea de que se podría planificar una transformación amplia en base a un *masterplan*[61] y ponerla en práctica exitosamente podría ser no solo ingenua, sino también de graves consecuencias políticas. En aquellos lugares donde se realizó algo así, terminó regularmente en el desastre –la revolución rusa fue un proceso de transformación intencional al igual que la nacionalsocialista (nazi).

Es decir que sería aconsejable mantenerse alejado de proyectos de ese tipo, entre otras cosas también porque no queda claro de dónde deberán venir los expertos competentes en transformaciones. Las expertas y expertos existentes, en su mayoría están comprometidos en sus percepciones, formas de pensar y estrategias de solución con el modelo cultural actual, o lo que es lo mismo, piensan regularmente en el futuro de su mundo como "el presente más otras opciones" (Elmar Altvater). La solidez de nuestro modelo cultural en lo que refiere al modo de vida, queda demostrada precisamente por el hecho de que los protagonistas de la así llamada transformación no cuestionan ni cambian en lo más mínimo sus propias prácticas: los investigadores del clima, a través de sus propios descubrimientos, no logran sacar la conclusión de que el sistema operativo de las conferencias internacionales con sus enormes gastos de transporte, alojamiento, infraestructura de los seminarios, etc., es algo que no se puede mantener de esa forma pues sirve sobre todo a las empresas de aviación, a la hotelería y gastronomía locales, a los servicios de catering y de conferencias, y supuestamente también a las empresas locales que regentean hoteles. A quien definitivamente no sirve es al clima.

Tampoco conozco ningún caso en el que un científico, mediante sus datos apocalípticos, hubiera sacado la conclusión de que ya no necesitaría seguro de vida, bienes inmuebles, seguro de educación para los niños. Todos ellos, como cualquier otro también, parten del supuesto de que el mundo, *en total contraposición a sus propios descubrimientos*, seguirá funcionando en mayor o menor grado como están habituados. Y, sorprendentemente, no parece llamarles la atención ni a ellos ni a cualquier otro observador imparcial. Todos, incluyendo aquellos que advierten ante el apocalipsis, siguen adelante como de costumbre. La mejor cita en relación a esto proviene del inquieto salvador del mundo Jeremy Rifkin: que él volaría sin pausa de país en país para convencer personalmente a los políticos de la necesidad de proteger el clima.

Si para simplificar suponemos que Rifkin *no* es tonto, vemos en su comportamiento, al igual que en el de los investigadores del clima, la efectividad de los vínculos culturales. El modelo cultural en el que existen, los hace

---

[60] Anders, Günther: *Die Antiquiertheit des Menschen. Über die Seele im Zeitalter der zweiten industriellen Revolution*, München 2002, pág. 273.
[61] N. de T.: En inglés en el original: plan maestro.

pensar en intenciones diametralmente opuestas a sus conocimientos. Y ellos siguen esas intenciones como si fuera lo más natural del mundo.

Ciencia

La empresa científica está organizada exactamente igual que los demás sistemas parciales en una sociedad moderna con división del trabajo: exige una formación específica que debe realizarse siguiendo determinados pasos y exámenes, pone barreras que sirven para la selección, dispone sobre mecanismos de integración y exclusión y reparte, además de premios monetarios, también unos cuantos de tipo simbólico. Todo aquel que se "convierte en alguien" en este sistema, no lo hará sin adaptarse a vínculos de trabajo influyentes, no sin escribir textos para "*peer-reviewed journals*"[62], no sin intentar obtener dinero para la investigación, no sin la evaluación positiva de su trabajo mediante agencias y estudiantes. En pocas palabras, se encuentra bajo requerimientos tan específicamente implícitos y explícitos como cualquier otro que también quiere "ser alguien" en un subsistema formador de profesión de la sociedad. Eso no tiene nada que ver con metas elevadas tales como "reconocimiento" o "progreso".

Científico es aquel que puede comprobar mediante índices estadísticos que lo es –monto de los recursos terciarios obtenidos, número de publicaciones, lugar en el rango de la lista de citas, cantidad de tesis apadrinadas, etc. El hecho de que *mutatis mutandis* eso también valga para la relevancia de las universidades, incluso para materias enteras, no debe llamar la atención en una cultura que tiene su único criterio de calidad en la mensurabilidad, al igual que la pérdida de reputación que la ciencia ha sufrido precisamente por el hecho de que se ha sometido de tal manera al dictado de la medición de su *output*[63], al igual que un devoto capataz de una empresa productora de hierro en la época del estalinismo.

Los caminos al ascenso y los modos de distribución de los recursos son los mismos en todas las materias y en referencia a todos los objetos científicos, lo que significa que, objetivamente, no hace ninguna diferencia si se sigue una

---

[62] N. de T.: En inglés en el original: publicaciones revisadas por pares.
[63] N. de T.: En inglés en el original: rendimiento.

carrera como investigador sexual, ornitólogo, físico de partículas, meteorólogo o como especialista en arte y obtiene beneficios por su reputación. Entre el público, en general se asume erróneamente que un científico especializado en clima debería tener otra relación con su objeto que por ejemplo, un ingeniero mecánico, es decir, un vínculo de política climática. No es el caso y, la mayoría de las veces, incluso sería contraproducente. Hace algunos decenios, cuando yo era todavía un investigador de la violencia de masas joven e inocente, quedé bastante sorprendido cuando un participante de una conferencia sobre el holocausto me contaba con entusiasmo en el hotel, mientras pelaba el huevo del desayuno, que había descubierto una fuente fantástica sobre una masacre especialmente terrible. En aquel momento pensé que la ciencia debería tener algo que ver con el significado extracientífico de la investigación, pero en ese caso se expresaron los sentimientos del científico, al igual que Robert Musil lo había descrito en su *El hombre sin atributos*: un médico puede estar tan fascinado por un hermoso caso de cáncer como al mirar a una mujer hermosa. Que, por ejemplo, alguien pudiera destacarse en la lucha por obtener una cátedra escribiendo una "Enciclopedia del Holocausto" me hubiera parecido extraño entonces. Pero ese tipo de así llamadas transferencias, como se les solicita a los bachilleres en las clases de política o historia, no son parte de la cultura científica; interfieren más bien en el proceso y, por eso, sirven para bloquear carreras. De ahí la expectativa de que los investigadores del clima hicieran transferencias a partir de sus descubrimientos a su propia *praxis* de vida –por su parte, ajena a la *praxis*-, ya que precisamente la investigación del clima se destaca por un crecimiento importante de su reputación y de los dineros disponibles para la investigación y, con ello, abren caminos de carrera, que a los jóvenes científicos y científicas, en todo su derecho, les parecen más promisorios en cuanto al éxito que aquellos que tiene para ofrecer, por ejemplo, la papirología. Ello tiene algo que ver con la moralización extracientífica del tema clima que ha tenido lugar en el mercado de la atención pública.

La moralización del mercado

Desde hace algunos decenios, está sucediendo algo paralelamente al movimiento ecologista que el sociólogo Nico Stehr llamó la "moralización de los mercados". Con lo que se quiso decir que las mercaderías, es decir, sus productores, se consideran cada vez más dentro del contexto político en el que se producen y consumen.[64] La moralización de los productos ha sido impulsada sobre todo por el hecho de que una serie de activistas medioambientales habían pasado de los medios políticos de la protesta a medios más efectivos de hacer campaña: a "Greenpeace" y a muchas otras organizaciones no gubernamentales como "Robin Wood" o "Sea Shepherd" hace treinta años les pareció que aseguraba más el éxito presionar a empresas mediante perturbaciones elegidas especialmente, a menudo espectaculares y arriesgadas del funcionamiento normal del abastecimiento energético o de la economía pesquera, dirigiendo la atención pública hacia sus prácticas destructivas: se entraba en chimeneas o se saboteaban cazadores de ballenas a través de maniobras muy arriesgadas con botes inflables. Los documentos filmados sobre acciones espectaculares de ese tipo, tal como era esperable, llamaron mucho la atención e hicieron que se identificaran con las mujeres y hombres valientes en las chimeneas o en los botes, es decir que realizaron un aporte tanto para transmitir la intención política de la organización como para promover su propia imagen.

Esa estrategia extremadamente exitosa durante un tiempo, justo alcanzó su punto culminante con una protesta en contra de un plan no tan problemático de la empresa Shell: el hundimiento de la plataforma de almacenamiento y carga de petróleo "Brent Spar" que debía tener lugar en 1995. Greepeace

---

[64] Los argumentos de Nico Stehr son bastante más complicados: parte de la premisa de que la moralización de los productos y de sus formas de transacción son inherentes al mercado, solo que últimamente se vuelven más visibles. Los mercados, según su teoría social, no solo le cuelgan a los productos un saquito "correcto", sino que se convierten ellos mismos en arenas de negociación política y moral. Ver Stehr, Nico: *Die Moralisierung der Märkte. Eine Gesellschaftstheorie*, Frankfurt am Main, 2007.

estilizó ese plan al convertirlo en un escándalo ecológico con eco internacional, lo que llevó, entre otras cosas, a un boicot de las estaciones de servicio Shell en Alemania y en algunos países europeos y finalmente, obligó a Shell a deshacerse de la plataforma con un procedimiento costoso.

Greenpeace versus Shell. Modelo mítico: David contra Goliat.

Poco tiempo después se supo que Greenpeace se había basado en cifras equivocadas (en lugar de las 5500 toneladas de petróleo mencionadas, en la plataforma había, como dijo Shell, realmente solo 75 a 100 toneladas de petróleo); bajo puntos de vista ecológicos, el hundimiento previsto originalmente hubiera tenido más sentido[65]. Al mismo tiempo, la victoria de Greenpeace sobre Shell quedó como el mayor éxito jamás registrado antes de una organización ecológica ante un consorcio; Greenpeace logró rápidamente un nuevo récord de donaciones.

El poder de las campañas publicitarias quedó ampliamente demostrado en este caso, pero, al mismo tiempo, el caso "Brent Spar" echa luz sobre dos

---

[65] Radkau, *Die Ära* (*op. cit.*), pág. 358.

aspectos interesantes: en primer lugar, las organizaciones que se han dedicado a la resistencia contra la explotación sin miramientos de los recursos están sujetas a una lógica propia de superar a otros. Los escándalos que las caracterizan, según la economía de los llamados de atención, deben ser cada vez mayores y las acciones en contra, cada vez más costosas. Siguiendo fielmente esa lógica, Ulrich Jürgens, el que dirigió la acción en contra de Shell en aquel momento, informó sobre la situación algo problemática, de hecho: "Si argumentas con rentabilidad, siempre estás perdido. Me da lo mismo si ahí dentro había diez o miles de toneladas de lodos tóxicos. Se trata de cómo una sociedad altamente desarrollada maneja sus residuos.[66]

En segundo lugar, en una sociedad de consumo, los escándalos de ese tipo y con ello las moralizaciones sobre los productos, no llevan a la protesta *política* en sentido estricto, sino meramente a *otra* decisión de consumo motivada políticamente –en este caso, al cambio (de corta vida) del proveedor, de Shell a Esso o Aral. La cuestión de si un tipo de combustible puede ser más políticamente correcto que otro, obtiene su respuesta práctica a través del recurso del boicot: el conductor de auto ecológicamente indignado expresa su indignación pasando de largo por la estación de servicio de Shell y llenando su tanque en Esso, Aral o Jet. De esa manera, puede protestar sin limitar la movilidad que es el motivo de la existencia de las plataformas de perforación y almacenamiento de petróleo. El mismo modelo estructural de la moralización, pero no de los mercados, sino de productos en particular, se muestra en la indignación a nivel mundial sobre la avería de la plataforma de perforación de petróleo "Deepwater Horizon" en el año 2010, que –esa vez provocada por BP– llevó a la contaminación posiblemente más grande de una región marítima y costera en la historia de las catástrofes técnicas hasta la fecha. Tampoco en ese caso, ningún consumidor se dio cuenta de que BP (y todos los competidores de BP), debido a la disminución de la oferta y al aumento de los precios del petróleo en el mercado mundial, entretanto aplican procedimientos más caros y ecológicamente arriesgados para la extracción que antes, porque él, el consumidor, necesita esa sustancia para usar su coche y en consecuencia, para llenar de vez en cuando su tanque.

El hecho de que el comprador de combustible fósil sea el problema y no el proveedor, cuyo objetivo es que la sustancia –que en realidad es la base de su negocio– le dure lo más posible, se pierde en la rutina del escándalo del *management*. Esto funciona según un modelo que siempre se repite, de manera que los daños se minimizan, se identifica y echa a algunos culpables, los daños *visibles* se moderan mediante el trabajo de ayudantes profesionales y voluntarios, y finalmente –pero entonces ya hace mucho que ha habido otro

---

[66] *Idem.*

escándalo y otro más– todo será procesado en discusiones jurídicas sobre la responsabilidad y la indemnización. En este, como en todos los casos parecidos, el motivo para la indignación es siempre el *accidente*, no el caso normal que lo ha causado.

Ética de consumo

Aunque la tradición del boicot como forma de accionismo político se remonta al siglo XVIII[67], y fue aplicado bajo diferentes condiciones estatales (incluso bajo los nazis: "Alemanes, no compren a los judíos") y tuvo un renacimiento precisamente dentro del marco de las campañas ecológicas, el desarrollo de una "ética del consumo" es reciente. Después de la invención de una ética económica y más tarde empresarial, hoy día también se habla de una "ética de los consumidores" y sobre todo, también del "consumo estratégico", que sería adecuado para ejercer presión de forma diferenciada sobre las empresas, para inducirlas a proyectar responsablemente su cadena de valor.[68] Entretanto se esfuerzan mucho por diferenciar conceptualmente el consumo "sostenible", "moral" y "político"; es decir que, además del "*citizen*", el ciudadano (y de la ciudadana) político/a, surgió el "*consumer citizen*", el ciudadano político consumidor.[69] Es que en las sociedades ricas es cierto que han aumentado las posibilidades de orientar de forma estratégica el comportamiento de consumo individual. Pues en los países de la OCDE hoy día se gastan solamente entre el 30 y el 40 % de los respectivos ingresos del hogar para alimentación, ropa y vivienda, es decir, necesidades básicas, de lo que se desprende que un promedio de hasta el 70 % de esos ingresos están a disposición relativamente libre, y de esa manera, también pueden gastarse bajo puntos de vista morales o políticos.[70]

---

[67] Glickman, Lawrence B.: *Buying Power: A History of Consumer Activism in America*, Chicago, 2009.
[68] Heidbrink, Ludger / Schmidt, Imke: Das Prinzip der Konsumentenverantwortung– Grundlagen, Bedingungen und Umsetzungen verantwortlichen Konsums. In: Heidbrink, Ludger / Schmidt, Imke /Ahaus, Björn (Hg.): *Die Verantwortung der Konsumenten. Über das Verhältnis von Markt, Moral und Konsum*, Frankfurt am Main /New York, 2011, págs. 25–56.
[69] *Idem*, pág. 32 y sig.
[70] Adolf, Marian / Stehr, Nico: Die Moralisierung der Märkte und ihre Kritik. En: Heidbrink, Ludger / Schmidt, Imke /Ahaus, Björn (Hg.): *Die Verantwortung der Konsumenten. Über das Verhältnis von Markt, Moral und Konsum*, Frankfurt am Main /New York, 2011, pág. 250.

Harald Welzer

El entonces existente "poder de los consumidores" también se mide porque los ingresos reales de los últimos cien años en los respectivos países han aumentado cuatro a cinco veces más, de modo que desde el punto de vista monetario, hay algo para poner en la balanza de las decisiones de las empresas si el consumidor está indignado. Los ejemplos de cómo mediante un correspondiente consumo estratégico se puede hacer que las empresas reduzcan el trabajo infantil (como en el caso de GAP o Nike) o hagan algo en contra de las condiciones inhumanas de producción de los proveedores, son numerosos desde el caso "Brent Spar" y no menos cuestionables. Pues por lo general, el alcance de esa protesta del consumo está sobrevalorado. Una vez que el respectivo escándalo se disipó, una vez que las empresas hicieron la promesa de introducir mejoras y rescindieron algunos contratos de los proveedores, el consumidor pasa satisfecho a volver a comprar GAP, Nike y Apple, satisfecho también porque el período de la renuncia políticamente autoimpuesta a los productos en realidad deseados ya ha terminado. A este respecto, es interesante sobre todo el ejemplo de Apple, porque desencadenar un escándalo respecto a las condiciones de trabajo relacionadas con la producción e *iPhones* por parte del fabricante chino Foxconn debería afectar de la misma manera a los competidores de Apple que también hacen fabricar sus productos allí. Cambiar de proveedor no es pues una estrategia que sirva en este caso; eso sería únicamente renunciar al nuevo teléfono móvil. Pero esa posibilidad no es opción para la mayoría de los consumidores, por lo que la moralización y politización del producto y de sus proveedores se limita de forma consecuente a desatar un escándalo, sin modificar ni siquiera a corto plazo el propio comportamiento de consumo.

El principio de la división del trabajo se traslada así también al ámbito del consumo estratégico: si las agencias competentes tales como Greenpeace, Food Watch, etc. se ocupan de promover escándalos, el consumidor puede articular su aprobación y seguir comprando el producto, pues puede suponer con cierta confianza que las situaciones incriminadas serán eliminadas después del escándalo. La protesta de los consumidores se rige entonces también por las leyes del mercado; pues entre las agencias en las que se delega la protesta también hay competencia en la economía por llamar la atención, y algunas protestan simplemente con más éxito que otras.

Pero en la mercantilización de la protesta política mediante el consumo estratégico se encuentra solo uno de sus tantos problemas, pues, sin duda este medio –el ejemplo de los nazis ya lo ha demostrado– se puede utilizar para *cualquier* tipo de intereses políticos, lo que sucede por ejemplo cuando los automovilistas alemanes se niegan colectivamente a que se introduzca un combustible con mezcla de 10 % de combustible biológico, e incluso están dispuestos a pagar a largo plazo algunos centavos más por litro de combustible por este acto político. En este caso, existe además una disposición bien clara a dejar que el consumo estratégico cueste un poco más, lo que es muy poco habitual por otros motivos.

De hecho, en el caso de esta acción de boicot impulsada por la *preocupación por los motores,* probablemente se haya tratado de la mayor negativa al consumo en la historia del consumo político y moral; sin embargo, no sucedió en interés de una moral de sostenibilidad. Ante un trasfondo así, los intentos por apoyar negocios mediante los así llamados *carrot mobs*[71][72] o desarrollar el consumo estratégico como postura de moda[73], son solo variaciones de una carrera que termina siempre como la famosa entre la liebre y el puercoespín. El mercado, que incorpora todo, también la resistencia más grande en su contra, y que es capaz de convertirlo en mercadería, clama en todo momento "*ick bün all da*"[74] y apura –bien distendido- a los ingenuos estrategas hacia la muerte.[75]

En la discusión sobre la responsabilidad del consumidor y *consumer citizenship* se pasa por alto que el ciudadano consumidor solo puede reaccionar, pero no actuar. El resultado del ascenso social de la burguesía a la clase política fue pues, obtener la libertad de hacer política –el ciudadano es el soberano político en un estado libre. Si permite que le compren esa soberanía y su libertad de decisión se limita a la elección entre productos, ya no actúa, sino que elige simplemente entre una oferta producida y puesta a disposición por otros –es decir que no puede ser soberano. Es por eso que todo ese palabrerío sobre el consumo estratégico –responsable, político, moral– no es más que una ideología; corresponde más o menos a la libertad del rinoceronte en el zoológico al preferir que lo alimente uno de los cuidadores en lugar del otro.

Con esto, no se ha dicho nada en contra de la utilización razonable y ocasional del poder del consumidor, pero no debería confundirse ese simple poder de reacción de ese participante del mercado que se encuentra muy al final de la cadena de creación de valor, con el poder proactivo de configuración del sujeto político en un sistema democrático, pues el ciudadano político no pondera y actúa según criterios del mercado, sino según aquellos

---

[71] N. de T.: En inglés en el original: organización sin fines de lucro en S. Francisco, California (EUA), que apoya empresas con compromiso social.
[72] *The Economist.* Change we can profit from, htpp://www.economist.com/node/13031214?story_id=13031214.
[73] Tal como se practica con éxito considerable por la plataforma de internet utopia.
[74] N. de T.: En alemán dialectal en el original: frase que significa: "Ya estoy aquí" y proviene del mismo cuento de los Grimm arriba mencionado, y se lo dice el puercoespín a la liebre
[75] Kathrin Hartmann terminó con las ilusiones prácticas del consumo estratégico en un libro agradablemente polémico (Kathrin Hartmann: *Das Ende der Märchenstunde. Wie die Industrie die Lohas und die Lifestyle-Ökos vereinnahmt,* München, 2009).

del acuerdo democrático sobre cómo debería ser algo. Y eso es algo completamente diferente. Dicho de forma simple: el mercado está sometido al ciudadano; el ciudadano consumidor está sometido al mercado. Razón por la cual es imposible que haya algo parecido al *consumo crítico*.

La tesis de que el control de los mercados –y con ello posiblemente también su orientación hacia una mayor sostenibilidad– dependería de ahora en adelante del consumidor, demuestra ser falsa ya desde el punto de vista lógico, puesto que el ciudadano consumidor *debe* atenerse a las leyes del mercado al ejercer su poder estratégico; jamás podrá acceder a una posición de actor. Para ello, tendría que ser un ciudadano político y dictar las reglas del mercado.

Dicho de otro modo, el consumo moral, así se podría resumir a Wolfgang Ullrich en este punto, por lo general solo es consumo de moral, pues la falsa conciencia de que a través de una decisión de consumo se podría ejercer influencia política o incluso moral, neutraliza lo que sucede en el mercado haciendo de él al mismo tiempo uno sobre el que *cada* participante podría tener influencia. Sin embargo, este es el caso solo de forma muy desigual; cuanto menor la capacidad adquisitiva, y así, el poder de mercado del participante, tanto menor la posibilidad de ejercer influencia. Eso también diferencia al ciudadano consumidor desigual del ciudadano político igual.

Entonces, queda claro que el consumismo tiene el potencial de apropiarse de cualquier movimiento en su contra –el capitalismo lo hizo desde siempre y lo único sorprendente me parece, es el hecho de haber sido mayormente olvidado. Esa experiencia central de la flexibilidad ilimitada de la apropiación capitalista la tuvo que hacer ya hace algunos decenios el movimiento *punk*, decididamente negador del capitalismo y su banda más importante, los "Sex Pistols", cuando se dieron cuenta cuán rápidamente incluso los símbolos de la automutilación transformaron accesorios de moda de Gucci y Versace, y de esa forma, tuvieron acceso al mercado, y así fueron convertidos en acríticos.

Entretanto, también en ese ramo de la economía, la asunción de una postura fue sustituida por el *branding* y la protesta, por eventos. De esa forma, los inevitables Bolb Geldof por un lado, y Bono por el otro, se convirtieron en los representantes principales de la industria internacional del salven-algo-en-África, y apuestan su capital simbólico no solo como apoyo a proyectos de ayuda para el así llamado Tercer Mundo, en cooperación con ONG de diferentes signos, sino que aumentan su propio capital precisamente por eso, porque entregan moral como mercadería consumible y han conquistado un lugar excelente en el segmento de mercado pertinente: son líderes del mercado de la moral. A propósito de eso, ¿cuándo ha oído usted por última vez *música* de Bob Geldof o de Bono?

El consumidor no consume

Una gran cantidad de mercadería y de ofertas, como ya se ha dicho al comienzo, se compran, pero ya no se consumen. El caso más llamativo es el del 30 a 40 % de los alimentos que se adquieren en los países de Europa occidental y de Norteamérica, pero que no se comen ni se beben, sino que se tiran, porque uno ha comprado demasiado como medida de precaución, porque algo se echó a perder o ya no es comestible, porque la fecha de expiración está vencida (fijada por los fabricantes) o porque las comidas y bebidas de los restaurantes, hoteles, puestos de comida rápida o cafés ya no pueden ofrecerse por motivos impuestos por las autoridades sanitarias. Este no consumo impresionante de alimentos constituye, sin embargo, solo la cima visible de una gigantesca montaña de bienes no consumidos.

En relación a este tema, el sociólogo Hartmut Rosa describe una creciente desmaterialización de la mercadería, sobre todo en la industria cultural: si tradicionalmente se almacenaba el conocimiento en diccionarios de varios tomos y la música en discos de vinilo o colecciones de CD, y la condición de ambos era la disponibilidad material, en tiempos de Internet, el mercado se ha transformado de tal manera que ya no se compra el capital cultural objetivado en el libro o en el CD, sino tan solo el acceso a las en principio infinitas memorias virtuales para todos los tipos de productos culturales: "En consecuencia" –escribe Rosa– "ya no son los objetos materiales mismos, sino las opciones abiertas a través de ellos las que se perciben como propiedad, y la adicción al consumo se refiere a la ampliación de lo existente y a obtener nuevos espacios de posibilidades. La nueva cámara de fotos, la nueva conexión DSL, el televisor, la computadora: no nos interesamos, o solo al margen, por su olor, su color, su forma, su materialidad, sino que por lo que pueden, o mejor: lo que se nos posibilita a través de ellos.[76]

Las señales de la disminución del valor de la propiedad en comparación con el acceso, son las omnipresentes *flatrates* al igual que las ofertas *all inclusive* de las agencias de viaje o los proveedores de servicios modernos de *sharing*, en todos los casos se trata del aumento de la disponibilidad de todos los bienes y servicios, de los que se puede hacer uso *potencialmente*, siempre que se hayan hecho los pagos correspondientes. Con este crecimiento de la disponibilidad mediante pago de un derecho al acceso, surge sin embargo el problema, de *cuándo* uno debe consumir lo que se encuentra a disposición en esa prodigalidad infinita. Hartmut Rosa habla en este caso de los costos de oportunidad que han aumentado inmensamente: "Naturalmente que podemos empezar el fin de semana escuchando todo el Mozart comprado (…), ¿pero vale la pena realmente la cantidad de horas invertidas en tiempo por un producto que ha costado menos de un euro, si al mismo tiempo hay miríadas de otras opciones realizables?"[77]

Mientras que la adquisición de cada vez más posibilidades de acceso se puede realizar cada vez más rápida y más económicamente, la disponibilidad de tiempo para poder aprovechar realmente todos los accesos se vuelve cada vez menor. Pues el consumo requiere, por un lado, de recursos financieros, y por el otro, de tiempo.

Mientras que una cantidad de cosas –alimentos, telecomunicaciones, piezas musicales, diccionarios, etc.– en la sociedad desarrollada de consumo se han abaratado bastante en relación a los ingresos, la medida del tiempo disponible sigue siendo 24 horas en 365 días por año, de manera que la cantidad de tiempo consumible por producto ha disminuido relativamente. Se tiene cada vez más cosas, pero cada vez menos tiempo para consumirlas. Lo que significa que, en relación a unos cuantos bienes, uno solo es comprador, ya no consumidor, y toda la dialéctica de este proceso queda demostrada una vez más mediante el ejemplo de esos 30 a 40 % de alimentos que solo se compran, pero ya no se consumen: el comprador que olvida durante tanto tiempo el filete de salmón orgánico en la heladera A++ energéticamente eficiente, hasta que la fecha de vencimiento se ha excedido y por eso cree que tiene que tirarlo, sirve meramente ya de depósito para almacenar el producto por el período de tiempo entre la producción y la disposición final. También se podría decir: no es él quien consume el producto, sino que el producto lo

---

[76] Rosa, Hartmut: Über die Verwechslung von Kauf und Konsum: Paradoxien der spätmodernen Konsumkultur. In: Heidbrink, Ludger / Schmidt, Imke /Ahaus, Björn (Hg.): *Die Verantwortung der Konsumenten. Über das Verhältnis von Markt, Moral und Konsum*, Frankfurt am Main /New York, 2011, págs.115–132, aquí pág. 119.
[77] *Idem*, pág. 127.

consume a él, es decir, su tiempo, la energía pagada por él, la infraestructura mantenida por él.

El capitalismo, en esta etapa de desarrollo, genera seres humanos "que no solo *producen* sin consumir sino que, además, *compran* sin consumir! [...] Los shoppings no son templos al consumo, sino más bien lugares de sacrificio en cuyos altares no se hace una ofrenda *al* consumo sino *de* consumo".[78] Ante este trasfondo está claro que toda fantasía sobre la efectividad del consumo estratégico cae en la nada. Es más probable que a uno se le ocurra aquel legendario rey Midas que, por codiciar oro, deseaba que en sus manos todo objeto se transformara en oro, pero que no se había percatado de que el metal precioso no se puede comer. De la misma manera en que el rey Midas murió de hambre porque todo se le transformaba en lo que más había deseado, así sucede con las intenciones de los compradores: de consumidores se transforman en simples estaciones de relé entre la fabricación y la disposición final. Y nuevamente surge la pregunta: ¿Usted, alguna vez, quiso ser algo parecido a eso?

---

[78] *Idem*, pág. 129.

Auto-inhabilitación

"El Samsung más nuevo incluye prácticamente todo, como en el *iPhone* 4S, lo único que falta es el registro de datos superrápidos LTE. Por lo demás, todo está, no solo el Bluetooth 4.0 y NFC, sino también diversos protocolos para el intercambio multimedia de datos (WiFi Direct, DLNA, All Share Play), así como un amplio lugar de almacenamiento gratis de dos años de 50 gigabytes para datos en la nube Dropbox. En esos detalles, el Samsung es superior al *iPhone*. También es muy completo en lo que refiere al rendimiento informático: cuatro núcleos de la CPU Exynos de la Casa tienen una velocidad espectacular en *benchmarks*. Los núcleos por separado pueden temporizarse entre 200 megahertz y 1,4 gigahertz, no es necesario otro 'núcleo de ahorro' como en el sistema Tegra 3 (por ejemplo, del HTC One X) 57)."[79] Algo así puede leerse hoy día en el periódico *Frankfurter Allgemeine Zeitung* (*FAZ*). Y así son, los *smartphones* o teléfonos móviles inteligentes. Logran las cosas más sorprendentes y por eso, obligan a sus usuarios a ocuparse intensamente con ellos, al comprarlos y durante su funcionamiento. Para una sincronización cada vez más corta de las novedades en este segmento del mercado se requieren siempre nuevas funciones y "servicios" –pues el "nuevo" teléfono móvil debe diferenciarse del "viejo" por algún valor agregado. Los usuarios jamás han extrañado ninguna de sus funciones, cuando todavía no existían. Antes de eso ni siquiera imaginaban que posiblemente los núcleos sincronizados por separado alguna vez pudieran interesarles, y menos aún, que esos núcleos pudieran despertar su deseo. El teléfono móvil "Samsung Galaxy SIII", del cual se habla más arriba, apareció en el mercado en junio de 2012; cuando este libro que están leyendo se publique, seguramente ya habrá dos a tres generaciones más de "Galaxy".

El "SIII", que próximamente estará obsoleto, puede reconocer rostros, lo que al *FAZ* le parece bien: "el reconocimiento de rostros, después de haber identificado una vez a una persona, puede marcarla también en otras fotos.

---

[79] *Frankfurter Allgemeine Zeitung*, 5/6/2012, S. T2, Testbericht über ein neues Smartphone.

Entonces, uno puede enviar la foto de inmediato a sus amigos, con un toque del dedo nada más."[80] La pregunta de por qué es mejor que el móvil reconozca al tío Horst y no uno, está de más en el momento en que existe una función tal. También por qué el móvil puede sacar ocho fotos una tras otra y después elegir "la mejor", no plantea una pregunta: simplemente puede hacerlo y con eso, la función exige su aplicación ("¡Envía ahora la mejor foto al tío Horst!"). "Galaxy SIII" sabe incluso cuándo su usuario lo está mirando, y, entonces, se enciende de inmediato para él.

Además de ese tipo innovaciones, se puede comprar sin cesar cualquier "App" que, por ejemplo, puede ahorrarle a uno el mirar por la ventana, si se quiere saber si en ese momento llueve, o que te informen en tiempo real sobre la posesión porcentual de la pelota del Bayern Munich en el partido contra Hannover 96. En pocas palabras: el "Galaxy SIII" es la encarnación del sinsentido objetivo que, en manos del comprador, es transformado en sentido subjetivo. Percibirlo no es gratis: requiere trabajo. Al hacerlo, no es necesario desarrollar la misma maestría que Michael Spehr, el reseñador de móviles del periódico *FAZ*, pero, con el pasar de los años uno ya tiene que haber aprendido algo si quiere poder manejar un teléfono móvil.

En este caso, el progreso, a diferencia de la primera impresión, de ninguna manera se mueve en dirección del alivio al usuario, sino exactamente en la dirección contraria: el aparato debe ser manejado, sus funciones bien conocidas y aprovechadas. Esta inversión extraña del sentido que tiene el aparato también puede observarse en los *updates* sin consultar de los programas de las computadoras, que requieren de un continuo proceso de aprendizaje y que uno no ha solicitado. La mayoría de la gente pasa por ellos imperturbables, como si siguieran órdenes. ¿Serían tan dóciles si alguien les reordenara su casa cada dos semanas, con la justificación de que así quedaría mejor?

Si se observa desde afuera por un breve instante este universo proteico de los productos, se asusta y determina: muchos productos consumen a sus compradores con sus servicios faltos de sentido y no al revés. Entonces, el teorema de Hartmut Rosa se adelanta al mismo tiempo a sí mismo: no solo que el comprador pasa a ser únicamente la estación de relé entre fabricación y disposición final: reducido al relé, presta consecuentemente servicio al respectivo aparato, y se deja discapacitar por este. Si alguien ha vivido alguna vez el susto que se experimenta cuando está, por ejemplo, en la estación esperando el tren y se da cuenta de que ha olvidado el *smartphone* y que en consecuencia, estará desconectado durante horas, e incluso posiblemente días, del flujo incesante de correos entrantes y de las informaciones que se pueden bajar en todo momento de la red –como en los experimentos de crisis

---

[80] *Idem.*

de Harold Garfinkel (ver pág. 33)–, notará sobre la base de qué reglas implícitas está montado su mundo. Y que hace mucho que está integrado a una superficie de usuarios y que por lo tanto, su libertad simplemente consiste en poder saltar de una función predeterminada a la otra.

Eso ya no es "la carcasa dura como el acero de la sumisión" que creó el capitalismo según Max Weber, sino que, y acorde con los tiempos que corren, una carcasa "*smart*" (inteligente) de la sumisión: y esta "*smartness*" se refiere exactamente a que el usuario ni siquiera se da cuenta de que ha delegado su libertad inadvertida, pero voluntariamente al aparato que piensa, siente, planifica y toma decisiones por él. Y así, el próximo elemento de renuncia voluntaria a la libertad en este caso no se encuentra, como más arriba, en calidad de Gestapo de sí mismo, sino como despreocupada auto-incapacitación. Guenther Anders ya había hablado hace medio siglo de la "vergüenza prometeica" que sienten los seres modernos ante lo que crearon tecnológicamente.[81] Hoy día, esa vergüenza se ha transformado en un sentimiento de subordinación prometeica.

---

[81] Anders, *Die Antiquiertheit* (*op. cit.*), pág. 21 y sig.

Auto-inhabilitación en verde

Queda claro que el móvil conectable a Internet ayuda también en decisiones de compra: no solo que recorriendo las páginas correspondientes se pueden hacer comparaciones rapidísimas de precios, en caso de que uno quiera comprar un paquete de goma de fruta en el supermercado, también puede servir al fin de la sostenibilidad, al hacerse mostrar, por ejemplo, el *carbon footprint* o los precios de un producto que surgirían si se incluyeran los costos externalizados. Pues actores ingeniosos de la sostenibilidad desarrollan aplicaciones que se supone deben facilitar decisiones de consumo estratégicas o morales, proporcionando información sobre el producto que este mismo no revela. Entonces, un yogur de fruta que aparenta ser completamente inocente puede revelarse al público directamente como la catástrofe ecológica que realmente es teniendo en cuenta los gastos de transporte, su efecto sobre el clima y los problemas de disposición final. Y el comprador potencial podría ver al mismo tiempo que el "precio real" por ese producto no es precisamente 0,39 euros, sino que, calculando todos los costos medioambientales externalizados, sería, por ejemplo, de 1,89 euros. Entonces, fascinado, podría tomar el producto de la competencia que se encuentra al lado en el compartimiento de la heladera, hacer que su *smartphone* realice los mismos cálculos y determinar que ese producto es un 20 % menos dañino para el clima que el anterior, y que su "precio real" solo es de 1,45 euros. En realidad, ese yogur no tiene buen sabor y con 0,79 euros en el precio falso, cuesta más del doble del yogur culpable, pero el aparato ya ha determinado psicológicamente la decisión correcta de compra. ¿Quién tomaría otra decisión, después de haber hecho todo el esfuerzo?

Sin embargo, el esfuerzo de búsqueda y cálculo que se hace tras las espaldas del comprador hambriento de información y que requiere enormes cantidades de energía para el funcionamiento de las máquinas buscadoras, *no* se calcula en este caso, como de por sí, por lo general, se pasa por alto que todo el cálculo de *carbon footprints* y mochilas ecológicas no se diferencia en nada de cualquier otro servicio: también todo ese cálculo aporta primeramente al aumento permanente del gasto de energía.

Al clima, por lo demás, le da lo mismo si los servidores de Google funcionan o no porque alguien quiere saber si Lady Gaga fue al dentista o cuál yogur es recomendable bajo puntos de vista de la protección del clima – ambos tipos de información requieren energía de la misma forma y, en ambos casos, esa circunstancia se subordina a la demanda de información (si es que alguna vez se pensó en que la satisfacción de demandas de información en época de Internet produce exceso de producción de energía). ¿Alguna vez usted ha tomado distancia de una búsqueda en Google porque recordó que requiere energía eléctrica?

En lugar de decidirse intuitivamente por cualquier yogur o incluso no comprar ninguno, el potencial comprador delega su decisión a la *app* con aumento de gasto que ha instalado en su *smartphone* y se ha incapacitado a sí mismo por segunda vez, pero ahora bajo el signo de la sostenibilidad. Su *smartness* la ha delegado al producto que objetiviza sus parámetros de decisión y elige independientemente de sus propias preferencias. Probablemente haya en ello un sentido oculto que ha llevado al departamento creativo de B*lackberry*, en la edad de bronce de la época TI, a tener la idea de llamar *smartphones* a sus teléfonos móviles. Este sentido significa abastecimiento intelectual desde afuera y también se encuentra en todos aquellos *smart grids*[82] que se supone manejen el consumo de energía eléctrica en hogares conscientes del clima, de tal manera que en el país exista un estado equilibrado entre la oferta y la demanda de electricidad. En este caso, el consumidor de energía consciente, transfiere la responsabilidad de la decisión respecto a si debe poner en el horno una pizza precocinada *en ese momento,* o lavar primero la ropa sucia, al pequeño aparato, que le informa sobre la hora más favorable y por ello, correspondientemente tarifada de uso. Si él infringe la recomendación, le resta la mala conciencia de hacer lo equivocado a pesar de haber sido informado correctamente –lo que significa: vergüenza prometeica 2.0.

Etimológicamente, con el anglicismo *smart* se designa algo diferente que con la palabra alemana *klug*[83]: pues si alguien se comporta de modo *smart*, o como en el inglés estadounidense, demuestra ser un *smart ass*[84], ya va implícito el pasarle por encima al otro: a alguien así, uno lo admira, aunque te haya engañado. Por lo contrario, la palabra alemana *Klugheit*[85] es conocimiento pragmático, que activa los factores relevantes de forma asociativa y al mismo tiempo, vincula la decisión a criterios morales. Ante este trasfondo,

---

[82] N. de T.: En inglés en el original: redes eléctricas inteligentes.
[83] N. de T.: Vivo, ingenioso.
[84] N. de T.: En inglés en el original: un sabelotodo.
[85] N. de T.: Inteligencia, sensatez, buen sentido, perspicacia.

la sustitución creciente de la *Klugheit* por *smartness* es sintomática de un mundo en el que incluso en lo intelectual se permite que se decida cada vez más por uno y que haya programas que piensen por uno. Al hacerlo, al mismo tiempo uno entrega el control sobre sus decisiones a aparatos y renuncia así también a la libertad de pensar. La ilustración y la auto-ilustración no pueden ser *smart*. Solo inteligentes.

Una breve excursión a la historia del movimiento ecologista

Después de haber escrito tanto sobre usted, quizá le esté debiendo también escribir algo sobre mí –lo que es prácticamente obligatorio en este capítulo, pues la mayor parte del tiempo de mi historia de vida coincide con la historia del movimiento ecologista moderno.

Yo no fui –exceptuando una fase de manifestante anti centrales atómicas y más tarde como cofundador de una organización científica[86]– jamás decididamente "eco" y proveniente de una familia en la que nadie se interesa en lo más mínimo, ni hasta el día de hoy, por "eco". Precisamente por eso, es interesante que mi biografía igualmente esté impregnada por "eco". Así, por ejemplo, el primer "proyecto de trabajo" de mi vida, cuando tenía trece años, estuvo dedicado a la terrible contaminación ambiental que el mundo occidental ocasionó en todo el planeta. Fue en la clase de comunión y la problemática "medioambiental" jugaba entonces un rol importante en las vicarías y los jóvenes maestros movidos por los temas ecológicos. Mi maestro de clase en la secundaria básica se convirtió en uno de los primeros diputados del parlamento regional del Partido Verde (en Baja Sajonia), y aunque también nosotros considerábamos la participación en manifestaciones más bien bajo el punto de vista de que allí participaban los más copados y no los de la "Junge Union"[87], el motivo de ir "en contra de lo habitual" fue un rasgo característico de mi época de juventud. Lo que no representaba en lo más mínimo una contradicción, por lo demás, respecto a que lo que más me interesaba, como antes, era todo lo que tenía un motor. Entretanto, cada

---

[86] Harald Welzer: Wissenschaftsläden. Ein Kapitel aus der Geschichte reflexiver Verwissenschaftlichung. In: Gamm, Gerhard /Kimmerle, Gerd (Hg.): *Wissenschaft und Gesellschaft*, Tübingen, 1991, págs. 181-201.
[87] N. de T.: "Joven Unión", partido alemán de derecha, grupo de los jóvenes que forma parte del partido CDU (Christdemokratische Union) o Partido Cristiano Demócrata.

dos semanas, conseguía la nueva revista "AMS" (*Auto, Motor, Sport*)[88] en el quiosco, pronto siguieron *Motorrad*[89] y "PS". Desde el punto de vista de mi entorno cultural, en aquel entonces la conciencia del apocalipsis y la participación vital en la destrucción del planeta coexistían pacíficamente en mí.

En esa época ya había sido publicado el libro *Límites del crecimiento* de Dennis Meadows, Donnela Meadows y Jorgen Randers; se enfocaban no solo en la problemática de las emisiones y la contaminación, sino que sobre todo en el –en aquel entonces no llamado así– "extractivismo", la lógica de aumento de la extracción de materias primas y en el cálculo para llegar a los límites de esa extracción. En la mayoría de los casos se estimaba para comienzos del siglo XXI, es decir, actualmente. Aun cuando muchos apologetas del crecimiento ilimitado hoy día argumentan triunfalmente que todo habría sido generación de pánico, que finalmente incluso en la actualidad todavía habría petróleo y que las reservas de carbón alcanzarían para los próximos trescientos años, los autores tuvieron razón respecto a un punto central: los costos ecológicos y económicos del extractivismo se han acrecentado cada vez más, un cambio de dirección se hace cada vez más difícil, y el estrés de los recursos, que se desprende por ejemplo de la competencia internacional por los suelos[90], aumenta.

---

[88] N. de T.: Auto, motor, deportes.
[89] N. de T.: moto.
[90] Liberti, Stefano: *Landraub. Reisen ins Reich des neuen Kolonialismus*, Berlin, 2012.

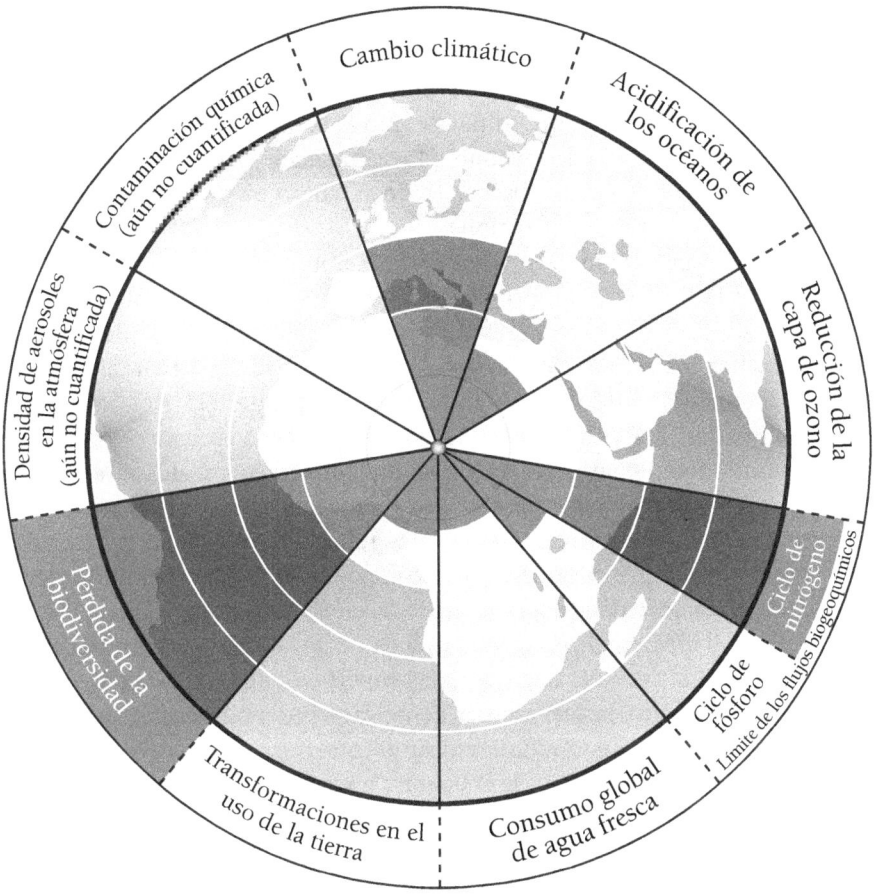

Tres ya sobrepasados: Límites del sistema Tierra.

De hecho, hoy cuarenta años después, nos encontramos exactamente en la situación de que esos *peaks* pronosticados con clarividencia en aquel entonces, ya ocurrieron y fueron complementados por otros –un grupo de científicos alrededor de Johan Rockström desató un debate hace poco en la revista *Nature* sobre los límites planetarios, en el que se trata de la sobreexplotación de diez recursos centrales para la sobrevivencia.[91] Tres de estos límites ya se han superado. Sin embargo, las economías, los participantes del mercado y las sociedades todavía se comportan como si tuvieran que vérselas con un universo sin límites físicos.

---

[91] Rockström, Johan, u. a.: Planetary Boundaries: Exploring the Safe Operating Space for Humanity. En: *Ecology and Society* 2009, 14 (2), 32.

Cuando se ven enfrentados a signos innegables de la finitud de las reservas y, con ello, de su práctica cultural, reducen la disonancia cognitiva, para no tener que prescindir de su modelo económico y vital tan largamente exitoso: interpretan fenómenos de finitud tales como la sobrecarga o la reducción de los sumideros de dióxido de carbono o la degradación de suelos utilizables o de reservas pesqueras como "crisis", es decir, como trastornos pasajeros en un sistema que en principio funciona.

Pero cuanto más intensos se vuelven los "síntomas de crisis" –el colapso financiero y la "eurocrisis" forman parte de eso- tanto más intensamente todos los esfuerzos se dirigen a restaurar el *statu quo ante*. Y eso que la sociedad intensifica los esfuerzos, también hoy día, con los que ha tenido éxito hasta el momento: perfora como en el caso "Deepwater Horizon" cada vez más profundamente y con grandes riesgos, o aprovecha esquisto bituminoso y arenas bituminosas cuya extracción va de la mano con costos mucho más altos para el medioambiente que inyectar fuentes de petróleo burbujeante en tuberías que conducen directamente a las refinerías. Y siempre se encuentra un economista que informa cuán razonable es eso, ya que el mercado se encarga de los acrecentados costos de extracción, por lo que los cálculos de los "límites del crecimiento" eran "erróneos". Algo similar vale para el aprovechamiento de los suelos. Cada vez más superficies de cultivos se siembran a nivel de gran industria con plantas genéticamente modificadas, para obtener a corto plazo mayor rendimiento de lo que daría un aprovechamiento sostenible. El mismo principio se encuentra en la pesca; así, la producción de un kilo de salmón requiere entretanto de cinco a seis kilos de otros peces, y a pesar de eso, la cría de salmón se certifica luego como "sostenible".[92] Ejemplos como este podrían multiplicarse sin fin; su denominador común es la estrategia de acción que ha caracterizado desde siempre al capitalismo industrial y que sigue conformando su ley de movimiento: la expansión.

La clave es: las estrategias expansivas se intensifican más cuanto más claramente aumenta la escasez –*peak oil, peak soil, peak everything*[93] (Richard Heinberg). No hay ningún certificado de sostenibilidad que pueda cambiar algo de eso –a menudo, el problema incluso se agudiza mediante el argumento de sostenibilidad. Se llama "recursos renovables" a lo que tiene como condición previa la transformación de estructuras de pequeños campesinos o bosque tropical en monocultivos de plantas oleaginosas. El combustible biológico es la metadona de la economía fósil; y en ese caso se consume también *adicionalmente*, no en lugar de eso. Pero volviendo a la escasez; desde

---

[92] Huismann, Wilfried: *Schwarzbuch WWF. Dunkle Geschäfte im Zeichen des Panda*, Gütersloh, 2012.

[93] N. de T.: En inglés en el original: pico de petróleo, pico de suelos, pico de todo.

el punto de vista económico, es básicamente deseable: cuanto más escaso un recurso, tanto mayor la demanda insatisfecha, tanto mayor el precio obtenible. Por eso en la Bolsa de Materias Primas de Chicago (CBOT) hay *standing ovations*[94] cuando en alguna parte del mundo se produce una mala cosecha o una inundación que destruye los rendimientos de la agricultura.[95] Lo que a los de afuera les parece cinismo, es solamente expresión del hecho de que las materias primas y como tales también las materias primas para la alimentación básica, son mercadería negociada al igual que las demás. Cuanto más se desplaza el peso a favor de la demanda, tanto más atractiva se vuelve la base comercial para el proveedor. Por eso, también el hambre es buena para las ventas.

Con este principio, la economía capitalista tuvo mucho éxito hasta ahora: ningún otro sistema económico de la historia generó y distribuyó más riqueza en un período comparablemente corto de tiempo. Ante este trasfondo, la postura de que también en tiempos de multicrisis uno puede confiar en las estrategias con las que le fue bien *hasta ese momento*, es muy plausible; pasar a un modo diferente de accionar y solucionar problemas parece mucho más arriesgado hasta haber probado lo contrario. Pero si la estrategia central para solucionar los problemas de una forma de la economía y de la sociedad es la expansión, precisamente, y en dos siglos esta ha sido puesta a prueba y resultado ser exitosa como *expansión real*, en un sistema finito se da una aporía mortal: esta estrategia no *puede*, como se ha dicho, funcionar a largo plazo, porque consume sus propias condiciones. A corto plazo, y esa es la clave, funciona sin embargo mejor cuanto más escasos sean los recursos.

Por eso el extractivismo bajo condiciones capitalistas es cada vez más rápido justo cuando se ha llegado a los límites de lo posible. Es decir que lo que vale es sacar el máximo de provecho *mientras se pueda todavía*. De esta manera, la cultura del SIEMPRE TODO tiene un efecto de autoaceleración, y el alarmismo de los ecologistas y de los investigadores del clima también, pues deja en claro que la fiesta podría acabarse pronto. En otras palabras, de esa manera, el movimiento ecologista y el extractivismo al máximo no solo coexisten sorprendentemente de forma pacífica, sino que se aceleran mutuamente. Quizás ello resuelva el acertijo de por qué se realizan sin cesar "cumbres de la Tierra" para salvar al planeta, aunque ninguna de ellas ha conducido a un cambio verdadero, y menos todavía, a un cambio de tendencia.

Entonces, cambiando una formulación de Ernst Bloch, puede decirse que lo que hizo el movimiento ecologista en los últimos decenios fue correcto, solo lo que *no* hizo estaba equivocado. Este movimiento se concentró en su

---

[94] N. de T.: En inglés en el original: ovaciones de pie.
[95] Liberti, *Landraub* (*op. cit.*), pág. 138 y sig.

crítica a los excesos de un sistema económico cuya problemática no se basa en sus errores, sino en su funcionamiento. No son sus disfuncionalidades y "exageraciones" las que destruyen las futuras bases de supervivencia, sino su éxito bien normal. Y ese éxito crea –también en el movimiento ecologista– ese vínculo cultural que es el motivo por el que parece imposible cambiar la estrategia de supervivencia bajo estrés o aunque sea, establecer una moratoria. Por el contrario, el estrés creciente da lugar a una búsqueda cada vez más acelerada de soluciones en la dirección acostumbrada, y más bien por el lado de los representantes del *business as usual*[96], como también por el lado de aquellos movidos por la ecología: por eso se toman decisiones equivocadas tan llamativas como en el caso del combustible biológico, donde todos, de repente, se encuentran del lado equivocado. El estrés, y queda demostrado por lo anterior, estrecha la mirada de todos.

Aquellas sociedades que hace un par de siglos fracasaron bajo estrés de recursos, porque su modelo cultural les cerró otros caminos y porque mantuvieron estrategias que habían sido desarrolladas bajo otras condiciones y, ahora, bajo condiciones cambiadas, tenían un efecto contraproducente, fracasaron solo para sí mismas. El resto del mundo no se enteró. Hoy día, el fracaso ya no se limita a un espacio cultural pequeño y hermético, sino que debido a la globalización, pone en dificultades a grandes partes de la humanidad. Lo que trae consigo otra diferencia, y es que la caída no tendrá el mismo efecto sobre todos los grupos; también el fracaso tiene su propia atemporalidad e injusticia. Aquellos que se han asegurado ventajas de riqueza y organización, se las arreglarán mejor con el fracaso que los que no tienen nada. Y otra diferencia más, la mayoría de las culturas que fracasaron requirieron mucho más tiempo para hacerlo que los quizá doscientos cincuenta años que el capitalismo necesitó para su ascenso, consolidación, universalización y caída. Pero la mayor velocidad de cambio es lógica: una cultura cuyo credo es el consumo de alta velocidad, también logra naturalmente su propio hundimiento en tiempo récord.

---

[96] N. de T.: En inglés en el original: "aquí no ha pasado nada".

Protesta

Pero ahora, volviendo a la época de mi comunión y a mi despertar ecológico, que no lo fue en realidad pues en los años 1970, los temas de degradación ambiental, contaminación del aire, basura, etc., ya eran un tema de igual importancia que hoy. Ningún niño escolar podía sustraerse a los escenarios apocalípticos que le transmitía el personal preocupado de las escuelas, iglesias, residencias escolares en el campo. Los estantes de las librerías estaban llenos de shocks ecológicos de todo tipo, y yo personalmente también pensé entonces que mucho de lo que fue diseñado allí como futuro siniestro del planeta era plausible. Pero eso tampoco tenía mucho que ver en realidad con mi fascinación por la técnica variada –pues al fin y al cabo, éramos la generación para la cual la NASA encarnaba tanto futuro como Jacques Cousteau con sus excursiones a las profundidades de los mares: vivíamos totalmente confiados como parte del modelo cultural de la expansión constante– a las profundidades del espacio como a las del océano, a las del conocimiento científico como a las del progreso técnico. Biográficamente, el eco-fatalismo y la creencia en el progreso no son contradictorios, y tampoco lo son socialmente, son hermanos que no se pueden soportar, pero que por eso mismo intentan superarse el uno al otro.

De hecho, el entusiasmo por la naturaleza y la crítica a la técnica, históricamente, se desarrollaron en el romanticismo, es decir, en un momento en que la industrialización temprana trajo consigo pérdidas visibles y sensibles –contaminación de los ríos y del aire, enfermedades que estaban relacionadas directamente con el trabajo duro en la industria o en las minas. Parece, cuando por ejemplo se observan los terribles efectos secundarios de la contaminación del aire en las metrópolis de Londres o Pittsburgh a principios de la era industrial, que bajo condiciones desfavorables del tiempo provocaron enormes tasas de mortalidad[97], que con el desarrollo de las sociedades

---

[97] McNeill, *Blue Planet* (Ver nota 12), pág. 80 y sig.

industriales siempre hubo una conciencia de que el progreso tiene su precio, pero que de ninguna forma sería demasiado alto como para pagarlo.

Que la transformación del mundo en el siglo XIX, en aras de un bienestar más extendido y la expansión de las ideas de libertad y de posibilidades de participación, no sería posible sin renunciar –al ocio, la contemplación, la pureza, etc.– , eso parece estar profundamente inscrito en el ascenso del capitalismo industrial. "¡Cuando las chimeneas humean y la suciedad cae del cielo, entonces se trabaja!", se decía en Alemania, en la zona del Ruhr todavía en los años 1970.

La convicción de que el progreso tenía su precio, forma parte del bagaje cultural de esta sociedad y de su modelo económico, por lo que no debe llamar la atención si hoy día todavía no pocos habitantes de la zona del Ruhr aman "su" autopista A 40 como logro cultural y no ven un problema en el ruido y en la congestión continua del tránsito –simplemente forma parte de eso. Renunciar a la tranquilidad, a tener más tiempo, a la salud, renuncia que siempre fue presupuesta y aceptada, forma parte del inventario de transmisión y de la infraestructura mental de los pobladores de las sociedades modernas y se hermana a menudo con desideratas socio-políticas: poder permitirse un auto, poder viajar de vacaciones, "permitirse" algo; eso según el modelo de estado social de las sociedades de posguerra de Europa occidental también debería ser un derecho "del trabajador", por lo que todos los actos de renuncia valdrían la pena, al poder permitirse "una buena vida".

Por consiguiente, la protección de la naturaleza, o más tarde la ecología, recién adquirieron significación cuando en esta construcción balanceada de pérdida y ganancia algo entró en desequilibrio. Seguramente no es casualidad que el surgimiento del movimiento moderno de protección al medio ambiente y de la ecología repuntó en una época en que el procedimiento de medición científica perfeccionado, también pudo comprobar daños al medio ambiente donde no era posible percibirlos con los sentidos. Y que ello haya sucedido en un momento en que el nivel de bienestar en los países de principios de la industrialización había crecido tanto que uno podía desplazar su mirada del aseguramiento del bienestar también a sus costos.

Permitirse algo de vez en cuando.

Y eso que la revolución ecológica también se debió a particularidades nacionales: mientras que en los EE.UU. se trataba de la destrucción de la naturaleza salvaje, en Alemania fue el bosque y en España el agua alrededor de los cuales se centraron las preocupaciones respectivamente generalizables.[98]

Un movimiento anti energía atómica que hubiera desarrollado una intensidad comparable a la de Alemania Occidental no fue registrado en otros países. Es un ejemplo de cuán sostenible y atemporalmente pueden tener efecto los movimientos de protesta. Sin el movimiento fuerte y dispuesto a afrontar conflictos de los años 1970 y 80 en contra de la energía nuclear, seguramente no hubiera existido el continuo rechazo de esa tecnología en la mayoría de la población, que después del accidente de Fukushima conformó la base aclamada para el rápidamente dispuesto abandono de la energía nuclear e introdujo el "cambio de modelo energético". Sin embargo, mediante el ejemplo del movimiento anti centrales nucleares puede hacerse referencia a una condición esencial de los movimientos sociales exitosos: pues estos no se vuelven exitosos cuando sus protagonistas solo se nutren de la subcultura —es decir, por ejemplo, de estudiantes y alumnos que llenos de deseos de aventura, participan en movidas delante de las vallas de obras de construcción, bloquean vías de tren o se manifiestan en el centro de las ciudades. Un movimiento social recién es exitoso cuando incluye a personas de todos los grupos sociales, aun cuando estos no tengan intereses vitales basados en el motivo particular de los iniciadores. En otras palabras: el movimiento por los

---
[98] Radkau, Die Ära (op. cit.), pág. 177.

derechos civiles en los Estados Unidos se vuelve exitoso en el momento en que los hombres y mujeres "blancos" de todos los grupos sociales hacen propio su motivo; la eliminación de la esclavitud es posible cuando se convierte en asunto de los que no son esclavos.

El movimiento anti centrales nucleares pudo superar la dimensión subcultural porque en el tema energía atómica, varias áreas problemáticas coincidían: el rechazo de una tecnología en principio incontrolable, con problemas de disposición final no solucionables, pero que abarcaban varias generaciones –allí los científicos se encontraron con pastores religiosos, con jóvenes. En segundo lugar, ese tipo de alta tecnología fomentó la resistencia política contra la monopolización del poder económico; y en tercer lugar, desde el flanco liberal se temían desventajas graves del tipo de política interna y de seguridad para la introducción de tales tecnologías. Robert Jungk, en su libro muy bien vendido *El Estado nuclear*, imaginó y diseñó una arquitectura de seguridad totalitaria, que sería inevitable y limitaría radicalmente los derechos a la libertad.[99]

Además del carácter no subcultural de la protesta contra la tecnología nuclear, se dirigía al mismo tiempo a otro factor central del éxito de los movimientos sociales: mientras –en este lugar hablo como testigo de la época– cuando éramos alumnos, andábamos con dificultad por el barro de Brokdorf y nos peleábamos con la policía en el cerco de la obra de construcción de Grohnde, en los suplementos culturales escribían autores como Carl Amery, Hans Jonas, Ivan Illich, Walter Jens y justamente Robert Jungk y, daban a lo que nosotros hacíamos la legitimación irrenunciable y el marco intelectual. Brevemente, la resistencia incluía grupos sociales desde los jóvenes a las élites encargadas de su interpretación y funcionamiento. Como tal, no fue tan fácil apropiarse de ella y no permaneció como interés particular de una subcultura aislable, produjo ganancias en la economía de la atención, adquirió relevancia política y se convirtió en asunto público. En qué medida, eso lo demostró el establecimiento de un partido Verde que es apenas pensable sin el movimiento anti centrales atómicas y, seguramente, no hubiera sido tan exitoso. Y hoy apuesta al cambio energético asincrónico como camino nacional singular, mientras que el resto del mundo sigue apostando al uso civil de la energía nuclear.

En la protesta contra la energía atómica, el movimiento ecologista alemán fue el que demostró más claramente una postura política. Integró posiciones de izquierda en contra de la imposición de intereses económicos sin ningún miramiento, posiciones liberales contra el estado policial y de vigilancia, y ecologistas y conservadoras contra del orgullo desmesurado de la

---

[99] Jungk, Robert: *Der Atomstaat. Vom Fortschritt in die Unmenschlichkeit*, München, 1991.

alta tecnología, olvidada de la naturaleza. En resumen, aquí los cuestionamientos y las posturas sobre la vida correcta y equivocada se encontraron con un amplio cuerpo de resonancia sociopolítico. Y en lo que tiene que ver con mi historia personal: en ello aprendí que la socialización política no pasa en primer lugar por contenidos, sino que se realiza a través de la comunidad de experiencia en el proceso del estar en contra. Yo creo que a nosotros la energía atómica en realidad nos da menos miedo que la forma en que el estado planeaba imponerla; lo mismo vale para el estacionamiento planificado de los misiles Pershing que después nos hizo ir hasta Bremerhaven y a los jardines del Hofgarten de Bonn para manifestarnos "por la paz". No tuve ni un segundo de miedo de evaporarme en el último golpe atómico del tipo "Dr. Seltsam"[100], pero fue una experiencia muy importante el poder estar exitosamente contra algo junto a otros.

Ese momento de movimiento político-psicológico requiere obligatoriamente de una cierta medida de irracionalidad, de aureola sexy y de curiosidad; ningún movimiento social convence a sus seguidores y opositores dando lecciones o presentando pruebas científicas. Y así, habríamos llegado al obstáculo para el desarrollo que el movimiento ecologista tuvo en los decenios siguientes.

---

[100] N. de T.: Se refiere a la película estadounidense: *Dr. Strangelove or how I learned to love the bomb*, de Stanley Kubrick, 1964, sobre la guerra fría y la disuasión nuclear.

Lo político se vuelve antiutópico

Sentir que se posee una fuerza propia fortalecida por lo comunitario y probar la capacidad de resistencia ante las autoridades, posibilita al mismo tiempo el experimentar que *todo puede ser de otra manera*, si solo se hace algo para que lo sea. Una experiencia de ese tipo es un bastión fuerte contra la indiferencia; la psicología lo llama la experiencia de la efectividad propia. A mí me parece que es eso precisamente lo que perdió el movimiento ecologista en el correr de su evolución. Existió de otra manera y por última vez en la revolución pacífica que llevó al fin de la RDA y de todo el imperio soviético. Pero en ese caso, no fue duradera, porque no conformó el punto de partida para el desarrollo autónomo de una nueva formación social, sino solamente para una adopción amable de parte de ese tipo de economía que no conoce enemigos. Así, con no poca sorpresa, también aquellos que después de la caída del muro habían soñado brevemente con una "tercera vía" entre el socialismo real existente y el capitalismo real existente, de repente se encontraron ante el hecho consumado de que ya se habían convertido en parte de otra sociedad. Aunque todavía emitían señales hacia la izquierda, ya habían doblado a la derecha. Pero esa es otra historia.

Sin embargo, es significativo que el movimiento ecologista político –que en el primer momento fue un crisol de todos los posibles disidentes del sistema, desde el disidente de la RDA y luego Sanniasin Rudof Bahro pasando por preservadores conservadores de la creación, tales como Herbert Gruhl y experimentados miembros de los grupos K[101], tales como Juergen Trittin, hasta llegar a decididas sociedades anónimas personales como Joschka Fischer y figuras erráticas como Petra Kelly– de hecho solo coincidían en un denominador común: que no podía continuar de esa manera con la destrucción de los recursos naturales. Para ello, como se ha dicho, el camino ya

---

[101] N. de T.: Pequeños partidos en su mayoría maoístas y otro grupos que surgieron en los años 1970, sobre todo en Alemania occidental luego de la desaparición del SDS (Asociación de Estudiantes Socialistas) y del decaimiento del movimiento estudiantil de los años 1960.

estaba abonado en las sociedades tempranamente industrializadas. No hubo consenso en cómo detener la destrucción, ante el trasfondo de la heterogeneidad de los miembros del entonces movimiento Verde. En consecuencia, la fracción de los "fundamentalistas", de los que dudaban del sistema y de sus críticos, se separó de la de los "realistas", que hasta el día de hoy conforman la élite de la dirección del Partido Verde. Se han convertido en profesionales de la política de partido que conocen en profundidad las reglas de juego del sistema de funcionamiento político, que les importa menos la transformación del sistema que a los radicales tardíos tales como el ex secretario general del partido CDU Heiner Geissler, quien dijo en una entrevista que su mayor fracaso había sido no lograr erradicar el capitalismo. Eso no es a lo que aspiran los Verdes: más bien quieren, y en eso se inscriben en la historia del movimiento ecologista sin rupturas, recortar los *excesos* del manejo desconsiderado de la naturaleza, y en consecuencia, se ha convertido en *el* partido reformista por excelencia en Alemania.

Eso fue consecuente, ya que el movimiento ecologista nunca desarrolló un programa político dentro del *mainstream*[102], más allá de su insistencia en tratar de impedir el deterioro excesivo; los fundamentalistas siguieron entonces el camino de la *praxis*, fundaron pueblos ecológicos, se convirtieron en cabaretistas o esotéricos, según el caso. El partido de los realistas, sin embargo, durante un tiempo fue el principal impulsador de las innovaciones de una sociedad que quería seguir funcionando como era; todo debía ser más "verde" y "sostenible". De hecho, la ausencia de un concepto *político* de cómo podría ser una sociedad que no se atiene al principio del crecimiento económico y a la lógica del aumento sin límites, caracteriza al movimiento ecológico hoy más que nunca. Los indicadores para ello fueron y son los siguientes:

- centrarse en las *consecuencias* y no en las causas sistémicas de la destrucción medioambiental progresiva, y con ello,
- un descuido sistemático de las causas de un extractivismo progresivo,
- falta de reflexión. Uno se siente bien con la conciencia de ser parte de la solución y no del problema,
- falta de historia y teoría del movimiento,
- una orientación cada vez mayor hacia la tecnología y, finalmente,
- no saber reconocer cómo lidiar con la vida, favoreciendo al mismo tiempo cada vez más las estrategias expertocráticas.

---

[102] N. de T.: En inglés en el original: corriente principal.

El movimiento ecologista jamás fue utópico. Esta frase puede llamar la atención, pues dicho movimiento está permeado por la idea de que un mundo mejor, más puro y sostenible es posible. Pero si se observa su historia, desde el romanticismo hasta el día de hoy, el tema determinante es el temor ante la pérdida –de la naturaleza, del paisaje, del aire sano, del silencio, etc. Se trata menos *positivamente* de la cuestión de cómo debería ser la sociedad y de cómo deberíamos imaginarla, sino *negativamente* y siempre de modo presentista, precisamente de cómo no debería ser. Sobre la base de lo anterior, los esfuerzos se dirigieron, en primer lugar, contra los excesos de la producción y de la disposición final, no hacia las formas de la economía y de la producción, y menos aún hacia las contrapropuestas de las formas sostenibles de la economía y la sociedad. Es a ese rasgo antiutópico del movimiento ecologista que recibió un impulso adicional desde el abandono total de las utopías a partir de 1989, así como a su orientación pragmática, que sin duda se deben tanto el enorme éxito, como el avance político en asuntos medioambientales y de protección al consumidor. Y sin la transformación de un movimiento heterogéneo y diverso en un partido de políticos profesionales, que solo se diferencia estilísticamente de otros partidos por el artículo antepuesto a los nombres de pila ("el Pablo", "la Claudia"), la República Federal de Alemania hoy ciertamente sería menos moderna, liberal y ecológica. Sin embargo, fue precisamente debido a su éxito que el partido perdió perfil: los temas verdes se han vuelto tan capaces de contar con apoyo mayoritario, que ningún programa de un partido, ningún modelo empresarial, ninguna publicidad de automóviles puede arreglárselas ya sin los conceptos de sostenibilidad, responsabilidad, protección del clima. Pero así es como funciona también el mercado político: lo que es capaz de contar con mayorías, es adaptable para todos los demás.

Si se retrocede en la perspectiva histórica y se ve cuán antiutópica es la "era de la ecología" en comparación con la era de la Ilustración (con sus utopías del espacio como el *Nova Atlantis* de Francis Bacon o la *Utopía* de Tomás Moro), o el movimiento obrero (con sus utopías de época tales como el socialismo y el comunismo), queda claro cuán estrechamente ligado estuvo siempre el movimiento ecologista al presente. No tenía una visión para contraponer al *status quo*, sino que simplemente quería criticarlo y mejorarlo.

Con esta lejanía respecto de la utopía está relacionada una enorme falta de capacidad para reflexionar: si yo considero sobre todo los daños que ocasionan las empresas pesqueras y los consorcios de la industria química, se pierde rápidamente de vista que los peces se pescan para un mercado, y los detergentes se producen para un mercado en el que yo mismo aparezco. Esa forma de ver las cosas tiene la ventaja de que siempre puedo identificar los problemas exactamente donde *no estoy*, por lo que puedo hacer demandas elegantemente a favor de la reducción de irregularidades, sin poner en juego mi propia postura.

Ciertamente hubo y hay en el movimiento ecologista un grupo que se manifiesta empáticamente anticolonialista y antiimperialista, y que ha enfatizado que el bienestar local se debe a la miseria en otra parte, pero demasiadas veces esta perspectiva solo conduce a la repetición ritual de frases como la de que "no se debería olvidar la dimensión internacional" e ir de compras a "tiendas ecológicas". Y la consecuencia política de ello sería que occidente, desde la época del colonialismo, obtuvo una ventaja duradera de riqueza y organización, pero ello no se responde comprando el café del comercio "justo", y jamás fue fundamento de la política de los Verdes. También en este caso era más fácil concentrarse en los actores corporativos desde BP, a Coca Cola, hasta Monsanto: lo que ellos hicieron y hacen es más fácil de escandalizar que el propio aporte para que ellos pudieran llegar a hacerlo. De ahí la preferencia por la emisión y el rechazo de la extracción. Pues si estas últimas se colocaran más en primer plano, la respuesta autoreflexiva a la pregunta de para quién se extrae todo eso de los suelos y de las aguas, sería inevitable: ¡para mí! Respecto a las emisiones es posible tener otra actitud: siempre hay alguien más aparte de mí que es culpable.

Sin conciencia histórica

A menudo, la gente cree que ya no formaría parte de la mayoría si la critican, pero las sociedades modernas están diferenciadas funcionalmente: prevén infinitos nichos y subculturas, en los que uno puede recluirse, es decir, a los que se puede pertenecer. Allí encuentra a aquellos que piensan como uno, que están "en contra" de las mismas cosas o tienen los mismos valores. En otras palabras, las sociedades modernas, altamente divididas en su trabajo, integran a través de la diferencia, no de la homogeneidad. Cada autoridad, cada empresa, cada universidad consta de diferentes subgrupos que se distancian los unos de los otros, para definirse a sí mismos.[103] Eso no solo no destruye el vínculo del grupo social, sino que lo fundamenta.

También la oposición puede ser parte de la sociedad de mayorías; en las democracias modernas es la regla incluso. Las sociedades modernas requieren de subculturas críticas, abren espacios para el cambio, canalizan el descontento, modernizan, al conformar fuentes de fricción. Eso siempre es un problema para los grupos que se rebelan de forma pacífica contra la situación existente –la flexible capacidad de adaptación de las modernas sociedades de mercado no tiene ninguna dificultad en incorporarlas al *mainstream*, y eso no le sucedió solamente al *punk*, sino que por supuesto también al movimiento ecologista. No se puede decir nada en contra tampoco, mientras se sea consciente de que de esa manera uno se vuelve parte de la sociedad normal y no

---

[103] Incluso la sociedad nazi tenía espacios sociales y públicos parciales, en los que se podía hablar entre iguales sobre los pro y los contra de medidas y acciones. Se desconoce el modo de funcionamiento social de las dictaduras modernas si se cree que integraban a sus poblaciones mediante homogenización. Todo lo contrarios, los nazis integraban, por ejemplo, manteniendo las diferencias, de manera que incluso aquellos que tenían una postura crítica *en contra* del régimen en referencia a la política hacia los judíos, que eran socialdemócratas o lo que fuera en sus corazones, encontraban su lugar social para intercambiar opiniones y encontrar gente que pensara igual. Este modo de integración se encuentra hasta en las tropas y batallones de reservistas de la policía, que no constaban de ninguna manera de ejecutores embrutecidos que pensaban igual, sino de personas pensantes, que se comunicaban entre ellos sobre lo que hacían y si formaban parte de los buenos o de los malos.

la crítica "desde afuera", sino que aporta a ella. Sin embargo, si esa conciencia se pierde o jamás estuvo presente, uno es víctima de un malentendido autoinducido y cree que está "en contra", aunque de hecho solo ha asumido el *rol de estar en contra* y precisamente, al hacerlo, está muy a favor. En este sentido, los que forman parte de las élites funcionales, que suelen llevar un estilo de vida exigente pero sensible y ecológico, y que por lo general conducen un auto híbrido, viven en una casa pasiva y votan por el partido Verde, contribuyen mucho más a la satisfacción interior de la sociedad que los *managers* inflexibles del tipo de Juergen Grossmann o Josef Ackermann[104], que como corresponde, ya no están de moda.

La falta de conciencia histórica del movimiento ecológico ha sido tematizada a menudo, por última vez por el historiador Joachim Radkau.[105] En mi opinión, la razón está en que no se necesita tener historia para fundamentar las intervenciones contra la destrucción y la contaminación: ya es suficiente el *status quo* actual, que es declarado como digno de ser protegido o reparable. Mientras se pueda argumentar científicamente de forma plausible que debido al ingreso de la sustancia X en el lugar Y se produce un daño Z que puede evitarse o al menos reducirse, no se requiere un horizonte histórico. Es decir que la falta de historia no es un obstáculo para la política práctica, todo lo contrario.

Para comprender el propio rol en el desarrollo de la sociedad, la falta de historia es, sin embargo, un gran obstáculo: sin una comprensión de los procesos históricos es fácil no darse cuenta que las medidas pueden ser un aporte para sostener un sistema, aunque hayan sido pensadas para eliminarlo. Eso vale para la economía postfósil como para el instrumento del comercio de las emisiones: en uno de los casos, se ha pasado por alto que un nuevo sistema energético nunca sustituye a uno viejo, sino que tan sólo lo complementa, y de esa forma, aumenta la oferta de energía; en el otro caso, que se introducen posibilidades de obtener ganancias donde antes no las había, si se hace de las emisiones un bien comerciable. La ahistoricidad produce ceguera ante las consecuencias no intencionadas de las decisiones; un horizonte histórico ofrece, por el contrario, la ventaja de verse a sí mismo y a sus opciones de forma condicionada, y por lo general, conduce a una menor euforia y a mayor cuidado, en otras palabras, a una mayor tolerancia respecto a los errores y a una mayor reversibilidad. La falta de historia del movimiento ecologista ha llevado –y no por casualidad– a esa, a primera vista, sorprendente fe en la técnica que se expresa, por ejemplo, en que las bicicletas eléctricas

---

[104] N. de T.: Jürgen Grossmann, Presidente del Directorio de la empresa de electricidad RWE y relacionado con la industria del acero y uno de los hombres más ricos de Alemania, y Josef Ackermann: exdirector del Deutsche Bank.
[105] Radkau, *Die Ära*, (*op. cit.*), pág. 14.

se consideren como progreso ecológico, aunque su diferencia con la bicicleta tradicional se basa principalmente en que consumen electricidad y son más pesadas. O que se tiene el concepto *naif* de que las energías renovables no consumen materias primas minerales o fósiles, porque se llaman "renovables" –pues en ese concepto no se toma en cuenta lo que se requiere de material y energía para la fabricación, funcionamiento y disposición final de las centrales solares y eólicas. Finalmente, hasta ahora no ha habido ninguna aplicación de tecnología a gran nivel que no hubiera sido introducida con una alta expectativa de un mejoramiento de la situación medioambiental y después no hubiera traído consigo efectos colaterales imprevistos e indeseados. La introducción del auto en las ciudades estadounidenses estuvo vinculada a la esperanza de poder terminar con los problemas ecológicos que resultan de la cría de caballos: "Para alimentar a un caballo se requerían dos hectáreas de tierra, lo necesario para alimentar a ocho personas. En Australia, donde alrededor del 1900 había un caballo cada dos personas, gran parte de la producción de cereales del país debió ser utilizada para mantener a los caballos. En los EE.UU., en el año 1920, en un cuarto de la totalidad de la tierra destinada a la agricultura se cultivó cebada. La cebada era la fuente de energía para el problema de transporte que dependía de la fuerza del equino. Sin embargo, el cuidado de los animales fue solo una parte del problema. Los caballos ensuciaban las calles con miles de toneladas de estiércol. Las ciudades empezaron a tener mal olor, los excrementos atraían moscas, las enfermedades se extendieron. En las grandes ciudades, anualmente tenían que evacuar 10.000 a 15.000 cadáveres de caballos de las calles. Es decir que, además de la tentación que representaba el automóvil alrededor de 1910, además de sus emisiones comparablemente bajas, se agregaba la esperanza de que libraría a las ciudades de los problemas medioambientales creados por los caballos.[106]

Igualmente grandes eran las esperanzas puestas en el nitrógeno artificial como abono o en el uso pacífico de la energía nuclear –y recién después mostraron sus consecuencias gigantescas y no intencionadas, desde la degradación permanente de suelos excesivamente abonados hasta Chernóbil, Fukushima y la irresoluble cuestión de la disposición final. Ese tipo de cosas protege la conciencia histórica ante la superstición de que el actualmente tan apreciado descuento de soluciones a los problemas alguna vez funcione, o lo que es lo mismo, seguir emitiendo bastante CO2, porque la ciencia ya está trabajando intensamente en técnicas para la separación y el almacenaje. O mejor aún, en el *geo-engineering*[107]. Todo esto no es un argumento en contra de la búsqueda

---

[106] McNeill, *Blue Planet* (*op. cit.*), pág. 328.
[107] N. de T.: En inglés en el original: geoingeniería.

de mejores soluciones técnicas para los problemas energéticos, de estrategias sostenibles en la agricultura o de movilidad más inteligente, pero cada tecnología es solo tan buena o mala como la cultura que la aplica. Mientras que esta cultura sea expansiva, toda aplicación tecnológica conducirá a una expansión en ella; si siguiera un paradigma reduccionista, el uso de la tecnología también sería diferente.

¿Algún otro argumento sobre el tema? De momento, la sostenibilidad muchas veces se piensa sin problema alguno junto a la eficiencia, aunque ambas cosas no tengan nada que ver la una con la otra. La condición previa para el uso sostenible de las materias primas es su utilización social, no la eficiencia físicamente posible de su uso. Cuanto más material o energía estén a disposición en una cultura expansiva, tanto más se consume –al revés, cuanto más material y energía se usan, de forma tanto más eficiente se generan. Los economistas lo llaman el "efecto rebound".[108]

El aumento de la efectividad forma parte del capitalismo industrial al igual que el capital y la mano de obra son una condición para su funcionamiento. Visto así, también el tan alabado "crecimiento verde" es tan solo más de lo mismo: crecimiento económico mediante aumento de la eficiencia, algo bien nuevo.

Una cultura que no siguiera un paradigma expansivo sino uno reduccionista, no estaría nada interesada en aumentar la eficiencia, pues ella determinaría qué es lo que necesita según su concepto de una buena vida y después determinaría cómo utilizar los recursos. Incluso podría ser que la ineficiencia representara un valor para ella –consumir tiempo "sin sentido" o caminar en lugar de que lo conduzcan sirven como ejemplo.

La confianza enormemente grande en la tecnología debe llamar la atención en un movimiento que se formó precisamente en la resistencia contra las consecuencias indeseadas de la técnica. Desde mi punto de vista, se debe también a que en el movimiento ecologista, a más tardar en los años 1980, tuvo lugar un cambio de paradigma definitivo, pasando de la crítica política y sistemática, a llamar la atención sobre soluciones pragmáticas a los problemas. Un cambio de esa envergadura se presta para una creciente orientación por opciones de factibilidad, y por eso, en los últimos tres decenios, también se registran muchas propuestas de cómo se podría mejorar la *praxis* social mediante innovaciones *técnicas* y no sociales: autos eléctricos, centrales de energía eólica, centrales de calefacción por cogeneración, viviendas energéticamente eficientes, etc. Mucho de ello es bueno y necesario –pero continúa vigente la cuestión, de en qué circunstancias y objetivos se optimiza cuando

---

[108] N. de T.: En inglés en el original: efecto rebote.

se pone a disposición la mejor técnica, con lo cual estaríamos nuevamente en el tema de la eficiencia y del *rebound*.

Sin embargo, no debe olvidarse que a partir del movimiento ecologista surgieron también importantes innovaciones sociales: es allí donde se inventa el *carsharing*[109]; la supuestamente tan innovadora industria del automóvil, después de eso necesita todavía tres decenios para reconocer su significación para una futura cultura de la movilidad. La agricultura ecológica, las cooperativas solares, las casas de varias generaciones, son innovaciones sociales que después de tiempos de incubación más largos, se volvieron *mainstream* y modernizaron a la sociedad. Pero lamentablemente, la falta de historia del movimiento ecologista también se aplica a su propia historia. Hoy día, su foco se dirige más que nunca hacia la innovación y el control tecnológicos, lo que se debe, entre otras cosas, también a la creciente concentración en la problemática del clima y con ello, a la cuestión energética; en este caso, la idea promisoria parece ser más factible de ser llevada a la práctica, de ser renovable y de mantenerse expansiva.

---

[109] N. de T: *Idem*: compartir el auto.

El milagro del budín verde

Los niños, los borrachos y los ministros recién nombrados dicen la verdad. Así, el político del partido CDU Peter Altmaier, quien de casualidad se convirtió en ministro alemán del Medioambiente, quedó sorprendido cuando inmediatamente después de acceder al cargo, el Consejo de Expertos en Cuestiones Medioambientales (SRU) presentó un estudio y vinculó con él la demanda al gobierno, de cuidar, en lo posible, que en el futuro el crecimiento económico estuviera separado del consumo de recursos.[110] Altmaier dijo, sonriendo abochornado, que eso sonaba bien, pero que no se podía imaginar cómo iba a funcionar. El ministro tenía razón con esa duda, pero pocas semanas después, en la cumbre mundial de salvación del planeta "Rio + 20" en junio de 2012, ya pudo informar que el futuro del mundo corría peligro si no se separaba el crecimiento de la economía del consumo de recursos. La verdad es, como se desprende de ese ejemplo, una función del consenso social. Peter Altmaier aprendió algo nuevo, lo equivocado y ahora lo anuncia como todos los demás. El lema de la Cumbre de la Tierra en la que tuvo lugar ese proceso de aprendizaje fue *green growth*.[111]

La idea absurda de que se podría "desacoplar" el crecimiento económico y el consumo de recursos, se ilustra por lo general diciendo que solo sería necesario observar cuánta menor cantidad de material, energía y gastos de fabricación requiere un *ultrabook* moderno en comparación con los de un ordenador grande de menor rendimiento de los años 1980, para ver qué significa desacoplamiento. Si se pusiera en práctica este proceso de reducción en todos los ámbitos de la producción de bienes, en poco tiempo se podrían alcanzar aumentos dramáticos de eficiencia y así, ahorrar recursos. Al mismo tiempo, mediante una estrategia económica "verde" de ese tipo se ganarían puestos de trabajo, ventajas de competencia, nuevos mercados de ventas; resumiendo: excelentes perspectivas de crecimiento con menos recursos.

---

[110] *Frankfurter Allgemeine Zeitung*, 4/6/2012, pág. 1.
[111] N. de T.: En inglés en el original: crecimiento verde.

Eso quiere decir, entonces, a elección: *green new deal*, *green growth* o "crecimiento cualitativo". A esta perspectiva alquimista la han hecho suya entre tanto todos los partidos, lo que no sorprende, pues tras de estos conceptos no hay nada nuevo, y menos aún, algo "verde". El principio ya fue inventado hace dos, tres siglos. Se llama capitalismo.

El aumento de la eficiencia, que jamás puede consistir en otra cosa que en la eficiencia de los recursos, forma parte de su esencia; de otra forma, los impresionantes aumentos de la productividad y con ello, las tasas de crecimiento que caracterizan su historia, no serían posibles. Como el aumento de la eficiencia bajo condiciones económicas capitalistas jamás es un juego de suma cero –para ello sería necesario fabricar la misma cantidad de bienes con menores gastos en un tiempo más corto y dejar lo ahorrado en el suelo-, los beneficios por eficiencia se transforman de inmediato en más producción. Si no fuera así, no habría ni progreso de la productividad ni crecimiento económico.

Esta es la fundamentación teórica más simple para el hecho de que el crecimiento económico no permite un desacople absoluto del consumo de recursos; un desacople relativo, por lo contrario, ya existe desde siempre. Empíricamente, este descubrimiento poco espectacular se refleja a varios niveles. Niko Paech, el defensor más radical de una economía postcrecimiento, argumenta con razón que el desacople parcial es problemático debido al hecho de que las medidas para aumentar la eficiencia significan gastos adicionales al principio, por lo que la reducción gradual de los gastos mediante nuevos equipos de producción, infraestructuras, etc., se compensa o sobrecompensa. Como ejemplo, Paech menciona las casas pasivas, que quizá sean eficientes energéticamente, pero que por lo general requieren construcciones nuevas con comparativamente gran y costoso uso de materiales. Lo mismo vale para la movilidad eléctrica, que además exige de una tecnología de almacenaje muy costosa y nuevas infraestructuras en forma de estaciones de carga, equipos de mantenimiento, etc.

Asimismo, también los productos "verdes" deben ser desechados cuando su vida útil terminó: equipos fotovoltaicos, molinos de viento, fachadas de casas con aislamiento –todo eso en algún momento va estar igualmente tan envejecido o inutilizable como las tecnologías y materiales no "verdes". Y en todas estas cosas fluyen energías durante la fabricación y disposición final, desde la utilización de superficies para "campos solares" y parques de energía eólica, calles para la electricidad y almacenamiento con hidrobombeo. La palabra mágica "renovable" sugiere en este caso problemas que no deben ser tenidos en cuenta necesariamente, pero uno puede estar bien seguro que para todo eso surgirán todavía gastos de disposición altos y en parte inesperados. Por lo demás, el consumo de material y energía, además de las emisiones producidas durante la fabricación de muchos productos, es simplemente desplazado —por ejemplo, cuando los aparatos eléctricos o juguetes para niños se producen en China para el mercado alemán, y representan un peso para el balance de CO_2 de ese país, mientras que en Alemania lo alivian, lo que lleva a balances de toxicidad y energía nacionalmente "reverdecidos". Paech nombra como ejemplo un estudio de la Oficina alemana de medioambiente, que llega a la conclusión de que el 60 % de todos los daños ambientales causados por los suizos, tienen lugar fuera de ese país.[112] Los artículos electrónicos se producen mayormente en Asia, y si poco después se han convertido en chatarra eléctrica, a su vez son exportados a países del Tercer Mundo y emergentes y empeoran allí la balanza medioambiental (a falta de controles y estadísticas, sin embargo, solo de forma irrelevante).

Bueno, hasta aquí respecto a la ficción del desacople material. Y eso que todavía no se tuvieron en cuenta los así llamados efectos *rebound*. La gente que al habitar una casa pasiva ahorra energía y así dinero, por lo general gasta lo ahorrado en otra cosa —hacen un viaje más en avión por año, o se compran un segundo auto (muy práctico, ya que la casa pasiva por lo general se encuentra en los suburbios). Psicológicamente, el aumento de eficiencia además provee argumentos, por un lado, a favor del derroche; por otro, "La conciencia de provocar relativamente menores daños ambientales mediante un determinado objeto de consumo, puede justificar su mayor uso desde el punto de vista individual. Así como una impulsión a gas, células de combustible o eléctrica proporciona la coartada perfecta para compras de autos y viajes adicionales en auto, la forma de construcción de las casas pasivas facilita decisiones personales a favor de una casa de familia, en lugar de conformarse con un apartamento. El que recibe electricidad ecológica, tiene una buena excusa para no tomarlo tan al pie de la letra con el ahorro de energía".[113] Se podrían mencionar muchos ejemplos —también en este caso aparece nuevamente el fenómeno de que los aumentos de eficiencia por segmentos en culturas expansivas no sirven de nada si se suman. Lo que en un lugar "reverdece", vuelve a arruinarse en el otro. Ya a nivel nacional el desacople relativo desaparece por eso en el reino de la fantasía; un *green growth* global ni siquiera puede ser considerado, porque en muchas partes, las infraestructuras, con todos sus gastos de movilidad, energía y materiales, todavía tienen que ser instaladas. Un desacople total significaría además la eliminación de antiguas infraestructuras —su significado ya queda demostrado en el correr del "cambio de modelo energético", porque la deconstrucción planificada

---

[112] Paech, Niko: *Befreiung vom Überfluss: Auf dem Weg in die Postwachstumsökonomie*, München, 2011.
[113] *Idem*, pág 91.

de una central nuclear sobrepasa sus costos de producción: eso no debe ser diferente para el caso de otras infraestructuras, desde las autopistas a las canalizaciones– de manera que la introducción de tecnologías "verdes" significa, primero, mayores gastos. Una vez que estos empiezan a amortizarse, los nuevos *features*[114] –centrales de biomasa, molinos de viento, WC sin agua, etc.– se han convertido ya en chatarra y deben ser sustituidos y desechados. Y así sucesivamente.

Los primeros intentos de parte de las empresas por presentar un balance en el que figuren los costos externalizados –es decir, aquellos costos que surgen por el consumo medioambiental durante la fabricación, transporte, etc.– muestran que bajo esta condición, las ganancias de las empresas se reducen radicalmente.[115] De todos modos, el crecimiento económico se produce en gran parte a costa del patrimonio público.

Desde el punto de vista histórico, debe agregarse a todo lo anterior que la lógica de mercado, por lo general, tiene el efecto de que en el sector energético, las viejas estructuras no se sustituyen por nuevas, sino que pasan a una relación de complementación, así la *green energy* aumentará la oferta de energía y con ello, según la experiencia, también la demanda. Dicho de otro modo, ningún desacople, en ninguna parte.

Niko Paech resume la consecuencia de forma concisa: "Bajo la condición de un crecimiento económico constante es imposible aliviar la ecosfera de forma absoluta. Bajo la condición de un alivio absoluto de la ecosfera, es imposible mantener un crecimiento económico constante."[116]

Una vez más, la apuesta a la tecnología demuestra ser parte del problema que dice solucionar. Otra vez, eso no quiere decir que haya algo en contra de la utilización *razonable* de la tecnología, que en una modernidad sostenible ciertamente es necesaria, pero otra vez más queda claro que el sentido y la utilidad de una técnica dependen de la cultura en la que se aplica. La fe ostentativa de los "verdes" alemanes en la tecnología es fácil de entender, pues promete la sustitución de las energías tradicionales por las "renovables", algo así como el ingreso al paraíso capitalista: crecimiento continuo mediante disponibilidad ilimitada de energía, mejor no se puede alentar la cultura del TODO SIEMPRE. Si incluso lograran transferir el desacople de la producción de energía y del consumo de recursos a otras dimensiones –producción, alimentación, etc.-, no solo tendríamos un nuevo mundo más

---

[114] N. de T.: En inglés en el original: dispositivos.
[115] La única empresa que presentó un balance así fue Puma. Con ello queda demostrado que las ganancias de la empresa, de aproximadamente trescientos millones de euros, si se entregaran los gastos externalizados, se reducirían en ciento cuarenta y cinco millones de euros. Un balance interno "real" en el grupo Otto alcanzaba resultados similares.
[116] Paech, *op. cit.*, pág. 97.

verde, sino también una economización maravillosa del capitalismo, porque como principio económico, de repente ya no sería no económico, pues al igual que un *perpetuum mobile,* recibiría exactamente los recursos que consume. O incluso, produciría todavía más. Llamémosle el milagro del budín verde: ¡Se puede *tener y comer*!

¿Por qué el cambio climático es tan maravilloso en realidad?

"El nivel del mar podría subir cuatro metros hasta el año 2300, incluso si los políticos de comienzos del siglo XXI hacen todo bien. El aumento de los océanos no podría frenarse tan rápidamente como el aumento de la temperatura del aire –explica un grupo de investigadores del clima que con ayuda de su ordenador, han mirado al futuro casi en doscientos años– la altura de los mares del mundo reaccionaría con cincuenta años de demora a las medidas de una posible protección del clima […] El aumento del nivel del mar hasta el 2100 podría alcanzar el triple de los valores actuales: nueve a diez centímetros por año. […] Con la política más ambiciosa, que limita el calentamiento a 1,5 grados, los mares deberían crecer en un total de 1,5 metros. El ascenso se detendría hasta el año 2300. La política de los dos grados, por lo contrario, tendría la consecuencia de que los océanos aumentarían en 2,7 metros. Los valores entre 1,6 y 4,0 metros también serían posibles. Además, el nivel del mar aumentaría el doble de rápido que hasta ahora hasta el año 2300, no habría final a la vista. Si la política pierde la oportunidad de una protección efectiva del clima, habría que contar con un aumento de hasta cinco metros hasta el año 2300, con un aumento desenfrenado, cuatro veces más rápido que el actual. Muchas islas y ciudades perderían zonas costeras habitadas. En Nueva York, un ascenso de un metro ya significaría que habrían graves inundaciones, en promedio cada tres años, en lugar de una vez por siglo".[117]

A veces pienso que la mayor parte de los resultados científicos podrían desaparecer tranquilamente en el cajón, no tienen por qué llegar a ser conocidos públicamente. También en este caso. El hecho de que los investigadores aparentemente se imaginen el mundo dentro de trescientos años como es hoy, solo que más húmedo (hace trescientos años Nueva York tenía, por lo demás, cinco mil setecientos habitantes y era bueno en el comercio con

---

[117] *Süddeutsche Zeitung*: Das Meer im Jahr 2300, 26/6/2012, pág. 18.

pieles), es casi imposible de superar en su enfoque ingenuo. Y su tiroteo de cifras, que se realiza en modelos de computadora con capacidades de cálculo constantemente mayores, no implica ni lo más mínimo para el presente, pues entretanto, en la investigación del clima, existe consenso en que el "objetivo de dos grados" (político, no científico) no podrá lograrse. Pero ningún ser humano que vive hoy día, y aunque sea muy consciente de su futuro, orientaría su accionar por un horizonte de varios siglos. Para algo así se precisa o una religión o altanería política –los últimos que tuvieron una mirada tan a largo plazo fueron Adolf Hitler y Pol Pot. Los seres humanos menos conscientes del futuro se sitúan a sí mismos y a sus intenciones en el horizonte de las generaciones vividas, es decir, más o menos dentro del marco del siglo. Otra cosa tampoco tendría sentido, pues, como los investigadores del clima constatan una y otra vez, la Tierra es un sistema lleno de interacciones, por lo que los risibles milímetros por año de los modelos, a través de algún efecto no linear, pueden transformarse igualmente en centímetros de aumento o retroceso. O en metros. O en lo que sea, pues los criterios son igualmente variables históricamente.

La comunicación extracientífica de tales descubrimientos lleva entonces más bien al embrutecimiento; desde lo intracientífico, esos resultados tienen sentido, porque las discusiones y cálculos posteriores pueden tomarlos como referencia. Sin embargo, desde el punto de vista político, la comunicación de ese tipo de datos arruina todo lo que alguna vez podía haber sido politizador en la investigación del clima, por ejemplo, el informe urgente de que se habría pasado a la era geológica del antropoceno y que los seres humanos se habrían convertido en la fuerza geológica de mayor influencia. De hecho, eso es revolucionario pues significa que ya no somos, o al menos, no exclusivamente, objeto de las condiciones ambientales, sino que la naturaleza se ha vuelto objeto de las condiciones sociales. Pero eso es una profundización de la Dialéctica de la Ilustración que Max Horkheimer y Theodor W. Adorno no hubieran podido imaginarse cuando escribieron que cada intento de quebrantar la imposición por la naturaleza conduciría aun más profundamente a ella.[118] Esta frase vale en el antropoceno mucho más que antes, pues los efectos retroactivos de las influencias humanas sobre el sistema terrestre hoy día son, como lo muestra ya el aumento de los eventos de clima extremo, todavía imposibles de calcular, pero seguramente devastadores.

Precisamente por eso, sin embargo, a la comunidad internacional de investigadores del clima no les vendría mal un poco de teoría social. Pues a la "naturaleza", al "clima" y a los "mares del mundo" les da absolutamente lo mismo si cambian o no. El registro consciente de las transformaciones

---

[118] Horkheimer, M. y Adorno, T: *Dialektik der Aufklärung*, Frankfurt am Main, 1988.

medioambientales es patrimonio de los seres humanos; se requiere de un sujeto, y de uno que sea consciente de que su vida es finita. Recién a partir de esta conciencia resulta la previsión, planificación y la toma de las medidas necesarias. La Tierra planifica tan poco como el mar e incluso cuando los seres humanos hayan desaparecido, la biósfera seguirá existiendo. Por eso, todas las cuestiones ecológicas jamás son otra cosa que cuestiones sociales y culturales: siempre se refieren a las condiciones existenciales de las comunidades de supervivencia humana. Cuando esas comunidades utilizan conocimientos de las ciencias naturales y tecnología para mantener sus condiciones de supervivencia, esa utilización sigue siendo un acto social y establece una práctica social. Esta siempre servía y sirve todavía hoy, en un sentido muy básico, para dominar la naturaleza externa –probablemente esta sea más amenazante en el antropoceno que en el holoceno, pues apenas puede pronosticarse cuáles efectos no lineares traería consigo un calentamiento global de tres, cuatro o cinco grados. La investigación del clima ha identificado una serie de así llamados *tipping points*[119], que poseen la desagradable característica de desarrollarse con una dinámica no anticipable al haber alcanzado un valor umbral. Es la dialéctica del antropoceno: la dominación de la naturaleza llevada adelante lo más lejos posible, y la cultura dominante con su abastecimiento desde afuera cada vez más perfeccionado produce pérdidas de control de alcance impensado y no planificable. También podría decirse de esta manera: terremotos, tsunamis, inundaciones es lo que forma parte de lo esperable y está incorporado a estrategias locales de resiliencia de la misma manera que en los cálculos de los seguros y reaseguros. La humanidad tiene algunos milenios de años de experiencia con esas cosas, también con que nunca fueron controlables. Con los futuros *tipping points* lamentablemente no tiene experiencia.

La verdad, nuevamente simple, dice lo siguiente: la dominación total de la naturaleza sigue siendo un sueño irrealizable, mientras que los seres humanos sean seres naturales, y todo intento por dominar la naturaleza externa transforma también la naturaleza interna, es decir que no la libera de ninguna manera de la dominación por la naturaleza. La cultura jamás es otra cosa que un planteo específico de dominación de la naturaleza. Bien sabido es que desde el punto de vista histórico esos enfoques pueden ser más o menos exitosos, también en la investigación sobre el clima debería cundir de a poco la información de que las cuestiones de supervivencia son cuestiones culturales, que pueden informarse desde el punto de vista de las ciencias naturales, pero jamás deben solucionarse desde ese punto de vista. La vida no es una ecuación y las sociedades no son ecuaciones complejas. Por el contrario, las

---

[119] N. de T.: En inglés en el original: momentos críticos.

ecuaciones son invenciones de sociedades que como diría Norbert Elias, han alcanzado un alto nivel de síntesis. Los modelos matemáticos son intentos de interpretar el mundo a un alto nivel de abstracción y síntesis, ni más ni menos.

La mayoría de los y las representantes de las ciencias naturales y tecnológicas lo olvidan, si es que alguna vez lo supieron. Este olvido, sin embargo, es de graves consecuencias pues lleva al concepto fatal de que el mundo podría organizarse sobre la base de datos y descubrimientos de las ciencias naturales. La ingenuidad con la cual se piensa hoy a la sociedad y su transformación es solo una prueba más de la enorme falta de historia y teoría social cuando se buscan estrategias contra la destrucción progresiva de las condiciones de supervivencia. El hecho de que se busquen "soluciones" primeramente a nivel tecnológico y económico documenta una vez más la efectividad del vínculo cultural: en una cultura que está marcada profundamente por la tecnología y la economía expansiva, tampoco las cosas pueden ser muy diferentes.

Precisamente de eso resulta tanta atención puesta en el cambio climático y el descuido de *todos* los demás temas medioambientales en el debate público y sobre todo, en el político. A más tardar desde los alarmantes informes que publicó el IPCC[120] a comienzos del año 2007, el aumento de la temperatura promedio global impulsó el rango de las preocupaciones ecológicas muy hacia adelante –y eso, a pesar de que psicológicamente todo habla en contra de esa prominencia.

En primer lugar, estaría la ya mencionada estructura temporal estirada entre causas y efectos que hacen psicológicamente tan difícil experimentar y comprender el cambio climático; los aumentos de la temperatura promedio global registrados actualmente se deben a las cantidades rápidamente crecientes de emisiones en la época de posguerra. (ver pág. 26/27) Las causas del calentamiento para las consecuencias que se observan hoy día –veranos muy calientes, inundaciones, tornados en la región alemana del centro de Hesse, etc.– no tienen una relación directa con lo que se está haciendo en este momento, sino con lo que los seres humanos han hecho hace cuatro o cinco decenios. A causa de esta lentitud, todas las medidas que se tomaran actualmente recién tendrían un efecto medible de nuevo en cuatro a cinco decenios, lo que mantiene más bien fría la pasión por actuar de inmediato.

La causalidad estirada hace al cambio climático *inocente*. Los causantes concretos ya no se pueden identificar o responsabilizar; los que sufrirán los daños concretos viven, sobre todo, en el futuro. Eso es bueno: los reproches desde la posteridad son poco amenazantes. Nadie parece ser responsable, por

---

[120] N. de T: Siglas en inglés en el original: *Intergovermental Panel on Climate Change*, Panel intergubernamental sobre cambio climático.

lo que tampoco se puede acusar o eliminar a nadie: "Pues entonces tendría que manifestarme delante de mi propia chimenea", cita Joachim Radkau, un político del Partido Verde alemán.[121] Esa sería exactamente la consecuencia. Tomado en serio, el imperativo que se desprende del calentamiento global dice: nadie puede seguir como hasta ahora. Uno solo puede sustraerse a este imperativo si se naturaliza el fenómeno, ya que en los eventos naturales no se encuentran ni causantes ni culpables. En esos casos, tiene que actuar la "comunidad mundial" para encontrar una solución. Como no existe, todo sigue como está.

En segundo lugar, el conjunto de condiciones causante de las consecuencias del calentamiento climático es por lo menos tan variado y complejo como los efectos fácticos que resultan del calentamiento de la Tierra: al igual que el CO_2, el metano y otros gases invernadero resultan de la producción industrial, de la ganadería, de las calefacciones y de la movilidad, de la misma manera interactúan estas emisiones con cambios en los sumideros, por ejemplo, los océanos y los bosques tropicales. Los efectos del calentamiento climático se dan localmente de forma tan variada como sus formas de presentación: las sequías forman parte de ellas al igual que las inundaciones; el derretimiento del hielo, al igual que el enfriamiento local; las lluvias fuertes, al igual que los veranos muy calientes. Y mientras las consecuencias del calentamiento en una parte del planeta llevan a la limitación radical de las posibilidades de supervivencia y a la guerra[122], en la otra, promueven buenas perspectivas para el turismo o para el cultivo de vino o fruta.

Si todo tiene que ver con todo, parece no tener ninguna perspectiva el saber qué está pasando y aún menos, tomar medidas en alguna parte. Si todo aparenta ser diferente según la perspectiva, es difícil decidir cuál es "la correcta". De ahí que sea tan difícil politizar el cambio climático: si se lo achaca al estilo de vida de agotamiento de recursos de occidente, de inmediato viene el argumento que no sería posible privar de él a los países emergentes (qué raro que esta postura equitativa no se encuentre en ningún otro tema trasnacional de equidad). Si por el contrario se solicita la limitación de la movilidad y del consumo en el país, de inmediato gritan "ecodictadura" y se ve peligrar la libertad (qué raro que estos amigos de la libertad no noten nada dictatorial en Google o Facebook). Los habitantes de sociedades mediáticas tienen práctica en este tipo de cosas: para cualquier argumento aun tan plausible se encuentra otro contrario, en cada *talkshow* hay un profesor que está dispuesto a defender el sinsentido más fuera de lugar, solo para poder salir en televisión. La simplicidad del descubrimiento científico central, de que la

---
[121] Radkau, *Die Ära* (*op. cit.*), pág. 583.
[122] Welzer, Harald: *Klimakriege. Wofür im 21. Jahrhundert getötet wird*, Frankfurt am Main, 2008.

praxis del uso excesivo de recursos a mediano plazo o no puede mantenerse, o no es aplicable a nivel universal, se esconde mediante la aserción de complejidad. Al simple argumento le sigue una consecuencia desagradable. Al argumento complejo, nada.

Tercero: no hay arte de gobernar para el manejo de los problemas *globales*. Cómo solucionar un problema que en realidad es consecuencia de la industrialización en el momento en que cada vez más sociedades a nivel mundial se convierten en sociedades *industriales*, es un misterio total. El hecho de que las negociaciones internacionales sobre el clima que tienen lugar regularmente y no conducen a nada regularmente, se debe, según esto, a los intereses totalmente dispares y asincrónicos internacionalmente. La única solución trasnacional practicada hasta ahora solo parcialmente, el comercio con emisiones, es tan incomprensible y bizarra en sus consecuencias, de manera que se fortalece una vez más la impresión del público, de que tienen que ver con un fenómeno altamente abstracto. Como el comercio está construido de tal manera que los ahorros de emisiones que prestan, por ejemplo, los clientes de un proveedor de energía, conducen a que este deba comprar menos certificados de contaminación o incluso, pueda vender algunos, se contrarresta la transformación de las formas de comportamiento individuales: el manejo más cuidadoso de los recursos lleva a mejores oportunidades económicas del proveedor; la cantidad de emisiones misma, sin embargo, sigue siendo la misma. Además, el fraude en el comercio con emisiones fue tan esperable como cualquier otra actividad económica y no demoró mucho en surgir: en todos los lugares donde se elijen las soluciones monetarias, surge una adaptación secundaria; la gente explota el sistema para sus intereses.[123]

En una cultura económica expansiva cuyo fin es economizar todo, se presta a ponerle precio incluso a las emisiones y adecuarlas al mercado. De una forma milagrosa aparece aquí la categoría del bien negativo, pero que es comercializable como cualquier otro bien. De esa manera, se abren todas las puertas para los intereses particulares. De inmediato aparece la práctica de deforestar bosques tropicales para cultivar monocultivos de aceite de palma en las superficies liberadas, cultivos que se gestionan de forma "sostenible", para lo cual se puede acceder a derechos de contaminación. También en este caso el capitalismo demuestra ser flexible sin límites: una vez que algo ha recibido un precio, se pueden hacer negocios de todo tipo. El comercio con emisiones tiene tanto que ver con el clima como un derivado del mercado financiero con un vaso de leche; igualmente, es considerado como *el*

---

[123] Erving Goffman califica de "adaptación secundaria" si se siguen de forma aparentemente correcta las instrucciones institucionales, pero se hace únicamente para realizar los propios intereses: ejemplos para ello serían, agencias de *rating*, encargados profesionales de enviar intimaciones, médicos de *doping*, espías, denunciantes.

progreso en la política internacional sobre el clima. Lo interesante es que la economización se puso en marcha independientemente de una coordinación internacional de la reducción de gases invernadero en la protección del clima.[124] Así, la cantidad negociable sigue siendo grande y antes de que se haya decidido algo contra el calentamiento climático, sus causas ya se han monetarizado. Si se puede comprar, mantener o vender algo que antes no tenía precio, surgió la posesión donde antes no existía. Uno debería tomarlo como aprendizaje cuando se solicita la monetarización de los así llamados servicios del ecosistema: ¡Nunca olvide preguntar quién posee o reclama derechos de propiedad sobre un respectivo ecosistema, cuyos "servicios" se supone que cuestan dinero de repente!

Y cuarto y último: la comunicación del tema es –léase una vez más solo la cita introductoria– abstracta e incomprensible. El CO2 no es ni visible, ni perceptible, ni se puede oler, ni tiene gusto. Lo raro es que sí tiene un peso; aquello que sale del caño de escape de un auto pesa, a pesar de su invisibilidad, bastante, lo que no entiende nadie. Los progresos logrados respecto a la reducción también tienen, correspondientemente, un efecto invisible. Solo aparecen en folletos de venta de autos.

El hecho tan simple como peligroso de que una forma de aplicar la economía haya logrado en dos siglos (en, después de todo, doscientos mil años de historia de la humanidad) ejercer una influencia sustancial sobre el sistema terrestre, es agrandado a través de un lenguaje pseudocientífico y burocratizado lleno de acrónimos y palabras artificiosas (IPCC, CCS, CDM, etc.) haciendo de ello un complejo que nadie puede entender, que se pierde en detalles. Considérese el paralelismo con la crisis del mercado financiero, que se debe al hecho tan simple como peligroso de que actores privados especulan contra economías nacionales y tienen éxito al hacerlo. También en este caso se sugiere complejidad; los acrónimos se llaman entonces ESM[125], EFSF[126], BCE, las palabras de plástico: "troika", "cumbre de crisis", "salvataje del euro", "proyecto europeo", etc.

Pero precisamente con este último punto llegamos a una pista del por qué el tema tan abstracto, lejano, no solucionable y ambivalente del "cambio climático" tiene tal destaque, por qué está tan por delante en las encuestas de las preocupaciones, y en referencia al establecimiento de institutos y fundaciones nuevas, así como por qué se tiene un éxito tal en relación con

---

[124] Unmüssig, Barbara / Sachs, Wolfgang /Fatheuer, Thomas: *Kritik der grünen Ökonomie: Impulse für eine sozial und ökologisch gerechte Zukunft*, Berlin 2012, pág. 25.
[125] N. de T: En inglés en el original: European Stability Mechanism (Mecanismo Europeo de Estabilidad).
[126] N. de T.: *Idem*: European Financial Stability Facility (Grupo Europeo para la Estabilidad Financiera).

la publicidad para obtener fondos para investigación. El hecho de que no se pueda ver nada, hace al cambio climático, a diferencia de, por ejemplo, las plantas de incineración de residuos, de las aguas contaminadas o de los glaciares en disminución, tan inofensivo –en ese caso no se piensa en nada intranquilizador.

De hecho, todos los aspectos mencionados que psicológicamente hacen poco probable su alto valor en cuanto ha llamado de atención, aportan a hacerlo más atractivo como problema ecológico que todos los demás problemas medioambientales. *Porque* la causalidad está estirada, *porque* su complejidad es tan grande, *porque* representa un problema global y no local, *porque* aparentemente puede combatirse solo a través del mercado y no mediante cambios de comportamiento y *porque* es tan perfectamente sinsentido, ocupa un lugar tan primario como problema de la humanidad. Su mensaje es: qué horrible, intentamos hacer lo que podemos, pero lamentablemente no se puede hacer nada. Desde el punto de vista psicoanalítico eso se denominaría "desplazamiento"–se tiene un problema que sería muy desagradable de eliminar, y por eso, es preferible concentrarse en otro.

Alfred Hitchcock, inventor del McGuffin.

Desde el punto de vista de un cineasta, el cambio climático tendría el rol de un "McGuffin". Alfred Hitchcock inventó ese término para designar un elemento fílmico, que por sí mismo no tiene mucho interés, pero que sirve para poner en marcha el transcurso de la acción o mantenerlo en funcionamiento. El significado de un McGuffin está en que él mismo es irrelevante. En su entrevista con Francois Truffaut en 1966, Hitchcock definió el término "McGuffin" de esta manera: "Quizá sea un nombre escocés, en una historia sobre dos hombres en un tren. Uno de ellos pregunta: –¿Qué es ese paquete ahí arriba en el portaequipajes?, y el otro responde: –Ah, es un McGuffin. Entonces el primero pregunta: –¿Qué es un McGuffin?. –Sí–, dice el otro, –es un aparato con el que se cazan leones en las montañas escocesas. El primero dice: –Pero si en las *Highlands* no hay leones. Y el otro responde: –Bueno, entonces no es un McGuffin. O sea que, usted puede ver que un McGuffin no es nada en absoluto."[127] Precisamente en este sentido el cambio climático constituye el problema perfectamente indisoluble, alrededor del cual se cristalizan ostentativamente las preocupaciones, los esfuerzos de investigación y las acciones de desplazamiento -como por ejemplo la obligación de utilizar así llamadas lámparas de ahorro energético-. Este McGuffin no perturba el sistema operativo de la extracción y consumismo, sino que alienta la acción mediante impulsos modernizadores tales como cambio energético y la *green economy*. Sin embargo, sobre lo que no se quiere hablar: los demás problemas ecológicos, por lo menos igualmente graves –retroceso de la biodiversidad, pérdida de suelos, falta de agua, pesca excesiva, etc., tienen todos una relación directa con el extractivismo. Cuando se trata de ellos, es imposible dejar los propios hábitos de alimentación, movilidad y consumo afuera –esos temas tienen inevitablemente un componente reflexivo. Lo mismo vale para todos los demás *planetary boundaries*[128] que son excedidos.

Mientras que en las sociedades ricas con sus enormes adelantos infraestructurales y ventajas geopolíticas todavía se consiguen mercaderías de todo tipo cuando aumenta la escasez, en otras partes se empieza a pasar hambre porque los precios para los alimentos básicos han aumentado demasiado. Los flujos globales de mercadería distribuyen bienes justamente bajo condiciones de escasez, pasando por alto a los desfavorecidos, por lo que las consecuencias de la destrucción de los suelos, de la pesca excesiva en los mares, de la falta de agua potable, profundizan la desigualdad. El modelo cultural expansivo del capitalismo siempre ha tenido como condición la desigualdad, y no hay motivo por el cual esto debería cambiar al agudizarse las situaciones ecológicas problemáticas. Al fin y al cabo, el temor ante eso no es más que un motivo comprensible por el cual los países pobres se niegan a dar su aprobación a acuerdos internacionales sobre el clima. Al extractivismo no se lo puede combatir mediante acuerdos internacionales, y menos aún con

---

[127] Francois Truffaut: *Mr.Hitchcock, wie haben Sie das gemacht?*, München, 2003, pág. 116 y sig.
[128] N. de T.: En inglés en el original: límites planetarios.

geo-engineering o la apertura de un nuevo mercado: solo puede combatirse mediante la reducción del consumo. Como es una práctica tan social, no puede ser sustituido por nada más que por *otra* práctica social. Es precisamente en este punto que se vuelve político.

Vuelta a lo político

Y ahora la lectura política del cambio climático. El activista medioambiental y autor Bill McKibben hace mucho tiempo que describió en un brillante artículo[129] de qué se trata el cambio climático: no de un problema sin victimarios y responsables, ante el cual una comunidad mundial se encuentra parada estrujándose las manos y sin saber qué hacer, sino con una contraposición radical de intereses simple de formular. Si se quiere llegar al así llamado objetivo de los dos grados, a nivel mundial y hasta mediados de siglo no se puede emitir a la atmósfera más de aproximadamente 565 gigatoneladas de CO_2. La investigación del clima lo dice de forma unánime. Las reservas de energías fósiles existentes actualmente incluyen, sin embargo, un potencial de 2795 gigatoneladas de CO_2, es decir, cerca de cinco veces más.

El modelo comercial de todas las empresas de aceite mineral se basa en extraer este potencial de 2795 gigatoneladas de CO_2 de los suelos y del mar, del esquisto bituminoso y de las arenas bituminosas y colocarlas en el mercado, y en consecuencia, lo hacen y sin ninguna preocupación por todos los problemas del calentamiento global del clima. Invierten sumas gigantescas en la explotación de las reservas, porque con ello piensan obtener volúmenes de ventas y beneficios gigantescos. Exxon, por ejemplo, gastará anualmente treinta y siete mil millones de dólares para la búsqueda de reservas de petróleo y gas y su explotación hasta el año 2016. Eso representa alrededor de cien millones de dólares por día.[130] El modelo de negocios de las empresas de ese tipo, puede decirse de forma tan llamativa, es la destrucción de la Tierra. Si realmente se quisiera hacer algo contra el cambio climático, debería destruirse este modelo de negocios. Y es precisamente en este punto que el McGuffin se convierte en algo totalmente diferente: una contradicción política radical, que está marcada por los dos polos, hostilidad hacia el futuro y

---

[129] McKibben, Bill: *Global Warming's Terrifying New Math*. http://www.rollingstone / politics / news / global-warmings-terrifyingnew-math-201
[130] *Idem*.

factibilidad de futuro. Visto así, el cambio climático no es algo sin ideología y sin sujeto, como si fuera un evento natural, sino que es una amenaza que tiene causantes, y que son del tipo que no tiene ninguna intención de detenerse. En contra de esa gente es que hay que oponer resistencia.

Sin embargo, ello significa al mismo tiempo ejercer resistencia contra una política que apoya y promueve la hostilidad respecto al futuro. Pero actualmente, ningún actor político hará algo contra las intenciones de BP, Exxon, Gazprom, etc., porque –y aquí es que el sistema fósil vuelve sobre sí mismo– la totalidad de la economía y su principio de crecimiento depende del continuo aumento de la dosis de infusión diaria con materias primas fósiles. Aún más porque también el ascenso de las clases medias en los países emergentes y el mejoramiento del estándar de vida en los países asiáticos y sudamericanos depende exactamente de eso. En otras palabras, políticamente está en cuestión nada menos que el modelo civilizatorio de la modernidad expansiva.

Eso puede comprobarse exactamente mediante el ejemplo del mejoramiento del estándar de vida de los habitantes de los países emergentes, es decir, mediante el rápido desarrollo de las clases medias, de las culturas de consumo, de un bienestar acrecentado, de mejores posibilidades de educación y salud. Pues ambas cosas tienen lugar al mismo tiempo: el mejoramiento del estándar promedio de vida y la velocidad de la destrucción de los recursos naturales; justamente, de las condiciones para la futura capacidad de la modernidad expansiva. Aquello que desde el punto de vista ecológico representa años perdidos, para los grupos de la población de Brasil, China, Vietnam, son años de milagro económico, tanto desde el punto de vista psicológico como económico, comparables con la época de posguerra en Europa occidental.

En Alemania y en los Estados Unidos, como ya se ha dicho, ya hace medio siglo el asunto se disparó con el consumo masivo y la ampliación permanente de la zona de confort; la contracara del ascenso estuvo constituida por las tasas exponenciales de aumento mencionadas en cuanto a consumo de materiales y energía, tanto en las emisiones como en la basura –exactamente como sucede en la actualidad en los países emergentes. El principio subyacente es simple: en las economías de crecimiento hay más impulsores del desarrollo que de la sostenibilidad. Las cifras hablan por sí mismas: mientras que hoy día se deforestan diariamente cincuenta mil hectáreas de bosque, desaparecen cien especies y se extraen trescientas cincuenta mil toneladas de peces de los mares e inversores en todas partes del mundo compran tierras, la pobreza se ha reducido a nivel mundial: la cifra de aquellos que por día no pueden gastar más de un dólar por día se ha reducido a la mitad desde la Cumbre de la Tierra Río 1992; es probable que en poco tiempo también haya menos de mil millones de personas absolutamente pobres. Respecto al acceso al agua potable, se da la misma tendencia; en total se producen a nivel mundial muchos más alimentos que hace veinte años e incluso ha disminuido el número de guerras.

Lo que se puede observar en este caso corresponde exactamente a aquel "efecto ascensor" que garantizó la paz social en la posguerra europea: a pesar de que seguía existiendo la desigualdad social, e incluso se profundizó, en lo referente al estándar de vida, todos fueron para arriba en el ascensor. Ese es el mérito indudable del principio de la economía de crecimiento: desde el punto de vista histórico, ningún sistema ha mejorado tan rápido la situación social, al otorgar así a muchos por primera vez un sentimiento de posibilidades y libertad.

Pero lamentablemente, esos milagros económicos contribuyen a mejorar la vida solo a corto plazo; a mediano plazo, como se ha dicho, minan su propio éxito. La verdad no es hermosa: el objetivo éticamente deseable de obtener a nivel global, aunque sea un nivel de bienestar cercano a la equidad, está en contradicción con todos los objetivos de sostenibilidad. La ecología y el crecimiento se excluyen mutuamente. Si se quiere equidad social y sostenibilidad a nivel global, nada sirve: entonces hay que dejar la zona de confort, renunciar al bienestar y compartirlo, desarrollar otros modelos de distribución, de administración y de la vida. Lo que eso significa desde el punto de vista político no puede responderse ni con la compra de café comercializado de forma "justa", ni por la puesta en conocimiento ritual de intenciones –como por ejemplo, mantener el "objetivo dos grados"–, sino mediante un debate serio y conflictivo sobre lo que se quiere mantener para el futuro y a qué se quiere renunciar. Y contra quién hay que imponer los intereses involucrados.

La tarea civilizatoria

En el siglo XXI, nos encontramos ante la cuestión bien concreta de cómo mantener el estándar civilizatorio alcanzado mediante la economía capitalista en asuntos de libertad, democracia, estado de derecho, formación y servicios de salud y *al mismo tiempo,* reducir radicalmente la utilización excesiva de recursos. Si uno lo desea realmente, no será posible sin pérdidas ostensibles de bienestar. La buena vida no es gratis.

Pero eso es precisamente lo que se sugiere mediante las acciones de desplazamiento del sistema de conferencias para la salvación del mundo y la magia del crecimiento verde: el futuro será como ahora, solo que más sostenible. Por eso se oye regularmente que no se puede negarles a las futuras generaciones el estándar de vida que uno mismo se cree con derecho a tener, si se habla de que debe darse marcha atrás a la cultura dominante del consumo y del derroche de los países industrializados de influencia occidental hasta alcanzar una medida compatible con la supervivencia. Este argumento es ideológico, porque no tiene en cuenta cuán grandes son las diferencias de las situaciones vitales y del consumo de recursos a nivel mundial, y porque la afirmación repetida una y otra vez de que todos querrían ser como nosotros, no es otra cosa que una legitimación psicológicamente fácil de nuestro estúpido estilo de vida: si todos lo imitan, debe ser correcto, aunque de esa manera el futuro se venga abajo.

La recuperación de la capacidad de futuro tiene como condición previa la intolerancia ante las violaciones crónicas del derecho humano a una supervivencia en el futuro. Robert Menasse escribió hace algunos años que "ya el capitalismo de Manchester no se volvió civilizado" [...] "porque los encargados de tomar decisiones políticas preguntaran sumisamente a los capitalistas qué necesitaban estos para continuar siendo competentes y asegurar el emplazamiento 'Manchester', sino por el contrario, porque la política puso límites al capital y hubo condiciones marco más razonables paso a paso. Si se hubiera preguntado a los capitalistas, hubieran asegurado sincera y creíblemente, y lamentablemente también de forma razonable (según las leyes de su propia razón) que, sin el trabajo infantil y sin la jornada de doce horas, nada funcionaría. Fueron necesarias las decisiones políticas, y tuvieron que ser tomadas en contra de una fuerte resistencia –pero se tomaron: el trabajo infantil se prohibió, y se impuso la jornada de ocho horas".[131] Ni la eliminación de la esclavitud ni la conquista de los derechos civiles en los EE.UU. fueron resultado de una comunicación libre de dominación, se luchó por ellos. Estos ejemplos son precisamente los que demuestran que la modernización siempre es resultado de una reducción muy controvertida de los privilegios. Las cosas tampoco serán diferentes en lo referido a la transformación de la modernidad expansiva a la reductiva. O no sucederá.

Pero nosotros renunciamos a limitar más los privilegios de la utilización de los recursos, de la misma manera que ha sucedido en la historia de la modernidad una y otra vez. La política no avanza justamente por eso, porque asegurar privilegios se ha vuelto su único contenido.

Asegurar el emplazamiento: trabajo infantil.

Se le puede llamar dictadura del presente a costas del futuro. Entonces, la política de una modernidad sostenible tendría como condición previa que empezáramos a desprivilegiarnos a nosotros mismos. Claro que requerir

---

[131] Menasse, Robert: *Die Zerstörung der Welt als Wille und Vorstellung*, Frankfurt am Main, 2006, pág. 26 y sig.

recortes del bienestar y del estándar de vida de uno mismo es más desagradable que identificar a algunos "culpables" y pedirles a algunos que por favor limiten sus privilegios. Pero como nos encontramos ante la tarea de transformar un modelo social históricamente tan exitoso de manera de mantener sus logros principales y al mismo tiempo, reducir radicalmente el consumo de recursos, no podemos dejar de reconocer que la transformación de la sociedad es inevitablemente la transformación de nuestra propia vida: la disminución de las exigencias, el cambio de la práctica concreta, es decir, el cambio de la movilidad, de la alimentación, del trabajo, del tiempo libre, de la vivienda, el replanteo de los valores. Lamentablemente, uno también tiene que luchar por conquistar la vida en contra de sí mismo, contra la inercia de lo habitual, contra lo que se considera como derecho humano válido del "por favor, seguir siempre así". Cuando se trata de resistencia, eso significa siempre también resistencia contra sí mismo.

Pensar por sí mismo

El capitalismo es un sistema de una flexibilidad fascinante: regula las relaciones de las personas entre sí, independientemente de si estas relaciones son amistosas u hostiles. Se renueva y moderniza a través de sus crisis recurrentes. Absorbe críticas y movimientos opuestos, creando mercados parciales para ambas cosas, es decir que también aprovecha de ellos el potencial de modernización. Transforma el mundo y sus diferencias culturales y asincronías históricas en un aparato gigante de sincronización, que es alimentado con energía, trabajo y material. Sería perfecto, si al igual que cualquier otro *perpetuum mobile,* no tuviera la desventaja constructiva de que no funciona sin suministro de energía desde afuera.

Cuanto más exitoso y universal se vuelve el capitalismo, tanto más rápido se le acaba la energía impulsora. Pero no se termina de repente y para siempre, por eso no hay un colapso del sistema, sino un proceso diferenciado de desintegración. De la misma forma particular y asincrónica en que se desarrolló el sistema, de la misma forma fragmentada también se desintegra en un lugar de modo más rápido y brutal; y en otro, más lento y suave. Lo que significa también y quizá precisamente que en la desintegración se abran espacios para configurar otra economía y sociedad. Esos espacios, sin embargo, solo pueden utilizarse y desarrollarse si se termina con la nefasta división del trabajo, en que los unos son responsables de preocuparse por el mundo, y los otros, por destruirlo. La preocupación debe volverse práctica: empresaria, de la sociedad civil, política, y transformarse en otras formas sostenibles de producir, actuar, administrar y asociar. Debe contraponerse algo a lo existente, como alternativa, como modelo, propuesta, labor. Solo mediante la fricción con una práctica diferente, exitosa, pierde su flexibilidad el capitalismo.

¿Qué rol juega usted en esto? Imagine simplemente cómo quiere responder a la pregunta de quién ha sido usted y cuál ha sido su aporte, sea a la destrucción o a asegurar el futuro. Imagínese a sí mismo en el futuro perfecto: ¿Quién habré sido? Eso ayuda: gran parte de lo que parece incómodo y una carga en el futuro simple, de repente se vuelve interesante y atractivo en el futuro perfecto. La imaginación en el futuro perfecto transforma valores. Usted empezará a pensar cómo habrá de ser bueno. Una cuestión de inteligencia práctica. Pensar por sí mismo. La transformación de la cultura expansiva a la reductiva es la transformación de una cultura simple a una inteligente: de la adición a la combinatoria, del crecimiento al cultivo, de la construcción a la ampliación. De pasividad a actividad. De tolerar a resistir. De servir a gozar. De volver a tomarse en serio.

Es el momento en el que tengo que dejar de reprenderlo a usted. Ahora los dos estamos del mismo lado. Pero tenga cuidado: usted se mueve fuera de la zona de confort de la conformidad y pronto recibirá viento en contra. Tiene que estar preparado para eso. En este caso, se trata de los mejores argumentos.

Por eso, algo más sobre el volverse político: a mí me parece uno de los desarrollos más fatales de los últimos dos decenios que la cuestión ecológica se haya unilateralizado cada vez más hacia una de tipo científico-natural-técnico. La función de tales parcialidades está bien clara: permite soñar que un mundo sostenible también tiene a disposición tanto bienestar, confort y abastecimiento externo como el actual, no sostenible. Los autos marcharán entonces con electricidad; un ruido fuerte del motor se puede componer por medio de diseñadores de sonido. Audi, Mercedes y Porsche lo hacen hoy día ya. Estrechar desde el punto de vista tecnológico la cuestión ecológica conduce a error: no habrá un futuro obtenido tan económicamente.

El camino a una modernidad sostenible requerirá muchos cambios, conversiones y revalorizaciones, pero sobre todo, se podrá luchar por él porque otros tienen algo que perder. Aquellos que hacen marchar el sistema operativo capitalista a la velocidad máxima, no tienen interés en la sostenibilidad, es decir que hacen todo lo posible para que en el tiempo que resta, las cosas sigan como están. Es necesario oponer resistencia, pues cada día de crecimiento en la actualidad significa menos recursos para el día de mañana.

Pero ello no debe confundirse con el argumento de los investigadores del clima, de que queda poco tiempo para hacer cambios –por lo general se habla de que se tienen solo siete años para una reducción radical de las emisiones de gas invernadero; después de eso, el "objetivo de los dos grados" ya no podría ser mantenido. Puede que ello sea así pero, en todo caso, puede representar tan solo un argumento de acompañamiento que apoye la necesidad de cambios prácticos. Pues el modo en que queremos vivir es una cuestión social y cultural. Su respuesta y puesta en práctica sigue lógicas culturales y sociales, y esas no tienen nada que ver con leyes naturales. Por eso, no se puede deducir el marco temporal que se requiere para la política de transformación de los modelos de la investigación del clima. Pues nadie planificaría su propia vida según las listas de defunciones de la Oficina Alemana de Estadísticas.

De forma muy similar, en el así llamado rescate del euro, se dice regularmente que no habría tiempo para debatir y sopesar –los "mercados" estarían inquietos y por eso deberían calmarlos lo antes posible. Un argumento así es irrelevante para los procedimientos democráticos; si se necesita tiempo para arribar a una decisión, entonces se necesita tiempo. Lo mismo vale para la reestructuración de nuestra comunidad: si el camino hacia allí requiere tiempo -y lo necesitará, más todavía porque no hay *masterplan*– entonces, requiere tiempo, con o sin investigación del clima.

Las democracias no construyen sus decisiones sobre teorías científicas. Los dos sistemas políticos que lo hicieron en el siglo XX fueron totalitarios y mortales; eso ya debería habernos enseñado suficientemente que jamás pueden dejarse a la ciencia las decisiones sobre cómo se quiere vivir.[132] La ciencia puede informar sobre decisiones, puede llamar la atención sobre problemas esperables, diseñar escenarios y también realizar advertencias. Pero la negociación sobre cómo se quiere vivir, cuáles son, por ejemplo, los objetivos de formación y educación, cuáles son los valores que deben ser orientadores de acción, todo eso solo puede estar fundamentado fuera de la ciencia y en las sociedades libres, ya que siempre es el resultado provisorio de controversias, negociaciones y consenso. En otras palabras, siempre es el resultado de una práctica social. La idea de que el consumo de energía, la cultura alimenticia o la movilidad personal deban reglamentarse sobre la base de los resultados de una disciplina científica es horrible. En una sociedad diferenciada en lo funcional, ¿quién determina quién, dónde y cuánto debe ser consumido? ¿Eso llevará a la introducción de lámparas de ahorro energético en salas de operaciones o a internaciones compulsivas de receptores de Hartz IV[133] en las casas pasivas? ¿Quién quiere soportar los resultados de la fantasía desbordante desarrollada por burócratas ecologistas cuando se les permite establecer reglas para algún tema?

---

[132] Las raíces científicas del comunismo soviético y del nacionalsocialismo (nazis) a menudo no se consideran. Pero precisamente la afirmación de apoyarse en derecho basándose sobre legalidades de teoría de clases sociales o raciales, condujo a esa lógica mortal que caracteriza a las sociedades totalitarias. Si las leyes –así lo formuló Hannah Arendt– del progreso social determinan que solo Moscú tendría un tren subterráneo porque el comunismo sería el sistema superior, entonces este pensamiento no es verdad solamente en tanto no se haya logrado destruir todos los demás trenes subterráneos. Si las leyes de la biología determinan que hay "seres humanos superiores" e "inferiores", entonces esta afirmación no es verdad solo en tanto un grupo todavía no ha esclavizado o matado a todos los demás. Los sistemas totalitarios ponen inmediatamente en práctica sus teorías principales, por eso dejan tantos muertos.

[133] N. de T.: Ayuda social a determinadas personas – según sus ingresos – en Alemania.

Harald Welzer

Por eso es solo a nivel social que puede resolverse cuánto tiempo se necesita para iniciar e impulsar la transformación necesaria de la economía y de la sociedad. La investigación del clima debe aceptarlo al igual que la industria financiera: la práctica social tiene su propio tiempo y su propia lógica. La libertad no tiene precio, al igual que las condiciones necesarias de supervivencia que pone a disposición un "ecosistema". Ambas son condiciones necesarias para una existencia digna del ser humano y por ello, no negociables a nivel científico.

Utopías

Las utopías pueden volverse peligrosas si caen en manos de personas que quieren convertirlas en realidad a toda costa. Pero las utopías son un medio grandioso para practicar el pensamiento y el deseo: imaginar un estado deseable en un futuro posible hace del *status quo* simplemente *una* variante entre muchas realidades posibles. Y la imaginación de un futuro deseable al mismo tiempo arrastra naturalmente también reflexiones tras de sí sobre cómo puede mejorarse la convivencia de las personas, la organización de las ciudades y del tránsito, el sistema educativo y la economía con respecto al presente imperfecto. Con la sorprendente capacidad humana de poder imaginarse en el tiempo del futuro consumado, también se desprende un método: a partir de ese futuro imaginado, reconstruir el camino que uno tiene que haber recorrido para haber llegado allí. Eso se llama *"backcasting"*[134] en neoalemán, pero también se puede tomar el concepto más antiguo, pero mucho más profundo del "pre-recuerdo" de Edmund Husserl, para observar a partir del futuro los pasos que debieron darse para alcanzarlo.

Pre-recuerdos son anticipaciones mentales hacia algo que recién existe en el futuro. Como medio de orientación para la dirección que deben tomar las decisiones y acciones en el presente, juegan un rol por lo menos tan importante como el echar mano a pasados reales o vividos en la imaginación.

Alfred Schütz continuó desarrollando ese concepto en el suyo de las "retrospecciones anticipadas"[135], que juegan un rol central para los actos de los seres humanos –cada proyecto, cada plan, cada proyección, cada modelo contiene una anticipación a un estado que formará parte del pasado en el futuro. Y es precisamente a partir de este prediseño de un estado futuro que

---

[134] N. de T.: En inglés en el original: el *backcasting* es una herramienta para planificar proyectos a largo plazo, donde se trabaja primero la visión a la que queremos llegar, para desde ahí volver al presente, desde donde iremos realizando pasos sin dejar de lado la visión (se le dice "retrospectiva" a veces).
[135] Schütz, Alfred: Teiresias, oder unser Wissen von zukünftigen Ereignissen. En: ders., *Gesammelte Aufsätze*, Bd. 2., Den Haag 1972, págs. 259-278.

se alimentan los motivos y energías, a partir del deseo de alcanzar otro estado diferente al dado.

El recordar hacia adelante –en eso consiste la heurística de lo futuro- y ello será más que "otro presente" banal, que está un poco adornado tecnológicamente. Las cosas tendrán que ser mejores, más justas, más hermosas y más sostenibles que en nuestro futuro prerecordado, y como todo trabajo de recuerdo, también aquel referido al futuro será un montaje ingenioso y creativo de diferentes elementos, de visualizaciones y *flashbacks*, de errores y correcciones, de intentos y equivocaciones.

Las utopías se vuelven peligrosas si alguien se pone a elaborar un *masterplan* para poner en práctica directamente lo que parece deseable. Los masterplanes sociales siempre tienen la desventaja de que existen individuos y grupos que no quieren o no pueden aceptar las ideas respecto a la felicidad que se desprenden de la utopía –o que, al revés, la correspondiente teoría de la felicidad de la humanidad tenga como condición obligatoria que primero deban eliminarse algunos grupos o personas individuales porque, lamentablemente, obstaculizan la organización perfecta del mundo. Las dos grandes utopías *masterplan* del siglo XX, el comunismo y el nacionalsocialismo, han costado la vida a un par de cientos de millones de seres humanos, en uno de los casos, para acelerar el ocaso teóricamente determinado de "las clases en extinción", en el otro caso, para ayudar un poco a "las eternas leyes de la naturaleza" y esclavizar o exterminar a las "razas inferiores". La historia ha demostrado que la "realización de lo utópico" (Hans Mommsen) no se deja amedrentar ni por contradicciones teóricas ni por equivocaciones: cada deseo, cada teoría, cada ser pensante puede ser clasificado dentro de la categoría de las cosas que deben ser obligatoriamente eliminadas. El fascismo, al igual que los diferentes tipos de juego de los experimentos comunistas sobre la felicidad, desde Stalin, pasando por Mao hasta Pol Pot, ha demostrado que la escala de locura social está abierta hacia arriba.

Es decir que no puede tratarse de la puesta en práctica real de utopías sociales, si se reflexiona sobre la manera en que las sociedades como las nuestras podrían ser transformadas de tal modo que abandonaran la lógica de "calle sin salida" de la economía de crecimiento, e hicieran de la sostenibilidad y de la equidad de las generaciones sus principios básicos. Una vez más es necesario recordar en este punto que la revolución industrial trajo consigo no solo bienestar y posibilidades de consumo, sino que con el surgimiento de las sociedades burguesas, trajo también libertad, democracia, estado de derecho, servicios sociales, atención sanitaria, derecho a la educación.

Nada de eso tiene por qué ser recargado utópicamente; ya es un estándar civilizatorio conquistado en sociedades de nuestro tipo, y la búsqueda de la capacidad de futuro perdida también se fundamenta precisamente en que no se debe abandonar ese estándar. Por eso, una ecodictadura no sería ni deseable ni tendría la capacidad de funcionar, sino que en consecuencia, sería una tecnocracia sin fantasía, que sacrifica lo que dice salvar: un modelo de cultura digno de ser vivido y justo.

Es decir, la utopía del siglo XXI no está limitada ni tecnocrática ni autocráticamente; ya tiene mucho que quiere preservar, y tiene pensado asegurarlo primeramente no en el camino de la expansión, sino en el de la reducción. La utopía concreta significa civilización con menos; con menos material, menos energía, menos suciedad. Curiosidad, añoranza por otras cosas, deseos y sueños, sin embargo, de eso puede haber mucho *más*: son las verdaderas fuerzas productivas de lo futuro.

La elegancia de un futuro prerecordado de esta manera se basa en que no es necesario ni subordinarse a la aparente libertad de contradicciones de una construcción teórica, ni tampoco tener que elaborar penosamente planes derivados de él (de cinco o diez años). El futuro solo podrá ser alcanzado por un camino caracterizado por caminos equivocados y desvíos, por lugares intransitables, por buenos pasajes, subidas y bajadas, en pocas palabras, por cualquier cosa menos linealidad. No es un futuro para caracteres compulsivos, porque hay que comprenderse desde el principio como propenso a cometer errores, si se desea llegar a otro futuro, pues hoy día no sabemos todavía cómo sería un mundo moderno sostenible que fuera libre, democrático, seguro y equitativo sobre la base de una demanda de recursos que estuviera disminuida en un factor de cinco a diez en comparación a la actual. Como nuestro modelo cultural tiene características tecnoides y expansivas, solo sabemos algo sobre el aspecto tecnológico de un futuro así, apenas sin embargo sobre la formatización cultural del trabajo, de la movilidad, de la alimentación, de la vivienda, del tiempo en un mundo así. Lo que significa que solo conocemos el mundo según el plan A, todavía no según el plan B, C, D y E, etc.

Es decir que se diseña el próximo y en su caso, el subsiguiente paso a prueba y se comprueba cómo será el correspondiente resultado: si se puede continuar así o no. Es el momento de recordar la hermosa idea de la creación de energía a partir de biomasa: un camino equivocado desde el punto de vista social y estético, que no debería ser seguido, a ser posible. Por eso, la heurística de una modernidad sostenible es algo *utópico hasta nuevo aviso*, y por ello, conoce máximas de acción que son totalmente ajenas a la modernidad no sostenible: probar, interrumpir, dejar, reflexionar, hacer pausa. Lo que significa que ningún *masterplan*, sino que siempre se trata de un *patchwork* de diferentes experimentos: cuáles éxitos y problemas trae consigo la implementación de *cradle to cradle*[136] en la producción diversificada, cómo deben transferirse las formas de organización cooperativa a grandes estructuras de consorcios, cómo la movilidad reducida puede acoplarse a mejores servicios de salud y educación, cómo un sistema energético transformado promueve formas de participación transformadas, etc. Para todo ello hay ideas y en parte ya experimentos reales, pero todavía no existe una síntesis social. Nadie sabe tampoco qué contradicciones inmanentes tendría que soportar una síntesis así; por ejemplo, se exigirá la famosa desaceleración con beneficios para muchos ámbitos vitales, pero seguramente no para la protección ante las catástrofes, para los bomberos o para la medicina de casos de urgencia.

El camino hacia una modernidad sostenible es un camino de velocidades bien diferentes, pero ese no es un problema básico. También la primera revolución industrial fue un proceso altamente asincrónico –el aumento de productividad en la producción de acero o la velocidad de la urbanización, por ejemplo, estaban muy por delante de la disolución de tradiciones; sus ritmos temporales estaban muy atrasados respecto a los requerimientos de sincronización del trabajo de fábrica, por lo que el trabajo industrial fue durante mucho tiempo, al comienzo, un proceso de disciplinamiento fuerte y violento.[137] Hasta el día de hoy no se sabe exactamente si la filosofía sigue con atraso a la transformación del mundo, es decir, si el búho de Minerva de Hegel *siempre* inicia su vuelo recién a la madrugada, o si a veces el pensamiento no está muy por delante de las transformaciones reales y les abre camino. Y aparte de eso, las infraestructuras construidas tienen ya tiempos propios muy diferentes. Un sistema de canalización y un sistema de transporte tienen una fuerza más grande de permanencia que un sistema universitario, una infraestructura cultural de servicios otra que una médica. Por eso, la transformación, sea como fuere, será contradictoria, no homogénea, asincrónica. Una forma de combinación de la que aun no conocemos la apariencia.

De todas formas, nuevamente con la perspectiva puesta en la historia, no se trata de qué tipo de revolución desarrollará el efecto más sostenible, si aquellas que ya fueron comprendidas por los contemporáneos como tales y fueron provocadas intencionalmente –el tipo de la *revolución política*, como por ejemplo, la francesa o la rusa. O el tipo de revolución formativa que transformó de forma profunda la faz de los estados y finalmente, de todo el mundo, y sin que la trascendencia fuera notada *in actu* por los coetáneos.

---

[136] N. de T.: En inglés en el original: de la cuna a la cuna. *Cradle to cradle* es una manera de idear, diseñar y producir de forma que los elementos que componen los productos puedan ser plenamente reutilizados y reaprovechados.

[137] Thompson, Edward P.: *Die Entstehung der englischen Arbeiterklasse*, Frankfurt am Main, 1997.

Considerado desde el punto de vista histórico, mucho habla a favor de que la transformación sucesiva y no la abrupta de las formas de producción y de consumo es más efectiva y duradera[138] –lo que, por lo demás, es otro argumento contra la presión del tiempo expresada por los investigadores del clima. En total, sin embargo, en el camino hacia la modernidad sostenible, no se precisa un *masterplan*. Por el contrario, en este caso, el camino ya es la utopía que mostrará cuán productivo es arriesgar errores si se posibilita sistemáticamente la reversibilidad, cuán razonable es considerar la experiencia como útil *hasta nuevo aviso*, en total, comprender un respectivo *status quo* solamente como propuesta, no como afirmación de su existencia.

---

[138] Altvater, Elmar: *Das Ende des Kapitalismus, wie wir ihn kannten*, Münster, 2011, pág. 177.

Atención

Entonces, si no se quiere caer en la trampa en la que han caído las sociedades fracasadas, al intensificar las estrategias con las cuales fueron exitosas bajo condiciones normales, es necesario cambiar radicalmente sus máximas de acción: no eficiencia, sino atención, no rapidez, sino exactitud, no seguir adelante así, sino reflexionar, serían máximas para el camino hacia la modernidad reductiva.

Los psicólogos organizacionales Karl Weick y Kathleen Sutcliffe han investigado cómo las empresas pueden aprender a gestionar lo inesperado.[139] Para ello han analizado las así llamadas organizaciones de *high reliability*[140] –instituciones en las que el surgimiento de sucesos inesperados no solo puede tener consecuencias desagradables, sino también catastróficas. Ejemplos de ellos son las centrales nucleares, los portaaviones, los bomberos, los equipos de crisis que se utilizan en casos de tomas de rehenes, los protectores en caso de catástrofes, etc. El trabajo en ese tipo de organizaciones tiene como fin, sobre todo, que determinados sucesos *no* se produzcan –por lo que una serie de cualidades, que en otras organizaciones son consideradas valiosas, en este caso son problemáticas: cualquier forma de rutina es, por ejemplo, un problema, porque mina la sensibilidad en relación a problemas que se anuncian.

La experiencia es contraproductiva, porque lleva a que se considere un suceso antes de tiempo por algo que ya ha sucedido una vez, lo que entonces se considera y trata de forma habitual –un error a menudo mortal. La "experiencia en sí", escriben Weick & Sutcliffe, no sería motivo suficiente para tener conocimientos fundados, porque las personas muy a menudo hacen una y otra vez la misma experiencia y no aprenden de ello como para inventar algo nuevo a partir de esas repeticiones.[141] La experiencia puede

---

[139] Weick, Karl / Sutcliffe, Kathleen: *Das Unerwartete managen: Wie Unternehmen aus Extremsituationen lernen*, Stuttgart, 2003.
[140] N. de T.: En inglés en el original: de alta confiabilidad.
[141] Weick, *op. cit.*, pág. 29.

convertirse en trampa si algo parece ser un suceso que uno conoce, pero en realidad es algo bien diferente –la tragedia del Challenger sucedió precisamente de esta misma manera, al igual que el accidente nuclear de Chernóbil.

Las experiencias son útiles cuando las circunstancias son parecidas a aquellas en las que uno hizo las experiencias –para la evaluación correcta de sucesos sin precedentes, las experiencias, por lo contrario, por lo general inducen a error. También los planes se desarrollan por fechas y transcursos que uno ya conoce y por eso, a menudo tienen el efecto fatal de pasar por alto los requerimientos y tareas que en realidad habría que abordar para dominar un problema inesperado. "La búsqueda ilimitada de previsión mediante planificación e investigación puede tener consecuencias peligrosas. Supone un índice de entendimiento que es imposible de alcanzar si se está enfrentado a circunstancias inseguras y dinámicas. Transmite a los involucrados la ilusión de que tendrían todo bajo control, y los enceguece para la muy real posibilidad de una evaluación errónea."[142] Para el manejo de lo inesperado, sobre todo es importante desarrollar sensores para algo que se está anunciando o delineando que excedería de inmediato el tratamiento rutinario, es decir, de eso se trata el desconfiar de la experiencia y volver a revisar siempre de nuevo las cosas.

Y también se trata de no reaccionar ante lo inesperado con recetas "exitosas" en el pasado, sino de reunir lo más rápidamente posible las competencias más variadas que puedan aportar a una descripción y análisis acertados del problema. Pues a menudo lo que falta es reconocer cuál es el problema al que nos vemos enfrentados realmente.

Por eso, una cultura de la atención ("*mindfulness*"[143]) no clasifica todo lo que se le aparece ante la vista de inmediato en categorías de lo ya conocido y sabido.

La atención significa un control y revisión permanente de las expectativas existentes y además, una atención acrecentada ante posibles errores y divergencias; en resumen, un aprendizaje permanente en un entorno que se encuentra en constante transformación.

---

[142] *Idem*, pág. 86.
[143] N. de T.: *Idem*: atención o conciencia.

Pensar por sí mismo: Instrucciones para la resistencia

Monumento a la atención: portaaviones.

La atención no es otra cosa que la actualización constante de sus observaciones e interpretaciones, pero lo que suena tan simple tiene como condición un cambio de paradigma en las prioridades según las cuales uno actúa: de la misma forma en que la experiencia es un obstáculo y los planes son problemáticos, los errores no son considerados como algo malo, sino como fuente muy importante de información, información sobre qué camino podrían tomar las cosas. Mientras que el comportamiento normal busca evitar errores y si han tenido lugar, ocultarlos dentro de lo posible, en este caso, el error es considerado como algo muy valioso; es así que los empleados que llaman la atención respecto a errores cometidos, en las organizaciones de *high reliability*, no son acosados, sino distinguidos con premios.

"La atención se basa en el reconocimiento" –escriben Weick & Sutcliffe– "de que el conocimiento y el desconocimiento crecen juntos. Cuando uno aumenta, lo hace también el otro. Las personas atentas aceptan su propio desconocimiento y se esfuerzan mucho por descubrir sus brechas, pues saben muy bien que cada nueva respuesta plantea una cantidad de preguntas. El poder de una orientación atenta se basa en que desvía la atención de lo esperado a lo irrelevante, de las referencias confirmatorias a las pruebas en contra, de lo agradable a lo desagradable, de lo seguro a lo inseguro, de lo explícito a lo implícito, de lo fáctico a lo probable, y de lo coincidente a lo contradictorio. La atención y la actualización contrarrestan los muchos ángulos muertos que se desarrollan en la percepción cuando las personas confían demasiado en sus expectativas".[144]

La objeción que lo está poniendo a usted muy impaciente ya desde hace algunos párrafos, dice naturalmente, ¿en qué mundo vive ese tipo en realidad? ¡Mientras que nosotros ahora, muy distendidos y felices, nos ponemos en camino para experimentar una cultura de la atención, el resto del mundo lamentablemente va en dirección contraria y destruye cada hora más de lo que podemos salvar en años! Sin duda que esta objeción es correcta, pero tiene una desventaja: no se deduce nada de ella. Pues en primer lugar, el resto del mundo tampoco hará nada diferente si nosotros seguimos como hasta el momento; incluso, puede seguir haciéndolo mucho más tranquilo, si otras posibilidades se dejan sin probar y sin mostrar. La modernidad sigue siendo entonces exclusivamente una posibilidad sin aprovechar.

Y en segundo lugar, en el caso de una decisión diferente que tenga que ver con cómo uno desea vivir, se orientaría por lo que hace el resto del mundo. Pues usted no piensa ni un segundo en "los chinos" o "el indio" cuando ordena un auto, reserva un vuelo en avión, contrata un seguro, se compra una casa o busca una escuela para su hijo. Pues todas esas son decisiones de diferente trascendencia, en ninguna el resto del mundo juega el más mínimo rol. ¿Por qué entonces lo haría precisamente allí donde de lo que se trata es de ir en la dirección en que está el futuro?

Finalmente, ¿qué le incumbe realmente el resto del mundo? El día de su nacimiento no hubo una forma luminosa al lado de su cuna que le encomendara con voz hueca la misión: "¡Lars, has llegado a nosotros para salvar el mundo!" ¿Por qué argumenta entonces, como si ese fuera el caso? Es suficiente si usted asume la responsabilidad por sus propias acciones. Es decir que, en general, el resultado es una vez más que no hay ningún argumento plausible para no hacer nada. La falta de un *masterplan* le da a usted incluso la libertad de cometer errores y tener fracasos, e incluso de experimentarse a sí mismo como alguien que no se toma a mal los errores. El futuro será más abierto de lo que es de momento. Una oferta atractiva.

---

[144] *Idem*, pág. 57.

Sin *masterplan*

Sin embargo, la falta de *masterplan* tiene también una desventaja considerable. Desde el punto de vista histórico, las grandes ideas despliegan dinamismo si prometen un mundo mejor con cierta plausibilidad y entusiasmo: apelan al sentimiento y a la identidad. Ello vale de la misma manera para la "comunidad nacional" de los nazis, como para las promesas de liberación de la represión, esclavitud e injusticia que ofrecían las utopías socialistas. También la relativa concordia con la que el sistema económico capitalista se expandió en el mundo desde 1989, lo dice todo sobre los buenos sentimientos que logran desplegar los mundos de atracción consumista. La promesa de *más* bienestar, *más* participación, *más* servicios, *más* confort que ofrece el capitalismo no es pues vacía, sino que se refleja en el mundo vivencial concreto de los grupos ascendentes en los países ascendentes. Al igual que se ha reflejado en los mundos vivenciales de Europa occidental en los pasados decenios: yo gano diez veces más de lo que ha ganado mi padre, vivo en el doble de la superficie habitable, he visto veinte veces más del mundo. Según nuestro modelo cultural, el progreso vivido y experimentado no es una quimera.

Sin *masterplan*, uno no tiene casi nada para contraponer a esta promesa hasta ahora cumplida de progreso expansivo. Lo emocionalmente sexy de la exhortación: "¡Tengamos menos de todo!" es muy limitado en una cultura en la que cada fibra está calibrada hacia la expansión. Allí se encuentra la debilidad de la caja de experimentación modular para una modernidad sostenible que yo tengo para ofrecer. Sin embargo, parece una oferta bastante poco atractiva.

Pero, ¿una historia se convierte en poderosa porque tiene la realidad de su lado? ¿O se vuelve poderosa si los deseos y los sueños respecto a otro futuro mejor constituyen su impulso? Si eso fuera así, y hay bastante a favor de que lo sea, la vieja historia que el mundo occidental relata sobre sí mismo hace tiempo que ha perdido su núcleo emocional, su energía de deseo. Pues ya tenemos todo lo que hemos soñado desde el punto de vista material. También ya hemos estado en todas partes. Y podemos ir a todas partes. Así como a partir de cierto nivel ya no es posible aumentar la felicidad mediante el agregado adicional de dinero y de mercaderías, de la misma manera, los deseos y los sueños también experimentan una cierta saturación cuando la realidad los sobrepasa. Si mi auto soñado del juego de mi infancia *Autoquartett*, el Ferrari Daytona con su velocidad máxima de 280 km/h es manejado realmente en una autopista alemana por el futbolista soñado Guenter Netzer y pudiera ser visto haciéndolo, entonces, en ese sueño hecho realidad, quedaría mucho por desear: convertirse en un deportista de punta, conducir un Ferrari, ser rápido. Si hoy un don nadie millonario mete en su garaje un Bugatti Veyron con capacidad para manejar a 400 km/h, porque no se puede manejar al máximo en ninguna autopista del mundo, lo soñado falta totalmente (y más aún, porque el objeto es fabricado por la Volkswagen).

Y si en los años 1960 se consideraba como algo especial el viajar a España, Egipto o incluso Sudamérica, hoy día es la norma más común, y en el modo *all inclusive* da completamente lo mismo si uno se toma los *drinks* gratis en un bar de la playa de la República Dominicana, en Mallorca o en Sri Lanka. Las conversaciones de los vacacionistas en los trenes al retornar de vacaciones, están entonces de acuerdo con lo anterior: cómo estuvo la comida, las "instalaciones", el tiempo. También la industria del turismo ha sobrepasado hace mucho los mundos deseados; hoy día, si uno quiere a toda costa, puede subir al Monte Everest o hacer *rafting* en el Gran Cañón del Colorado en los Estados Unidos. Ningún deseo no cumplido, en ninguna parte.

El hecho de que la mayoría de los deseos y sueños de los años del milagro económico sean sobrepasados y vaciados de sentido por la realidad, queda demostrado también mediante la curva de innovación radicalmente descendente de las industrias del sueño de otrora: hace mucho que me pregunto *por qué* los astronautas vuelan a esa estación espacial mundial que orbita allí por razones inexplicables; ¡si no es nada comparado con aterrizar en la luna! O por qué la fantasía de las sociedades neo ricas no llega más lejos que construir un edificio *todavía más alto* –¡de todas maneras, jamás alcanzará al contenido de deseo que representa el Empire State Building o el Chrysler Building! ¡O por qué los autos y aviones simplemente se vuelven *más grandes* en lugar de algo bien diferente! ¡O por qué un estado desértico tan grotesco no tuvo mejor idea que transformarse en un trasfondo *kitsch* en forma de palmeras, teniendo todo el dinero del mundo para hacer algo interesante de una vez por todas!

Todo eso solo es ya economía sin milagros. Y ahí estamos exactamente donde se ve con toda claridad que la cultura expansiva ya no tiene nada que ofrecer –la única invención relevante de los últimos cuatro años que ha traído fue internet y la comunicación móvil. Todo lo demás es la modernidad de ayer, alentado por ingenieros con poca fantasía hacia el sinsentido libre de emociones. Sin ninguna belleza. *Kitsch*.

No es casualidad que la industria soñada por excelencia –Hollywood– solo tenga distopías para ofrecer cuando mira al futuro, *I am legend*, *Inception*, *The road*[145], son apoteosis de futura soledad. Y cuando se trata de aventura, todas tienen lugar en el pasado, en los *Pirates of the caribbean*[146] o en los años 1930 con *Indiana Jones*, cuando desear todavía servía para algo. Entremedio, solo comedias aburridas que duplican el presente mortalmente aburrido. El *glamour* es una categoría de anteayer, y nadie fue más realista que Andy Warhol con su pronóstico de que en algún momento todos serían estrellas, por quince minutos.

No sé a dónde se sueñan los adolescentes hoy día, pero puedo imaginar que su horizonte de deseo ya se alcanzó en DSDS[147]. Y el escapismo de la industria de los eventos que, con las montañas rusas, los *bungee-jumping* y todo tipo de *climbing*[148], etc., atiende las así llamadas necesidades extremas, es de tal manera un espejo de la sociedad competitiva, que uno se pregunta por qué en realidad a ninguno de los que andan por ahí colgando cabeza abajo le llama la atención. Como si no pudieran imaginarse algo mejor.

Idiotas de tiempo libre.

---

[145] N. de T.: En inglés en el original: *Soy leyenda* (2007), terror de ciencia ficción postapocalíptica. *El origen*, ciencia ficción. *La carretera* (2009), ciencia ficción postapocalíptica.
[146] N. de T.: Idem: *Los piratas del Caribe*.
[147] N. de T.: Reality show alemán de la TV: Alemania busca el Superstar.
[148] N. de T.: Escalada, montañismo.

A mí me parece que son precisamente los sueños del siglo XX los que envejecieron en el siglo XXI. El mundo soñado del SIEMPRE TODO, se volvió real en los países tempranamente industrializados y el hechizo se ha roto de tal modo que los proveedores solo pueden servirles colocando en el mercado sus productos en ciclos cada vez más cortos. Lo que era sueño, al cumplirse, se convirtió en adicción. Cuando se tiene deseos, lo único que sirve todavía es aumentar la dosis.

Pero, ¿qué historia debería contarse sobre eso? Que ahora se posee el "Samsung Galaxy SIII" no es una historia. Y uno de esos viajes de vacaciones solo vale la pena contarlo cuando no sale ningún avión a causa de un volcán islandés y uno tiene que pasar la noche en la sala de embarque del aeropuerto. Todavía menos temas para contar ofrecen los fines de semana en los gulags de los spas. El problema es que ya no existen los deseos si uno puede tenerlo todo, no más sueños, si uno puede ser todo. Y nada para contar si se experimenta todo.

Ese es exactamente el punto de partida si uno comienza a contar otra historia sobre sí mismo y el futuro: cómo es posible, en este universo sin secretos y de satisfacción de las necesidades en cualquier momento, volver a descubrir nuevamente la autonomía y el futuro. Cómo no siempre ya se ha llegado, sino que se pone en camino. Cómo no todo está pronto y terminado, sino que tiene que ser encontrado. Cómo no se es más producto sino creador. En pocas palabras, cuando uno empieza a contar una historia sobre sí en la que uno aparece. Historias de ese tipo son (y lo fueron siempre) historias de resurgimiento, de comienzos, de descubrimientos, y trataban de encuentros inesperados en el espacio y en el tiempo. Las novelas de aventuras y de formación tienen la característica en común que sus protagonistas se transforman ellos mismos poniéndose en camino. Al final, se han vuelto otros, y eso es lo verdaderamente tentador. Nunca antes las historias de partida eran tan atractivas como ahora en el presente atemporal y sin trascendencia. La regla básica proviene de Henry James: solo vive aventuras quien sabe contarlas.

Arte de vivir, pronto ya[149]

Su taladro se ha roto. Entonces, usted se sienta delante de su ordenador y clickea otto.de[150]; quiere que le muestren la oferta actual. Pero para su gran sorpresa, no le muestran ningún producto después de haber ingresado "taladro" en el buscador, en lugar de eso, le preguntan: "¿Por qué quiere comprar un nuevo taladro?". Sorprendido, usted contesta: "Porque el mío está defectuoso." Próxima pregunta: "¿Cuál es el defecto? Probablemente pueda solucionarse." A su respuesta de que el aparato ya no hace nada, otto.de le da una serie de direcciones: "Le recomendamos los siguientes electricistas cerca de donde vive que trabajan como socios contractuales con Otto. ¿Quiere usted que establezcamos un contacto con un técnico?" Usted responde: "¡No! Muéstreme productos, por favor." Entonces, tal como usted esperaba desde el principio, por fin le muestran todos los taladros disponibles.

Uno muy nuevo de Bosch tiene muy buen aspecto, un martillo perforador con mucha potencia, y además, un modelo de muy poco ruido y eficiencia. 319 euros. Y bueno, uno no compra algo así todos los días. ¿Es decir, comprar? Comprar. Pero en lugar de colocar con un click el aparato en el cesto de mercadería, otto.de vuelve a preguntarle algo: "¿Cuántas veces por año utiliza su taladro?" Usted reflexiona. Buena pregunta. Y, unas cuatro a cinco veces deben ser. De a poco, siente curiosidad sobre lo que vendrá a continuación. Otto le informa: "Nuestras asesoras y asesores opinan que con la frecuencia con que usted utiliza la máquina, no vale la pena comprar una. En su vecindad, una persona ha comprado recientemente la misma y se ha hecho registrar como prestador. Usted puede tomar prestada la máquina con él." La cosa se pone cada vez mejor, piensa usted. ¿Quién estaría dispuesto a prestar su taladro? "¿Usted quiere elegir esa opción? ¿Desea el contacto?" Claro

---

[149] La idea para la historia que sigue proviene de la agencia de la ciudad de Wiesbaden (Alemania) Scholz & Volkmer (www.s-v.de). Mi agradecimiento a Christian Daul, Peter Post y Michael Volkmer.
[150] N. de T.: Página web de un gran almacén (cadena) en Alemania.

que usted desea el contacto, ahora más todavía, por curiosidad. Otto le cobra 3,95 euros por la intermediación, un precio justo. Y ofrece buscar la máquina defectuosa sin costos. Usted ha ahorrado 315, 05 euros. Y una carga menos. En la pantalla aparecen los datos de contacto del prestador ¡Näumann! Me lo había imaginado, piensa usted, si ese igual tiene de todo. Pero qué bueno, hace tiempo que quería volver a conversar con él. Tiene una esposa tan simpática. Usted clickea en "Finalizar". En la pantalla aparece: "¡Muchas gracias por haber consultado a Otto! Por lo demás, los clientes que tampoco compraron el taladro que usted quería, tampoco compraron los siguientes artículos: destornillador a pila Bosch PX17, amoladora angular Black & Decker WS 34/3; valija para herramientas Konfix XL."

¿No está mal el cuento, verdad? Se adecua a un mundo que no usa su inteligencia para multiplicar productos, sino que para su uso: inteligencia social. El efecto colateral: usted no solo ahorró más de 300 euros, sino que mantuvo su mochila ecológica bastante más liviana al no consumir que si hubiera comprado innecesariamente esa máquina *chic*. Y sobre todo: volvió a visitar a los Näumann. Claro que no había duda de que podía pedir prestada la máquina, pues él se había registrado como prestador. Pero además, tomaron juntos unas copas de vino. A la segunda botella, usted decidió sin más hacer de su vecindario una micro-cooperativa. Junto a otra gente de la misma calle, usted constituiría un pequeño fondo común con el cual se comprarían una cortadora de césped, mangueras de jardín, escaleras y todo lo que se necesita *a veces*, y se pondrían a disposición como bienes comunes. Después de una fase de prueba en la que se investigaría la frecuencia de uso, usted puede a su vez hacer registrar su micro-cooperativa en otto.de para hacer participar oportunamente a otros usuarios de su maquinaria. Genial.

El modelo puede ampliarse a voluntad. Se puede hacer en casas alquiladas con máquinas de lavar, con máquinas lujosas de café que un solo usuario no podría permitirse, con autos, bicicletas, motos, *segways*, carpas, lo que usted quiera. De esa manera, los bienes de consumo se convierten en bienes comunes, se ahorra dinero, lugar y material y no solo se recibe lo que se necesita, sino que también se forma parte de una sociedad que antes ni existía. Los comerciantes "E" como Otto ya pueden orientar hoy día su modelo de negocios hacia eso. Ellos ganarán menos con los productos, pero a cambio, ganarán más por el asesoramiento, intermediación, servicios de reparaciones, y retiran los aparatos y los llevan al próximo usuario. Los comerciantes de internet capitalizan la inteligencia social de los usuarios.

Pensar por sí mismo: Instrucciones para la resistencia

Givebox Hartmut Wild, Sarah Moeller y Victoria Pomsel estudian asistencia social en la academia profesional de Gera, Alemania.

Arte de vivir, veinte años después

Estaríamos en el año 2033. Ya hace veinte años, mediante la rápida expansión de modelos de *carsharing* y *giveboxes*[151] [152], en las ciudades se había anunciado el cambio de paradigma de poseer a aprovechar, que hoy está en plena marcha: entretanto es considerado *cool*[153] solo tener tanto como es necesario y tan poco como sea posible. Es el *lifestyle*[154] del desprenderse (en neoalemán LORAF = *Lifestyle of Relief and Fun*[155]): lo que *no* se tiene, no requiere espacio, lo que *no* se tiene, no puede ser robado, lo que *no* se tiene, no es necesario mudarlo, lo que *no* se tiene, no cuesta nada. Al revés, el *tiempo de uso* de cada producto aumenta por su utilización social. Ahora se tiene mucho menos: la cantidad promedio de productos que posee cada alemán ha disminuido de diez mil en el año 2012 a cinco mil hoy día. El consumo de material, de todas maneras, ha caído a la mitad, la cantidad de emisiones lo mismo. La diversión se ha duplicado, el tiempo disponible ha aumentado: uno no pierde más tiempo en decisiones de consumo. El modelo cultural significa arte de vivir. El adjetivo correspondiente, liviano.

Las microcooperativas como la que usted fundó en aquel entonces con Näumann, son naturalmente solo un pequeño elemento de una práctica cultural mucho más fácil en general. La mayoría de la gente trabaja menos hoy. Claro porque el retroceso de la producción requiere mucho menos mano de obra y de tiempo. A diferencia del capitalismo tardío, el progreso de la productividad ya no conduce hoy a la reducción de puestos de trabajo, sino a acortar el tiempo de trabajo. Muchos ocupados trabajan solo media jornada actualmente; por supuesto que solo ganan la mitad, lo que sin embargo, casi

---

[151] N. de T.: En inglés en el original: auto compartido y caja de dar, respectivamente.
[152] Existen "Cajas de Dar" (*Giveboxes*) de diferentes tipos y funciones: para libros que se ponen dentro y se sacan (*book crossing*), pero también para todo tipo de objetos de uso que pueden entregarse y retirarse sin costos.
[153] N. de T.: En inglés en el original: genial.
[154] N. de T.: *Idem*: estilo de vida.
[155] N. de T.: *Idem*: estilo de vida, aliviada y divertida.

no tiene efecto sobre el estándar de vida, porque en total, precisan menos dinero para el consumo. A pesar de que el legislador se ha preocupado de que por fin los costos externalizados durante tanto tiempo (como los del consumo medioambiental) sean calculados en los precios, y que muchas cosas cuestan más – especialmente aquellos productos con cadenas de creación de valor y de transporte largas. Pero a cambio, los productos con cadenas de creación de valor cortas, provenientes de la producción regional y de cultivos locales, son mucho más económicos hoy día, de manera que la pérdida de capacidad adquisitiva se mantiene dentro de límites soportables. El que quiere mandarse la parte al estilo de antes y puede permitírselo, aún compra artículos de lujo importados. Pero eso es considerado burdo y poco elegante.

A los productos del país se los considera livianos y atractivos, y también se sabe bajo qué condiciones se producen. Naturalmente que todavía hay mercadería industrialmente producida que no se puede hacer fabricar regional y razonablemente: televisores, ordenadores, teléfonos móviles, autos eléctricos, lámparas y luminarias, máquinas de lavar, taladros, todo lo que requiere gran industria para ser fabricado con bajos costos y de forma eficiente. Sin embargo, también en este caso, en muchos ámbitos, actualmente se produce de forma diferente que en la fase final del capitalismo: *cradle to cradle* empieza a imponerse en cada vez más aplicaciones industriales, por ejemplo, como material "*returnity*"[156] de la empresa austríaca tradicional Backhausen.[157]

Muchos más recursos ya no abandonan hoy el circuito de la producción –consumo– ganancias-producción: chatarra y basura son categorías de ayer, cuando la cultura todavía era burda. Los advenedizos económicos del último decenio son los *repairs* y los módulos, las empresas de reparación con una organización altamente eficiente y *redesigners* que convierten productos en otros luego de su consumo. Se desarrollaron nuevas profesiones de capacitación: encargado de manutención, reparador, renovador, rediseñador, proveedor, *share trader*[158][159].

Todo eso se refleja en lo privado porque casi todos tienen más tiempo que antes, las bolsas de intercambio inmateriales se han extendido rápidamente: alguien te renueva el living y recibe a cambio la instalación de una *homepage*[160]; otro cuida a los niños y recibe a cambio la limpieza del jardín. En relación a las bolsas de intercambio, también se extendieron rápidamente las monedas regionales: solo tienen validez en un radio limitado y de esa manera acortan las cadenas de creación de valor. Aquellos negocios

---

[156] N. de T.: *Idem*: telas para forros.
[157] http://www.backhausen.com/ returnity.php
[158] N. de T.: En inglés en el original: operadores financieros.
[159] Paech, *Befreiung vom Überfluss* (*op. cit.*), pág. 133 y sig.
[160] N. de T.: *Idem*: página web.

que aceptan moneda regional eligen proveedores que permiten que se les pague en la misma moneda; sus empleados reciben parte de su sueldo también en la moneda regional. Las economías regionales pueden comunicarse con empresas organizadas en cooperativas –Niko Paech ya lo había resumido visionariamente en su época: "Abastecimiento local desmonetarizado, sistemas económicos regionales sobre la base de monedas complementarias sin cobro de intereses y como categorías residuales a minimizar, se podrían combinar los servicios de la división del trabajo global para satisfacer las demandas restantes después de agotar todos los potenciales de suficiencia de una manera lo más neutral posible en cuanto al crecimiento.[161]

Desde el punto de vista cultural, las transformaciones importantes de la micro y macroeconomía se reflejaron en un cambio estructural de lo público y de lo social que es espectacular: la nueva economía de la época, apoyada por modelos de tiempo de trabajo transformados e ingresos básicos sin condiciones han creado bienestar de tiempo. Así, no solo se dieron posibilidades ampliadas para el trabajo social auto organizado y para el propio trabajo, sino que a través de las redes sociales nuevamente más estrechas, también se posibilitaron reorganizaciones de públicos políticos locales. Hoy día, la gente considera mucho más los asuntos públicos nuevamente como *sus propios asuntos* y resuelven de forma comunal y por barrios sobre sus futuras estrategias de abastecimiento energético, de los servicios sociales o de la infraestructura del transporte público.

Todo eso no solo se hizo mano a mano con un cambio estructural del ámbito público social y político, sino también del espacio: cuanto más contacto volvió a tener la gente, y sobre todo, *quisieron* tenerlo, tanto más se reconquistó el espacio público. Mientras que las ciudades antes estaban organizadas y estructuradas en casi todos los aspectos por el auto y las infraestructuras relacionadas con él, la desaparición del tránsito individual motorizado condujo a recultivar el espacio público.

---

[161] *Idem*, pág. 119.

Harald Welzer

Arteria principal de tránsito. Salzburgo, calle St. Julien, reverdecida por fairkehr eV. el 30.5.2010.

Y cuando por primera vez empezaron a ser nuevamente usadas y ocupadas las plazas y las antiguas calles y cruces de tránsito, de inmediato surgió el interés por la planificación: las plazas con juegos, los *Speaker's Corners*, los escenarios, los lugares con carpas, los parques, reestructuraron la imagen de la ciudad. En París, ser *dandy* se puso de moda otra vez: en verano, gente con ropa cara volvió a llevar a pasear a langostas y tortugas. El cambio estructural del espacio condujo a una increíble transformación del ruido ambiente de las ciudades: ruido *bio* en lugar de ruido de transporte.

Y en lo que respecta a la movilidad, se vuelve a inventar en el momento. Los flujos nacionales e internacionales de mercadería se redujeron, porque se transporta menos; mucho más cosas que antes se mueven por tren, sobre todo sin embargo en los ríos, canales y por mar. También los viajes turísticos y de negocios hoy día se hacen casi exclusivamente por barco, que son impulsados de forma híbrida con células de combustible en base a nitrógeno y sistemas de velero.[162] Claro que los viajes demoran mucho más que antes pero no importa, porque uno puede permitírselo. Pues hay tiempo suficiente de nuevo.

---

[162] Rammler, Stephan: Die Geschichte der Zukunft unserer Mobilität. En: Harald Welzer/Klaus Wiegandt (Hg.): *Perspektiven einer nachhaltigen Entwicklung. Wie sieht die Welt 2050 aus?*, Frankfurt am Main, 2011, pág. 14–39.

Eso ha llevado a que los períodos escolares en Alemania hayan sido prolongados nuevamente. La tontería con el liceo de ocho años se echó atrás, lo que se unió a una reforma básica de la escuela: el sistema de clases fue abandonado a favor de un sistema de unidades de aprendizaje en las que, por ejemplo, los chicos de quince años dan clase a los de once y el personal de enseñanza se ocupa sobre todo de la asistencia individual a alumnos y alumnas. El modelo de Potsdam[163] introducido a nivel de todo el país, prevé que para los chicos de trece a dieciséis años ya no haya clases regulares en la escuela. Trabajan, aprenden, construyen y discuten en internados rurales y prácticamente organizan su cotidianidad escolar ellos mismos.

Y por último, en sorprendentemente poco tiempo, la democracia se ha modernizado y revitalizado. Sobre todo mediante las nuevas infraestructuras de abastecimiento de energía y las microcooperativas, se desarrollaron culturas participativas que primero llegaron a nivel local y después cada vez más a nivel nacional. El descentralismo de la cultura de servicios también llevó a un cambio estructural de lo político: los beneficios de la economía energética se mantuvieron en el lugar mismo y condujeron a más posibilidades directas de configuración de las comunas y municipios, muy empobrecidos en el cambio de milenio. Ello condujo a una mayor diversidad de las culturas locales y a un renacimiento del compromiso ciudadano. Las piscinas ya no se cerraban, sino que se sanearon ecológicamente; los hogares para la tercera edad se unieron a las guarderías para niños[164], las localidades lejanas se conectaron mediante cooperativas de transporte[165], las conexiones de internet también forman parte de los servicios públicos establecidos por ley, así como las posibilidades de participación en eventos públicos, asambleas, etc.

Ya no existen los políticos profesionales. Esas personas especializadas que no sabían mucho más que usar el poder porque desde su juventud no habían conocido otra cosa que organizaciones del partido y por eso, bajo las condiciones actuales, son consideradas como socialmente no inteligentes, están por completo fuera de moda. De los asuntos públicos se ocupan personas políticamente comprometidas que solo son políticos además de la profesión principal o de forma temporaria si son diputados, o si dirigen un ministerio. La canciller actual ha dado gran importancia a poder retornar nuevamente a la ciencia, a más tardar, después de dos períodos legislativos. El cambio estructural de lo político ha creado más elementos de democracia directa a nivel comunal, pero por lo general, el sistema de la democracia parlamentaria

---

[163] Kegler, Ulrike: *In Zukunft lernen wir anders. Wenn Schule schön wird*, Weinheim, 2009.
[164] Grubenhofer, Elisabeth: *Eine Kita im Seniorenheim*, Kiliansroda, 2009.
[165] www.stiftung-intact.ch

ha demostrado ser tan robusto que tampoco requirió reformas estructurales en la modernidad sostenible.

Los que gozan de más prestigio en la modernidad sostenible son aquellos que llevan la vida más fácil desde todo punto de vista y que se comprometen más con el bien general. Y los que tienen las ideas más originales y aparentemente más imposibles son consideradas personas especialmente interesantes; no importa si fracasan, en tanto fracasen de manera elegante y con naturalidad. Probar y experimentar es considerado sexy, la auto ironía y la generosidad son consideradas como soltura, se admira el pensar por sí mismo. En Alemania, los índices de felicidad dan valores crecientes de continuo, a diferencia del resto del mundo, que mira a ese país con una mezcla de admiración e incredulidad. Son justamente los alemanes los que a nivel internacional con considerados actualmente como las personas más distendidas; los chinos los consideran muy haraganes y el G20, como imposibles de integrar. Alemania ya no es invitada a las cumbres. "Puede suceder", dice la canciller al respecto. "De todas maneras, no lo considero un evento democrático."

Por supuesto que tampoco en Alemania ha sido eliminada la desigualdad social, y existe todo tipo de prejuicios, estereotipos, conflictos, protestas –todo lo que forma parte de una comunidad vital. La vitalidad y la convivialidad siempre traen consigo roces, de lo contrario, no se podrían contar historias sobre sí mismo y sobre otros. No se han eliminado los chismes.

Esta historia no es tan mala, me parece, como para no poder contarla sobre sí mismo. De todas maneras, es mejor que la historia que podemos contar sobre nosotros en el presente del año 2013. Y cada uno de sus elementos puede seguir imaginándose, una cantidad ilimitada de historias sobre posibilidades para tener éxito.

Una historia no tan hermosa del año 2033[166]

En 2011, Steven Pinker publicó un libro muy interesante sobre "violencia" que –en total contradicción con la histeria sobre la seguridad actual en ese momento y con el mal augurio del desastre del siglo XX causado por el hombre (sobre todo la Primera y Segunda Guerra Mundial y el Holocausto)[167]– registraba un retroceso continuo del nivel de violencia en la perspectiva global.[168] Aunque brotes globales y puntuales de violencia extrema interrumpieron el proceso civilizatorio, los datos mostraron un retroceso uniforme de las cifras de víctimas de violencia, que estaba directamente relacionado con el nivel de formación, con la mayor igualdad de los sexos, sobre todo sin embargo, con una estatalidad desarrollada. Así, Pinker pudo mostrar que la cuota de asesinatos que en las sociedades no estatales ascendía a quinientas víctimas cada cien mil habitantes por año, a comienzos del siglo XXI, en Europa occidental, ascendía a una víctima por cada cien mil habitantes al año. Pinker incorporó sus datos en la teoría mucho más antigua del proceso civilizatorio de Norbert Elias, que ya había mostrado en los años 1930 que las consideraciones a largo plazo sobre procesos históricos conducían a resultados bien diferentes que concentrarse en sucesos que en el momento parecían erupciones de violencia de enorme magnitud, pero que en una perspectiva más amplia, ya no eran más que valores atípicos en una orientación de desarrollo mantenida básicamente hacia el menor uso de la violencia. Visto así, los aproximadamente cincuenta y cinco millones de muertos de la Segunda Guerra Mundial,

---

[166] Una variante de esta versión de futuro más larga y datada por un período pronosticado de cien años ya fue publicada en Heinemann, Paul & Grandits, Ernst, A. (Hg.): *2112*. Hildesheim u. a. 2012.

[167] El "holocausto" fue el asesinato planificado de aproximadamente seis millones de judíos por el régimen nacionalsocialista (nazi), que elevó a política de estado en Alemania una política biologística fundamentada en la ciencia. Además de los judíos europeos, fueron víctimas de esa biopolítica los discapacitados, los Sinti y los Roma (gitanos), los homosexuales y otros así llamados ajenos a la comunidad.

[168] Pinker, Steven: *Gewalt. Eine neue Geschichte der Menschheit*, Frankfurt am Main, 2011, pág. 90 y sig.

teniendo en cuenta una población mundial de cerca de 2,3 mil millones de personas (1940), no fueron más que un murmullo estadístico. Las guerras del siglo XX costaron la vida directa e indirectamente a alrededor de ciento ochenta millones de personas; ello representa el 3 % de todas las personas muertas en este siglo. En sociedades premodernas, la cuota de víctimas de violencia bélica ascendía a más del 13 %, de modo que podía hablarse de una reducción considerable de la magnitud de la violencia.

El libro de Pinker, que manifestó un gran optimismo en el futuro y estaba empíricamente bien fundamentado, dejaba, sin embargo, dos aspectos sin considerar: primero, que ya Norbert Elias había considerado posible procesos profundos de retroceso de la civilización, es decir que no pensaba que la dirección tomada por el proceso civilizatorio fuera irreversible; y en segundo lugar, que el retroceso empíricamente bien comprobable del nivel de violencia tuvo lugar entre habitantes del mundo cuyo estándar de vida promedio aumentaba continuamente. El mayor carácter pacífico estaba relacionado con un aumento del bienestar, y este se basaba a su vez sobre la expansión global del modelo económico capitalista que aseguraba el crecimiento del nivel de bienestar mediante un aumento de la productividad, posibilitado a su vez mediante un permanente aumento de la utilización de energía y del consumo de recursos.

Eso funcionó durante tanto tiempo como el planeta Tierra tuvo recursos solo para una parte relativamente pequeña de su población, recursos que alimentaban a esa máquina civilizatoria; cuando comenzó la así llamada globalización, que se basaba sobre todo en expandir en todo el mundo el modelo capitalista de la economía del crecimiento, se inició un proceso de rápida aceleración de la sobreexplotación de los recursos, que refutó el análisis históricamente correcto de Pinker mediante transformaciones reales, pues el proceso de la civilización transcurrido hasta entonces tuvo como condición una disponibilidad de recursos en principio ilimitada, que posibilitó el aumento del bienestar mediante crecimiento económico. En el momento en que ya no hubo suficiente para todos (y que surgió mucho antes del momento esperado, ya que había una buena vida asegurada para cada habitante de la Tierra), el proceso civilizatorio retrocedió y volvió la violencia.

Lenta e inesperadamente, todo el mundo se había convertido en una Isla de Pascua a gran escala,[169] pues al igual que ese pequeño laboratorio real para investigar el fracaso de las sociedades, el mundo globalizado no tenía un afuera del cual poder obtener los recursos necesarios para la supervivencia

---

[169] Jared Diamond atribuyó la decadencia de la cultura de la Isla de Pascua a la utilización no sustentable de la madera y a la consecuente erosión de los suelos, que llevó sucesivamente a que en algún momento no se pudiera asegurar la alimentación de la población. La estructura social empezó a diferenciarse, los clanes que quedaban comenzaron a batirse en una lucha

de los habitantes. Fue especialmente triste el que los habitantes de la Isla de Pascua y los pobladores mundiales globalizados tuvieran tres cosas en común: en primer lugar, no notaron a tiempo que sus condiciones de supervivencia habían cambiado radicalmente; en segundo lugar, no adaptaron su *praxis* cultural al cambio de sus condiciones de supervivencia; y por último, echaron mano a la violencia cuando los recursos se volvieron escasos. El proceso civilizatorio, que había sido anterior a la caída, tuvo como condición la disponibilidad global de suficientes recursos para mejorar estándares de vida; en consecuencia, el retroceso de la civilización tuvo, entonces, su causa en que los recursos se les acabaron a las personas a una velocidad creciente. Claro que no todos en igual medida y no simultáneamente. Pero eso no fue un consuelo. Simplemente hizo que casi nadie notara lo que realmente estaba sucediendo.

Una característica que contribuyó de manera extraordinaria al éxito de las comunidades de supervivencia humana desde el punto de vista de la evolución durante doscientos mil años, fue su capacidad realmente ilimitada de adaptación. Hoy día todavía, bajo condiciones de vida y supervivencia muy diferentes en comparación con el siglo XX, las personas se adaptan a las circunstancias que les proporcionan su medioambiente. Por eso, jamás existió el peligro de que "la humanidad" se extinguiera. Eso fue solo una fantasía narcisista del fin del mundo que atravesó la historia de la humanidad desde sus comienzos y que adquirió diferentes formas: desde el Apocalipsis de Juan hasta los escenarios del Fin del Mundo de la ciencia supuestamente secular de los siglos XX y XXI. Los escenarios eran narcisistas porque promovían la idea consoladora de que el mundo acabaría *in toto*[170], y que la humanidad desaparecería por completo. La finitud solo es amenazante para las personas en tanto se muere solo, mientras que todos los demás permanecen con vida. Si mueren todos, es la apoteosis de la propia vida: uno no se pierde nada si ya no está. Sin embargo, el verdadero fin del mundo lamentablemente demora bastante y afecta a las personas de forma tan diferente que la mayoría ni se da cuenta de que el Apocalipsis ya está teniendo lugar.

Y ese no darse cuenta de la decadencia es el reverso de la capacidad de adaptación del ser humano, tan práctica desde el punto de vista evolutivo; no encuentra un punto de referencia mediante el cual notar de forma automática: *ahora* ha cambiado algo de forma grave. Pues la percepción se reajusta constantemente para terminar en el resultado que se confirma de forma

---

absoluta. La experiencia insular, que no estaba sujeta a influencias externas, encontró su final en el hecho de que las personas empezaron a consumirse a sí mismas como último recurso. La mayor parte de los pocos que quedaron después de la guerra, fueron vendidos como esclavos por comerciantes peruanos en el siglo XVIII. (Diamond, *Kollaps* (Ver nota 6), pág. 62 y sig.)

[170] N. de T.: En latín en el original: en su totalidad.

continua a sí mismo: no hay peligro, todo está igual que siempre. El filósofo Guenther Anders ya lo había llamado "ceguera apocalíptica" en 1960, y además, había llamado la atención respecto a que los seres humanos, aparentemente omnipotentes, lamentablemente eran capaces de "fabricar" más, pero no de "imaginarse" más, de manera que se acumulaban riesgos sobre riesgos, pero solo en casos excepcionales eran capaces de prever las consecuencias a mediano o incluso largo plazo de su modo de actuar arriesgado. Tristemente, Guenther Anders tuvo razón: las catástrofes tecnológicas gigantescas como los incidentes de las centrales nucleares en Chernóbil (1986), Fukushima (2011) y en Temelin, Chequia (2015) no disuadieron a las personas de su insaciable hambre de energía, tan poco como a los adictos a la heroína de la aguja; y ni la falta de proteínas en aumento por la pesca excesiva en los mares ni la carencia desastrosa de agua y suelos aprovechables en algunas regiones del mundo llevaron a adquirir conciencia del Apocalipsis. Pues murieron solo los que murieron.

Los otros que tuvieron la suerte de vivir allí donde la carencia aún no era amenazante, siguen viviendo, incluso no pocas veces de forma lujosa, y por lo general, satisfechos. La población del mundo se dividió en ganadores y perdedores, y a medida que cambiaron las condiciones de supervivencia, se desplazaron también las condiciones sociales, y con ellas, las normas y opiniones sobre lo que era comportamiento correcto, erróneo, justificado e ilegítimo, bueno y malo. La disposición a ejercer violencia contra los perdedores, aumentó.

A comienzos del siglo XXI, los científicos de diferentes disciplinas alarmaron a la "comunidad mundial" respecto a que pronto se excederán los *planetary boundaries*[171], es decir, los límites de reservas de recursos que sirven para la vida, o que ya estarían más que excedidos.[172] Votaron a favor de mantener zonas seguras –por ejemplo, en lo que tenía que ver con un mayor calentamiento climático, con más sobreexplotación pesquera de los mares, o a un exceso de acidificación de los suelos- sin embargo, al hacerlo se toparon con el problema de que esto no era compatible con las demandas –en ese momento cada vez mayores a nivel mundial– por más bienestar, más movilidad, más consumo de carne, etc. En otras palabras, exactamente en el momento en que las perspectivas de tener asegurado lo suficiente para la existencia en el futuro se ensombrecía para todos los seres humanos, las sociedades en su conjunto finalmente tomaban el camino equivocado.

Y en el momento en el que mediante medios de comunicación modernos la visión de una comunidad mundial empezaba a volverse realidad, se vino

---

[171] N. de T.: En inglés en el original: límites planetarios.
[172] Rockström, *Planetary Boundaries* (*op. cit.*).

abajo. Infelizmente, la globalización económica se realizó bajo la condición de que la postulada "comunidad mundial" estaba estructurada por estados nacionales, lo que tuvo como consecuencia que cualquier orientación hacia el mantenimiento de los *commons*, es decir, de bienes comunes como por ejemplo el aire, los suelos, el agua, etc., fuera minada por intereses particulares que se fundamentaron desde el punto de vista de estado nacional o con las exigencias de consorcios multinacionales. Y lo que fue aún peor, por detrás de la cara políticamente visible de los gobiernos nacionales, hacía mucho que se había formado una autocracia económica. Constaba de un grupo de aproximadamente ciento cincuenta empresas, corporaciones económicas, sobre todo de la industria de las finanzas y del petróleo, que habían acumulado tanto poder que podían hacer arruinar o prosperar a voluntad las economías nacionales. En cinco años, de 2008 a 2013, lograron por ejemplo, arruinar una serie de economías europeas y organizar una redistribución gigante del patrimonio público al privado.

Esa autocracia económica actuaba a nivel trasnacional; por eso, ninguna estatalidad pudo detenerla.

Tras de la fachada de estatalidad nacional existente, tuvo lugar una reestructuración radical de las relaciones de poder en el mundo. Ni la ciencia política ni los electores se dieron cuenta de eso. Muchos políticos, naturalmente, tampoco.

La fatalidad histórica de inicios del siglo XXI se debió entonces a que las consecuencias de la sobreexplotación sin consideración de los recursos se globalizaron, pero el principio de la apropiación particular de beneficios provenientes de esa sobreexplotación se volvió más poderoso y amplio que nunca antes. Justamente, un principio económico que promovió el propio beneficio como ningún otro antes en la historia, se convirtió, y eso constituyó la verdadera ironía, en el principio económico de base para "un mundo", y en el que lo destruyó, coherentemente con ello. Y junto con él a los estándares que habían sido alcanzados después de las catástrofes del siglo XX: los derechos humanos –ahora solo valían de forma limitada y se escalonaban según las posesiones; lo mismo valía para el derecho electoral.

Las conferencias trasnacionales para el mantenimiento de la biodiversidad, de la desaceleración del calentamiento climático, del rescate de los océanos, que habían tenido lugar cada vez más entre los años 1970 y 2010, constituían todavía algo así como el folclore de una globalización que creía poder lograr una comunidad a nivel mundial. De hecho, se llegó a una *failed globalisation*[173], tal como lo había previsto el sociólogo Lars Clausen en el año de su muerte (2010).[174]

Lo que sucedió entonces –y de tal manera, que apenas alguien lo percibió de forma consciente- no fue el aumento de la conexión por redes en el mundo, tal como lo habían sugerido los "nuevos medios de comunicación" e internet, inventado algunos decenios antes, sino por lo contrario, la falta de conexión por redes a nivel de las situaciones problemáticas. En el espacio Índico y Pacífico, aumentaron las inundaciones, en el sur de Europa y en el África subsahariana, se extendieron los desiertos, en Mongolia se derritió el permafrost, en el Himalaya, se redujeron los glaciares.

Correspondientemente, las consecuencias sociales se volvieron cada vez más difíciles de prever: crisis económicas, conflictos fronterizos, cifras rápidamente crecientes de refugiados "ambientales" y "climáticos" condujeron a conflictos internos y entre estados.

La competencia por recursos tales como el agua, los suelos, las tierras raras, petróleo, gas, carbón, coltan, etc., se endureció y privilegió a aquellos que habían aumentado tempranamente sus gastos militares y disminuido sus escrúpulos respecto al uso de la violencia.[175] Un mundo que en épocas de la "guerra fría", que había dominado los tres decenios del siglo XX y que había estado atravesada por una única cortina de hierro, considerado *a posteriori*, parece casi idílico. Ya en el cambio de siglo, tanto los EE.UU. como Europa habían empezado a montar instalaciones para asegurar las fronteras y rechazar inmigrantes indeseados, así como para actuar con violencia brutal contra los refugiados. Instalaciones de ese tipo también se levantaron donde las sociedades emergentes del siglo XXI –China, Brasil, India– mostraban poca inclinación a dejar participar a otros de su recién adquirida riqueza. Estas separaciones gigantescas contra los "superfluos"[176], encontraron sus correspondencias a más pequeña escala en las *gated communities*[177], en las que los ganadores de la *failed globalisation* pusieron sus barrios y que hicieron defender con violencia rigurosa y sin tener problemas en hacerlo.[178]

Pues en muchos países, el mundo se asemejaba cada vez más a las *failed societies*[179] que ya eran así hacia fines del siglo XX. A causa de la estatalidad

---

[173] N. de T.: En inglés en el original: globalización fallida
[174] Clausen, L.: Wohin mit den Klimakatastrophen? En: Welzer, H. et al. (Hg.): Klimakulturen. Soziale Wirklichkeiten im Klimawandel, Frankfurt am Main, 2010, p 97-110.
[175] Welzer, Klimakriege (op. cit.).
[176] Bude, Heinz: Die Überflüssigen. In: Bude, Heinz /Willisch Andreas (Hg.): Exklusion – Die Debatte über die »Überflüssigen«, Frankfurt am Main, 2007.
[177] N. de T.: En inglés en el original: comunidades cerradas.
[178] Radermacher, Franz Josef /Beyers, Bert: Welt mit Zukunft: Überleben im 21. Jahrhundert, Hamburg, 2007.
[179] N.de T.: *Idem*: sociedades fallidas.

faltante o destruida y del monopolio estatal faltante de la violencia, el poder de seguridad o sancionador cayó en manos de actores privados encargados de la violencia: *warlords,* milicias, grupos paraestatales y empresarios privados violentos de diferente tipo. Las sociedades estatales que quedaron se habían organizado siguiendo el modelo chino y ruso, como autocracias, en las que los gobiernos de un partido o los militares regulaban las condiciones de violencia internas e interestatales. Sobre todo con el correr de las inestabilidades económicas crecientes que se consolidaron después de las dos primeras crisis financieras y económicas a comienzos del siglo XXI, los gobiernos democráticos o fueron reemplazados mediante elecciones o sustituidos por actores económicos no estatales (*troikas*), o simplemente autocratizados sucesivamente mediante leyes de estado de excepción, decretos-leyes, consejos de expertos.

Los principales teóricos políticos y filósofos, llamaron entonces a la "democracia" una forma de gobierno de buen tiempo, que solo funcionaría bajo condiciones de expansión y prosperidad, pero no bajo condiciones de crisis. Como sin embargo, entretanto dominaba una crisis permanente –económica, ecológica, social, política y cultural– los procedimientos democráticos a largo plazo y difícilmente calculables parecían ser demasiado complicados. ¿Por qué ponderar soluciones si su falta de alternativas era casi segura? ¿Por qué tener consideración por las minorías si de todas maneras no había suficiente para todos?

El fin de la seguridad organizada por el estado condujo finalmente a que aquellos que fueron definidos como "superfluos", "refugiados", "extranjeros para la comunidad", *de facto* podían perder su estatus como personas jurídicas y así no podrían acceder más a derechos civiles. El estatus como ciudadano del estado existía a diferentes niveles con diferentes derechos civiles. La clasificación se realizó por nacimiento, pertenencia racial, ingresos o bienes, o pertenencia a una clase social y estaba sometida a actualizaciones continuas.

Los consorcios dominantes y sus gobiernos tuvieron una ventaja que los gobernantes totalitarios del siglo XX no habían tenido: la vigilancia total de todos los ciudadanos, que sobrepasó ampliamente todo lo que los utopistas negativos del tipo de Aldous Huxley o George Orwell se habían imaginado. Pues no era necesaria una instancia *big brother*[180], es decir, un sistema de vigilancia desde afuera.

Las empresas como Google o Facebook que podían poner a disposición informaciones de todo tipo, habían establecido el sistema de vigilancia más genial y gigantesco de la historia de la humanidad hasta ese momento, pues

---

[180] N. de T.: *Idem*: gran hermano.

los datos necesarios los proveían los mismos dominados con sus constantes clics.

El fascismo con Facebook: eso fue la transparencia total, que simplemente surgió porque cada uno reveló tanta información sobre sí como había. Los perfiles de usuario que Google y Facebook armaron y cuidaron durante decenios, bajo la condición del fracaso de las democracias, era de un valor incalculable pero bien pagable, pues ahora no había ninguna instancia de control que hubiera podido limitar las demandas de información de las corporaciones neofascistas. Aún más, cada participante de la red se volvió un *stasi*[181] de sí mismo, ya que ninguna de sus palabras, de sus comunicaciones, de sus opiniones sobre gustos se perdió jamás, ninguna de sus evaluaciones quedó sin registrar, ninguna intención sin cubrir. Los proveedores de perfil de datos entregaban a los gobiernos de los consorcios todo lo que estos necesitaban para decidir de forma autónoma sobre criterios de pertenencia o no pertenencia. Fundamentaban esas decisiones con las preferencias de los usuarios, los satisfacían con trabajo y artículos de consumo o recomendaban diferentes caminos para hacerlos desaparecer. Eso no sucedió sin violencia en grupos más grandes, pero por lo general, tuvo la aceptación de las respectivas mayorías de la población.

De esa manera, dentro de los estados se produjeron las situaciones más disparatadas, el nivel de violencia aumentó considerablemente y el nivel de civilización logrado hasta comienzos del siglo XXI lamentablemente no pudo volver a ser alcanzado hasta el día de hoy. Además, los eventos climáticos extremos cada vez más frecuentes llevaron a explosiones de violencia, saqueos, etc., lo que a su vez volvió a aumentar la demanda de seguridad de los ciudadanos, que confiaron su protección a empresas privadas contra la violencia, a organizaciones de defensa de los ciudadanos o grupos de matones decididos a todo, y a bandas asesinas. De todas maneras, era útil si se estaba en condiciones de pagar a tales actores violentos. Todo esto se correspondió de modo negativo con que la violencia interestatal, sobre todo a causa de la competencia rápidamente creciente por las materias primas, se acrecentó. En 2025, el continente africano había sido dividido prácticamente por la mitad en un protectorado árabe y en uno chino; la población utilizable según los criterios funcionales fue diferenciada por grupos de estatus y derecho, lo que no influyó para nada en que el coltan, las tierras raras, el petróleo y prácticamente todo lo demás disminuyeran de forma creciente. A Norteamérica le había sucedido casi igual: la antigua superpotencia pudo mantenerse como unión hasta mediados del 2020; después de esa fecha, se

---

[181] N. de T: De "Staatssicherheit", los miembros de operaciones de vigilancia a los ciudadanos en la RDA.

sucedieron las guerras por la independencia de algunos estados federados en particular y confederaciones de los separatistas con Rusia, China e India. Los Estados Unidos se redujeron finalmente quedando una región central más bien museal consistente en los antiguos estados de la costa este, que gracias a gastos de defensa extremadamente altos, por lo menos aseguraron su territorio hasta el día de hoy. Ese territorio se encuentra al ciento por ciento en posesión de JP Morgan.

La Unión Europea, por lo contrario, había pasado mucho antes por un proceso de reducción comparable; en 2020, los países del Benelux, Francia, Escandinavia y Alemania conformaron una federación de estados y en consecuencia, se transformaron en el estado federalista Neuropa. Tampoco se pudo evitar la violencia en esa ocasión, pero en comparación con el crecimiento de la población mundial, que ascendía a nueve mil millones a mediados del siglo, la cifra de aproximadamente novecientos millones que fueron víctimas de las secesiones, colonializaciones, ataques terroristas y pequeñas guerras permanentes hasta el día de hoy, es aceptable. En cambio, los autócratas chinos, rusos e indios se vanagloriaban de que el orden mundial, nuevamente bastante estable, hubiera sido conquistado sin víctimas innecesarias y que de ahí en adelante habría comenzado la época de la paz final y se habría desarrollado una nueva cultura de la *global governance*[182].

De hecho, las normas sociales y las estrategias económicas se asemejan mucho en las tres sociedades, de manera que de momento, los conflictos violentos pudieron limitarse a las regiones. Por lo demás, países como Corea del Norte o Irán, ya desaparecieron en los años 2020 debido a los primeros ataques nucleares bajo mandato de las Naciones Unidas, de manera que ya no había "estados delincuentes", como se les llamaba entonces, que realmente hubieran podido ser peligrosos para las potencias establecidas. Y desde luego que bajo el supuesto de un conocimiento total sobre cada una de las personas, ya no había criminales. Eran sacados de circulación antes de que ellos mismos ni sospecharan que probablemente pudieran tener la intención de rebelarse contra o infringir algo.

A grandes rasgos, el mundo, hoy día, después de la rápida caída de los sistemas de ordenamiento occidental hasta el 2026 y del proceso radical de retroceso de la civilización, se encuentra en un estado de consolidación post-crítica. La gran destrucción ofreció también la posibilidad de un nuevo gran comienzo, y la mayoría parece satisfecha con esta organización racional del mundo, en el que los derechos de participación social están determinados de forma razonable y se evalúan regularmente. Cada uno según sus chances, cada uno según sus posibilidades.

---

[182] N. de T.: En inglés en el original: gobernanza global.

Harald Welzer

A pesar de que las materias primas siguen siendo escasas, desde que el paradigma de la sostenibilidad fue integrado al principio de la distribución desigual, se ha establecido un juego suma cero de la capacidad de futuro: si la utilización de los recursos amenaza con sobrepasar el *safe operating space*[183], se descubren grupos de consumidores que luego reciben menos o nada más, para que en el promedio de la sociedad alrededor del 20 % de los ciudadanos vuelvan a poder vivir de forma sostenible. Esa estrategia salomónica se llama oficialmente "sf5" (*sustainability factor five*[184]), pero en el lenguaje popular también se llama "la proporción áurea de la sostenibilidad". Tanto los gobernados como los gobernantes consideraban la forma de estado y de vida encontrada como deseable, justa y civilizada.

Su funcionalidad los pone a prueba, entre otras cosas, a través de que hoy, en 2033, ya hace un par de años que reina una paz mundial. Esta *global postwar era*[185] durará largo tiempo –todos los políticos e historiadores están de acuerdo con eso. Un observador que ya hubiera previsto todo esto a comienzos del siglo XXI, no lo hubiera considerado un desarrollo deseable. Pero si justamente no hubiera tenido la mala suerte de formar parte de aquellos que cayeron durante la reestructuración del orden mundial, se hubiera dicho: podría haber sido peor.

---

[183] N. de T.: *Idem*: espacio de operaciones seguras.
[184] N. de T.: *Idem*: sostenibilidad factor 5.
[185] N. de T.: *Idem*: era global post-guerra.

Una vida hipotética

¿Cuál de las dos historias le gusta más? Su evaluación dependerá exclusivamente de su fantasía moral; ambas historias son igualmente probables. Aquello que se convierta en futura realidad quedará determinado por lo que se haga hoy con las posibilidades dadas. Robert Musil, en su novela *El hombre sin atributos*, hizo la reflexión tantas veces citada de que no habría solo un "sentido de la realidad", sino también un "sentido de la posibilidad" –una capacidad, de "pensar todo lo que igualmente podría ser posible y no concederle más importancia a lo que es respecto a lo que no es."[186]

Ese es un pensamiento fascinante, porque tiene sus consecuencias; en cuanto se piensa en una posibilidad, aparece otra variante justo al lado de la realidad presente. Pero para que esta posibilidad reciba una chance de volverse realidad, tiene que haber más que un mero pensamiento. Requiere de la actividad de una persona con sentido de la posibilidad, pues, así escribe Musil: "No obstante, en el total o en el promedio permanecerán siempre las mismas posibilidades y se repetirán hasta que venga uno al que las cosas reales no le interesen más que las imaginarias. Este es el que da a las nuevas posibilidades su sentido y su fin y el que las inspira."[187]

En otras palabras, aun cuando a primera vista las cosas parecen exactamente al revés, el ser humano con sentido de la posibilidad demuestra ser mucho más práctico que el que tiene sentido de la realidad; en este último, las posibilidades de actuar son limitadas, porque su pensamiento está limitado por los parámetros de lo posible, mientras que las personas que poseen un sentido de lo posible, tienen por delante un espacio ilimitado de maneras alternativas de pensar y actuar. Ulrich, el protagonista de la novela de Musil, está equipado con un sentido de lo posible y decide vivir de forma "ensayista". Vivir de forma "ensayista" significa que uno se planifica dentro

---

[186] Musil, Robert: *Der Mann ohne Eigenschaften*, Bd. 1, Reinbek 1981. Hay traducción al español: *El hombre sin atributos*, trad. J.M. Sáenz, Barcelona, Seix Barral, 2004, Vol. 1.
[187] *Idem*, pág. 17.

de un posible futuro y al hacerlo, parte de supuestos que no han sido totalmente comprobados en cuanto a su veracidad. Uno empieza algo sin saber exactamente hacia donde irá exactamente."Aproximadamente, así como un ensayo trata un asunto bajo diversos puntos de vista a lo largo de sus capítulos –porque un objeto desentrañado pierde de golpe su volumen y se reduce a un concepto– así creía él poder mirar y tratar atinadamente el mundo y su propia vida. El valor de una acción o de una cualidad, (...) le parecían dependientes de las circunstancias que les rodeaban, de los fines a los que servían, en suma, del conjunto al que pertenecían, dispuesto unas veces de un modo y otras de otro."[188]

Vivir de forma ensayística requiere "una paradójica comparación de exactitud y vaguedad"[189] –se podría decir también que requiere pensar por sí mismo, ser muy hábil respecto de la realidad, unido a la curiosidad sobre lo que podría resultar de lo que se comienza pensando y actuando. Así como los actos sociales jamás están del todo determinados, porque su resultado depende de interdependencias e interacciones que no se dejan determinar de antemano, así se puede intentar, ante el trasfondo de un análisis, de una idea, de una suposición, de una conclusión, darle una especie de empuje a la respectiva constelación en la dirección que uno considera prometedora. Y luego, ver cuál es el resultado.

---

[188] *Idem*, pág. 250.
[189] *Idem*, pág. 246.

Fuerzas productivas del comienzo

El número de razones para no hacer *nada* es infinito. Ello vale, sobre todo, cuando la realidad en la que uno existe representa una zona de confort que no es tan fácil de dejar. Por eso, vale la pena ponerse en busca de aquellos motivos para actuar y para hacer que no tengan nada o muy poco que ver con la cultura expansiva, que son de origen más antiguo, pero que hoy día todavía juegan roles importantes en el mundo en que se vive. Pues como siempre, muchas exigencias de la vida siguen lógicas propias, y por eso, como siempre, hay reservas de conocimientos, rutinas y posturas que tienen un sentido propio y que no pueden transformarse en economía.

Por ejemplo, las relaciones que tienen las personas entre sí jamás son puramente utilitaristas. Junto a las finalidades e intenciones siempre se encuentran allí también aspectos que van más allá de lo puramente instrumental –así, por ejemplo, si una jefa no solo quiere que su gente haga lo que ella considera correcto, sino que además, desea ser apreciada también *como persona*. Las relaciones de reconocimiento no pueden ser sustituidas o, en todo caso, por momentos solamente, tal como lo mantiene la teoría tan singular del *homo oeconomicus*. La gente quiere ser apreciada, reconocida, y mejor aún, querida, y no por lo que tienen, sino por lo que son. Por lo general, pues, las posesiones, el poder y la significación solo son medios para obtener reconocimiento, lo que en una cultura concebida para la expansividad funciona muy bien. Eso, sin embargo, no debe confundirse con que un banquero especializado en inversiones se compre un Ferrari para *tenerlo* –lo compra como medio para obtener reconocimiento por lo que cree ser. El Ferrari no es en ese sentido un medio de transporte, sino que un medio para relacionarse, como otros bienes que sirven para conformar la identidad (piénsese solamente en las Harleys que, sobre todo hoy día, se compran y usan como prótesis identitarias de hombres en la crisis de la mediana edad – *buy to be wild*[190]).

Medio para relacionarse: Ferrari.

Como la forma humana de vivir es una forma de vida totalmente cooperativa, el concepto de ser humano, tal como es presentado por la economía, el behaviorismo, pero también por las teorías filosóficas de la alteridad, es falso. Han hecho erróneamente una teoría antropológica a través de la observación del comportamiento de las personas en el capitalismo, es decir que confundieron la configuración realizada por una época –la apariencia del individuo– con su esencia. El cerebro humano está configurado desde su constitución para la cooperación, es un órgano relacional biocultural, que solo se desarrolla en la interacción con otras personas. Mientras que la mayoría de los seres vivos no humanos están equipados con un cerebro que al momento del nacimiento está prácticamente maduro y que correspondientemente, son sobre todo programas predeterminados de comportamiento y patrones de reacción los que los hacen capaces de sobrevivir, las personas vienen al mundo con un cerebro muy inacabado. La maduración orgánica de áreas y funciones del cerebro en particular, demora en ellos hasta la temprana edad del adulto; el desarrollo de la arquitectura neuronal del comportamiento sucede durante toda la vida. Eso significa que el desarrollo del cerebro humano siempre se realiza bajo las condiciones de la cultura. Los entornos para el desarrollo y las capacidades

---

[190] N. de T.: En inglés en el original: compra para ser salvaje (es un juego de palabras con la letra de la canción "*Born to be wild*" del grupo Steppenwolf del año 1968.

que las sociedades han desarrollado en un momento dado, se incorporan a la organización de las conexiones sinápticas de un cerebro humano en desarrollo. Los cerebros humanos no aparecen en singular, sino que se forman solamente en una red de otros cerebros.

Los filósofos, por lo contrario, se imaginan a los seres humanos como adultos que jamás fueron niños (eso se lo dijo una vez Norbert Elias al sorprendido Iring Fetscher en un debate televisivo). Y de hecho, el proceso del despertar tiene lugar de tal manera en un entramado de relaciones que se amplía de continuo, que ya la pregunta de cómo el individuo y la sociedad, el *alter* y el *ego* se encuentran, es errónea. Las personas siempre son sociales, *antes* de volverse individuos. Las comunidades de supervivencia humanas no se basan en individualismo y competencia, sino que en cooperación.

Nuestra autoimagen actual se basa sobre una autoconfusión de impronta cultural: claro que una sociedad con división del trabajo que convierte a sus miembros en especialistas muy capaces, necesita personas que tienen una autoimagen egocéntrica, competitiva e individualista de sí mismas. Cuanto más individualistas se vuelven estas autoimágenes en el proceso de la civilización capitalista, tanto más consumista se vuelve la cultura, pues el consumo es distinción. Las mercaderías se convierten tanto más en parte de la identidad, cuanto menos hay otra cosa a disposición en su lugar. Por eso, hoy día existen *coaches* para biografías, que diseñan currículos de tal modo que una amplia compatibilidad y sentida individualidad formen una simbiosis perfecta: "Así, un manager que está interesado por su carrera, debe practicar por lo menos un tipo de deporte –en lo posible, extremo– como montañismo o vuelo con ala delta y tener siempre el equipo completo totalmente actualizado. Además, debería aprovechar sus dos o tres períodos de vacaciones (cortas) al año para diferentes tipos de vivencias: una vez, para un viaje lejano con factor descanso y aire exótico, otra vez para un viaje con exigencia cultural, y una vez para algo más extremo, preferentemente en combinación con un deporte. También para eso debe comprar artículos de consumo, desde la guía de viajes hasta la ropa adecuada. Y finalmente, debe tener por lo menos un hobby "fuera de lo común", como cocinar o coleccionar vinos, mediante el cual se puedan mostrar sus conocimientos, mejor todavía, a través de decisiones de consumo".[191]

Esos *managers* también fueron niños alguna vez. En aquel entonces, los marcadores de identidad que se adjudican hoy, no jugaban un rol importante, o mucho menor: la mayor parte de los padres aman a sus hijos incondicionalmente, como siempre, y al igual que en el pasado, las relaciones padre-hijo

---

[191] Ullrich, Wolfgang: *Haben wollen. Wie funktioniert die Konsumkultur?*, Frankfurt am Main, 2006, pág. 53 y sig.

no pueden ser traducidas en economía. Cantarle a un niño para dormirse, leerle, jugar con él, regalarle un perro, eso no se paga. Ningún equivalente al trabajo relacional puede monetarizarse; tener hijos cuesta en todo sentido más de lo que resulta económicamente. Las relaciones padre-hijo escapan al mercado; la competencia, eficiencia, el cálculo, no están en primer plano. Y como antes, funcionan principalmente sobre otra base: confianza, solidaridad, cuidados, empatía, perdonar, protección, interés, alegrarse con el otro y hacer duelo con el otro serían disfuncionales en el mercado, no son calculables. Pero son la condición necesaria para tener relaciones exitosas.

Ante este trasfondo, se trataría de una nueva historia sobre nosotros mismos, constituida por potenciales de la buena vida que todavía no se han perdido, y por aquellos que se redescubren y experimentan. La capacidad de relacionarse por supuesto que también está sujeta a cambios históricos de formato, no se debería tener ideas demasiado románticas al respecto. Pero los doscientos años de capitalismo y, especialmente, el par de decenios de neoliberalismo, en relación a los doscientos mil años de historia de la humanidad, representan más bien una nota al pie. Los principios básicos de una forma de vida y supervivencia no se pueden hacer desaparecer por formas económicas y subjetivas exitosas a corto plazo, por suerte.

Una alfabetización sobre la buena vida también puede comenzarse en otro tipo de comunidades que no estén basadas y organizadas según el mercado: amistades, grupos de amigos, asociaciones deportivas, grupos de autoayuda, iniciativas ciudadanas. También en este caso vale que ese tipo de relaciones sociales bien puede seguir fines instrumentales y utilitaristas, pero no podría funcionar si persiguiera únicamente tales finalidades. Sin confianza, solidaridad, cooperación, empatía, reciprocidad, camaradería, no funciona nada; las relaciones están comprometidas con una economía moral[192], no con una monetaria.

---

[192] Edward P. Thompson, que acuñó este concepto en sus investigaciones históricas sobre la historia de la clase obrera británica, se refiere con ello a moralidades específicas de la subcultura, que condujeron a ideas sobre lo justo e injusto. Son motivo de protesta y rebelión, aunque no puedan atribuirse directamente a necesidad o represión inmediatas. (Thompson, Eward P.: *Die Entstehung der englischen Arbeiterklasse*, Frankfurt am Main, 1997.)

Economía moral

A comienzos de julio de 2012, la educadora de treinta y siete años Ina K., saltó en Osterwald, Baja Sajonia a un pozo de mina de veinticinco metros de profundidad. Uno de los chicos a su cargo, un niño de tres años, había caído al fondo a través de un recubrimiento carcomido; Ina K. saltó tras de él sin dudar, pudo encontrar al niño en la oscuridad del pozo y mantenerlo durante dos horas en la superficie de un agua a cinco grados de temperatura hasta que los bomberos los rescataron a los dos. El niño, al igual que Ina K., solo sufrieron heridas leves.

Nada de lo que hizo Nina K. puede explicarse mediante una teoría racional. La posibilidad de que la educadora hubiera perdido la vida al saltar a la oscuridad, era extremadamente alta; la posibilidad de encontrar al niño y salvarlo, muy baja. Ella tampoco sabía cómo iba a poder salir de ahí. A Ina K. solo le importó la necesidad sentida de que el niño debía ser salvado. Motivo suficiente para salvarlo.

Ina K. *Homo non oeconomicus*

De todas maneras, el comportamiento prosocial ocurre mucho más a menudo de lo que "sería posible" según las teorías del *rational Choice*[193] o del *homo oeconomicus*. Por lo general, en esos casos los involucrados asumen que tendrán pérdidas y no buscan beneficios, arriesgan la salud y la vida para salvar a un perro de un río o a un gato de un árbol. Eso no debe confundirse con altruismo; las mismas personas pueden comportarse de forma egoísta o muy calculadora en otros casos. El comportamiento prosocial no es en primer lugar un rasgo de la personalidad, sino que un potencial o una disposición, que bajo ciertas circunstancias se vuelve práctica. Este potencial existe por el simple motivo ya mencionado: porque la cooperación y la ayuda son funcionales para la forma de vida humana y por ello, constitutivos.

Tomemos por ejemplo el caso aparentemente divergente: el fenómeno del *bystander*[194], que se refiere siempre a las situaciones repetitivas, en las cuales un grupo de personas se convierten en testigos de un accidente o de un ataque y no intervienen, sino que se quedan "mirando boquiabiertos". Los informes de prensa hablan entonces de "insensibilidad", "curiosidad" o "indiferencia que asusta", pero todo ello no es el motivo para no intervenir. Pues por lo general, todas las personas ajenas se ven enfrentadas a una situación que es poco habitual y muy desconcertante. Ellos no saben lo que deben hacer y por eso, hacen lo más evidente: toman el comportamiento de los demás como fuente de información para averiguar cuál es el comportamiento adecuado. Pero como los demás hacen exactamente lo mismo, se refuerza automáticamente la tendencia a no intervenir: todos se quedan parados, nadie hace nada. Sin embargo, cuando a la gente le sucede una situación parecida estando solos, por lo general ayudan. Se podría decir que la situación grupal bloquea el potencial prosocial que en la situación solitaria se activa sin más.

Muchos experimentos respecto al comportamiento de ayuda han mostrado que si se proporciona ayuda espontánea dependiendo de adjudicación de causa (por ejemplo, a una joven mujer bien vestida que se desvanece en el bus se le ayuda más fácilmente que a un hombre mayor mal vestido y con olor a alcohol), pero por lo general, sucede mucho más a menudo de lo que uno podría suponer. En este caso también vale: el comportamiento prosocial es probable, el comportamiento antisocial, poco probable. La psicología social de las relaciones intergrupales muestra que incluso la adjudicación más superficial y artificial a grupos establece de inmediato relaciones de lealtad y solidaridad[195], y también la economía del comportamiento prueba

---

[193] N. de T.: En inglés en el original: elección racional.
[194] N. de T.: id. espectador o testigo.
[195] Tajfel, Henri: *Social identity and intergroup relations*, Cambridge, 1982.

regularmente que en los juegos en los que se trata de repartir dinero a los cojugadores, las normas sociales muchas veces cumplen un rol mayor que el interés particular por el propio beneficio[196]. Así en suma, puede decirse que el comportamiento solidario y de disposición a la ayuda en realidad no requiere explicaciones; si la forma de vida de los seres humanos es cooperativa, entonces se requieren sujetos que se orienten por la utilidad del grupo y no por la propia. Más bien se requieren explicaciones cuando tiene lugar una falta radical de solidaridad y cuando el comportamiento antisocial sobrepasa al prosocial. Es el caso de sociedades de exclusión, como por ejemplo la nacionalsocialista (nazis), en la cual en poco tiempo se establece una división de la sociedad en pertenecientes y no pertenecientes, que hace de la transgresión de los límites entre los grupos una excepción solitaria. Pero esas formas de falta radical de solidaridad va de la mano con una intensificación de los vínculos sociales del lado de los pertenecientes ("comunidad popular" versus "ajenos a la comunidad"), es decir que establece, por su lado, una oferta de atracción social para aquellos que pueden pertenecer. En esto es importante comprender que la solidaridad no es universal, sino que se vuelve efectiva dentro de grupos de "nosotros" definidos o sentidos; si los límites de estos grupos de "nosotros" se desplazan, se desplaza también el ámbito de validez de las normas prosociales. Por eso, tal como quedó demostrado por la investigación de los genocidios, el alentar contradicciones mortales de grupo no es un problema fundamental, pero para la dinamización y radicalización requiere de la utilización deliberada de la violencia.

Sin embargo, estar en contra de otro grupo sin ejercer violencia es algo totalmente normal; forma parte de la construcción de identidad de "grupos de nosotros" y tampoco representa un problema fundamental. Para hacer de órdenes sociales relaciones de exclusión o incluso, situaciones violentas, se requiere de un esfuerzo mayor: las características negativas que se adjudican al respectivo "grupo ustedes", deben parecer tan peligrosas que parecen requerir contramedidas preventivas –la investigación de genocidios provee suficientes pruebas para este proceso del *accusation in a mirror*[197] (Alison Des Forges), y todos muestran que la elaboración de sentimientos antihumanos requiere primero de la propaganda, manipulación y dirección antes de propagarse con una dinámica propia.[198]

---

[196] Milinski, Manfred: Egoismus schafft Gemeinsinn. Das Problem des Altruismus. In: Ernst Peter Fischer /Klaus Wiegandt (Hg.): *Evolution und Kultur des Menschen*, Frankfurt am Main, 2010, pág. 270-291.

[197] N. de T.: En inglés en el original: "política del espejo", expresión acuñada por Alison Des Forges respecto del genocidio en Ruanda.

[198] Welzer, H.: *Täter. Wie aus ganz normalen Menschen Massenmörder werden*, Frankfurt am Main, 2005, pág. 14 y sig.

Harald Welzer

Otro ejemplo de que el comportamiento antisocial, a diferencia del prosocial, debe ser aprendido, lo cita Richard David Precht, en este caso se trata de investigaciones que realiza el grupo de trabajo alrededor de Michael Tomasello en el Instituto Max Planck para antropología evolucionaria, de Leipzig, dedicado a investigaciones comparativas sobre el desarrollo de niños y de primates no humanos. Un estudio tiene como tema el comportamiento de ayuda de los niños: un hombre es observado por niños de veinte meses mientras intenta abrir la puerta de un armario con una pila de libros en las manos. Normalmente, los niños ayudan espontáneamente cuando se ven enfrentados a situaciones así. Para hacer la prueba, se formaron tres grupos diferentes de niños: los niños del primer grupo recibían un premio por su ayuda; los del segundo eran alabados si ayudaban; los del tercero no recibían nada por ayudar. El resultado: mientras que los niños del segundo y del tercer grupo se mantuvieron dispuestos a ayudar durante toda la serie de intentos, los niños que habían sido premiados, solo ponían a disposición su ayuda si se les prometía otro premio. La disposición a ayudar sin condiciones se había transformado en una con condiciones[199] –en otras palabras, el comportamiento de cooperación prosocial, bajo influencia cultural, se había transformado en un comportamiento antisocial, orientado a obtener beneficios.

---

[199] Precht, R.D.: *Die Kunst, kein Egoist zu sein*, München, 2012, pág. 315.

Culturas locales

Incluso bajo condiciones estatales represivas puede ser cuestión de culturas locales cuál será el comportamiento de las personas cuando está en juego el trato con grupos de personas excluidas. En el pueblo del norte italiano Nonantola, en 1943 se salvó a setenta y tres niños judíos de Alemania, Austria y Yugoslavia, que habían sido llevados allí por una organización de ayuda judía y alojados en una casa. "Lo que hace tan remarcable el rescate de esos niños es, además de la cifra relativamente alta, la cooperación por parte de los habitantes de Nonantola, de las autoridades locales, de las autoridades eclesiásticas y de las organizaciones de ayuda judías. Los niños no vivieron escondidos y ocultos en las casas, sino que participaban de la vida del pueblo. Después de la caída de Mussolini y de la invasión de los alemanes en setiembre de 1943, corrían peligro inminente. Espontáneamente, los habitantes del pueblo decidieron esconder a los niños; treinta pudieron refugiarse en las habitaciones del seminario de la abadía, los demás con familias. Las autoridades de Nonantola extendieron pasaportes falsos a los niños, de manera que la mayoría pudo huir después a Suiza. Excepto por uno, todos los niños sobrevivieron a la persecución de los nazis y emigraron a Palestina en 1945.[200]

La salvación de los niños solo tuvo éxito porque fue realizada por grupos de personas pertenecientes a la comunidad del pueblo, pero totalmente diferentes. Eso no quiere decir necesariamente que todos los pobladores del lugar hubieran estado a favor; lo decisivo fue que hubo suficiente cantidad de personas de las clases y funciones más diferentes de la población para organizar el rescate. Nonantola tenía pues una cultura local que consideraba a los niños como pertenecientes al lugar y que por eso, hizo que pareciera algo sobreentendido el salvarlos de los alemanes. En ninguna otra parte sucedió algo parecido y con este alcance; en los demás lugares, la ayuda era considerada

---

[200] Königseder, Angelika: Solidarität und Hilfe - Rettung von Juden vor nationalsozialistischer Verfolgung. In: Haus der Geschichte Baden-Württemberg (Hg.): *Helfer im Verborgenen. Retter jüdischer Menschen in Südwestdeutschland* (pág. 21-34), Heidelberg, 2012, pág. 25, 305.

como comportamiento divergente y debía tener lugar de forma conspirativa, es decir, no como acción común de todo un pueblo. Otro ejemplo de mayor alcance aún representa la salvación de los judíos daneses, que fueron llevados por pescadores a un lugar seguro en Suecia. También esto solo fue posible a través de una cultura vital de la pertenencia. Su significación se desprende de que en ningún otro país europeo existió algo comparable –en todas partes la cooperación de las autoridades y de la población respecto a la persecución de los judíos era lo normal, y los actos de resistencia y rescate, la excepción a la regla.[201]

Por lo general se subestima cuán importante es una cultura vivida para las decisiones particulares de cada uno, y se sobreestima qué roles juegan el conocimiento y la ética para los actos individuales. Si hoy en las instituciones jerárquicas como las escuelas, la exclusión, desigualdad y competencia se viven, pueden ofrecerse tantos seminarios y conferencias sobre el tema "coraje civil" como se quiera: efectivo desde el punto de vista práctico solo será el modelo de actuación implícito de la cultura vivida y no la norma explícita, pero no vivida. La misma contradicción performativa se encuentra en instituciones científicas que postulan el actuar de forma sostenible, pero ni siquiera logran utilizar papel reciclado u organizar videoconferencias en lugar de financiar viajes por avión muy costosos para seminarios de medio día.

Así como Ina K. seguramente no "pensó" ni un segundo en si era razonable salvar o no al niño, tampoco debería ser tema en una cultura integrativa el tema del "coraje civil". Y en una cultura sostenible, el *workshop* internacional en el que los participantes están presentes físicamente sería la excepción problemática y que requeriría de legitimación y, en cambio, el evitar gastos sinsentido, el caso normal de práctica vivida. ¿Por qué? Porque las culturas vividas locales o profesionales originan imágenes de "nosotros" en sus miembros, que excluyen de forma categorial un comportamiento determinado ("no hacemos algo así"), pero que tienen como condición previa otro comportamiento categorial ("eso está sobreentendido para nosotros"). El significado de tales imágenes de "nosotros" y de sí mismo no puede ser valorado suficientemente para una cultura de la transformación: recién cuando un manejo cuidadoso de los recursos y un estilo de vida correspondiente ya no tengan que ser "pensados", sino que sean parte indudable de una praxis de vida, se habrá llegado a la modernidad sostenible.

---

[201] Christ, Michaela: *Die Dynamik des Tötens: Die Ermordung der Juden von Berditschew. Ukraine 1941-1944*, Frankfurt am Main, 2011.

Communities of practice[202]

Claro que no todos llegarán al mismo tiempo a la modernidad sostenible. Algunos ya llegaron, otros se han puesto en camino ya, muchos llegarán después con demoras, algunos nunca. Las transformaciones sociales no suceden al mismo tiempo; al principio, los así llamados *first movers*[203] son considerados locos, después como *avantgarde*, más adelante, como modelos. Por eso no se necesitan mayorías para transformar a las sociedades; otros modelos y prácticas culturales se difunden luego en la sociedad en general, cuando todas las clases sociales relevantes los apoyan. Bajo esta condición, alcanza con el 3 al 5 % de la población para poner en marcha un cambio social profundo y sostenible.

Las culturas locales son de gran significación para el desarrollo y establecimiento de nuevas normas de actuación. En todas las instituciones, empresas, comunidades de pueblo, escuelas, academias, ONG, etc., siempre es la cultura vivida la que da a sus miembros la sensación positiva de formar parte de un grupo "nosotros" y de estar orgullosos de ello –o no. En caso positivo, esa identificación libera la disposición al compromiso, en caso negativo, la falta de identificación bloquea todo compromiso que vaya más allá de lo estrictamente necesario. Como persona ajena, por lo general, uno siente de inmediato, independientemente de la finalidad de la institución, si ha conformado una identidad de grupo "nosotros" o no. Cuando, por ejemplo, un instituto de investigación de humanidades se asemeja a una oficina administrativa pública y los pertenecientes al instituto se alteran durante el almuerzo por lo que no funciona en ese momento, uno sabe: en ese caso, nadie se identifica con un objetivo común, no hay una cultura de grupo "nosotros". El instituto, correspondientemente, será poco productivo, tendrá una alta

---

[202] N. de T.: En inglés en el original: comunidades de práctica, son grupos sociales constituidos con el fin de desarrollar un conocimiento especializado, compartiendo aprendizajes basados sobre la reflexión compartida de experiencias prácticas.

[203] N. de T.: En inglés en el original: iniciadores o primeros en el mercado.

fluctuación de empleados; sus miembros se verán a sí mismos como luchadores solitarios.

El investigador social suizo Etienne Wenger ha investigado procesos de aprendizaje en grupos de tipo bien diferente y acuñado el concepto de *communities of practice*. Son grupos que comparten un interés o una pasión por algo que hacen y que aprenden juntos a hacerlo mejor.[204] Todos los grupos que trabajan con una tarea definida en un proceso de aprendizaje común, pueden ser calificados como *communities of practice*; puede ser una sociedad tribal que mejora sus técnicas de supervivencia, un grupo internacional de artistas, que –como los impresionistas, por ejemplo– practican e imponen un estilo determinado, un grupo de ingenieros que desarrolla un limpiaparabrisas, o un grupo de estudiantes que –como por ejemplo la iniciativa de Heidelberg a favor de una economía postautista– desean estudiar su disciplina de forma más acorde con los tiempos que corren.

Todos estos grupos se caracterizan, según Wenger, por una identidad que, por otra parte, está determinada por el objeto de trabajo alrededor del cual se centra la actividad de la comunidad. En ese caso no se trata de redes o de personas con los mismos intereses, sino de grupos que trabajan con una competencia específica en pos de un objetivo común; cada miembro del grupo intenta introducir algo al respectivo proceso de aprendizaje. Este objetivo puede cambiar en el proceso, ya que se "autodefine mediante la actuación de los involucrados (…). No se trata simplemente de un objetivo fijo, sino de uno que crea entre los involucrados un compromiso mutuo que se vuelve elemento integral de su *praxis*."[205]

En segundo lugar, el grupo no existe de forma virtual, sino concreta: sus miembros cooperan, intercambian información, se ayudan mutuamente en la prosecución de su tarea y en la investigación de su área temática, en resumen, están en diálogo de aprendizaje mutuo. La condición para ello no tiene por qué ser una organización formal: nuevas orientaciones del arte o de la música, por ejemplo, se desarrollan mediante procesos informales de intercambio. También el movimiento *transition-town*[206], que consta de muchas *communities of practice* independientes, no tiene como fundamento una estructura organizativa formal.

En tercer lugar, finalmente, las *communities of practice* que funcionan, como dice Wenger, desarrollan un repertorio estándar de recursos e instrumentos con los que trabajan: pueden ser herramientas en el sentido

---

[204] Wenger, E. (2006): *Communities of Practice. A Brief Introduction*, online: http://www.ewenger.com/ theory / index.htm (Estado: 31/8/2012), traducción propia.
[205] Wenger, E. (1998): *Communities of Practice. Learning, Meaning, and Identity*, Reprint, Cambridge, pág. 77, traducción propia.
[206] N. de T.: En inglés en el original: comunidad de transición.

clásico, pero también historias, experiencias, rutinas, trucos, técnicas, etc. La transmisión de un conocimiento tal sobre la forma de actuar de un grupo específico tampoco tiene que estar formalmente organizada; las informaciones más importantes se intercambian entre los involucrados, por ejemplo, durante las pausas del café, no en el marco de encuentros formales.

Si estos tres aspectos –identidad, intercambio y repertorio– se unen, se tiene un grupo capaz de actuar, que unifica experiencias, compromiso, competencia e interés en la práctica social; Norbert Elias diría: un *continuum* de transformación, una unidad que se mantiene constante y se transforma en sus prácticas. "La práctica no existe como algo abstracto. Existe cuando las personas hacen algo sobre cuya significación se intercambian (…). La práctica vive del compromiso mutuo en un grupo".[207]

El movimiento social para la transformación de la sociedad industrial de nuestro tipo está compuesto de variadas *communities of practice*: las cooperativas de energía solar, los jardines comunitarios, los grupos de construcción, las Bolsas de reciclaje, etc., son todos grupos de práctica de identidad concreta, que aúnan y efectivizan sus intereses, intenciones y habilidades en común en tareas que se fijan ellos mismos. Esos grupos son grupos de "nosotros", en los que se establecen imágenes de sí mismos específicas, que liberan a su vez la disposición a actuar, el coraje, la autoestima, la fantasía –porque aseguran identidad y divierten, ambas cosas condición para el compromiso. Alcanza con reflexionar brevemente que a diferencia de ello, los grupos que se limitan al intercambio y al debate, por lo general terminan formulando condicionales ("se debería, se podría, habría que") y por ello, generan sobre todo sentimientos de frustración, querer tener la razón y descontento. Los gremios universitarios, las organizaciones de partidos y otros grupos de autoconciencia, proveen suficiente material ilustrativo.

Las *communities of practice* generan en sus miembros el sentimiento muy positivo de *eficacia personal,* un sentimiento que surge siempre que uno ha logrado algo. Como a las personas les parece deseable tener sentimientos positivos, tienden a repetir lo que ha provocado la emoción positiva –por lo que las personas que experimentan eficacia personal, tienden a continuar desarrollando más actividades en la misma dirección. Quien comienza a cambiar en algún momento y tiene éxito, no lo abandona tan rápido (por eso en la investigación del comportamiento prosocial se pueden describir verdaderas carreras de ayudantes, es decir, de personas que empiezan casualmente con un servicio de ayuda que se les ha solicitado, y poco tiempo después asisten a varios protegidos y se aseguran de que no se les persiga).

---

[207] *Ibd.*, pág. 72. traducción propia.

Sociedades de resiliencia y *commons*

Resiliencia significa capacidad de resistir ante las cargas y las amenazas. Puede ser una cualidad individual que ayuda a arreglárselas cuando uno se ve afectado por grandes o pequeñas catástrofes, pierde su puesto de trabajo, o se ve enfrentado a una enfermedad o pérdida. O puede ser también una cualidad social, cuando los colectivos deben lidiar con las consecuencias de catástrofes, con la pérdida de sus posesiones, de superficies de cultivo, etc. En la psicología de la salud hace mucho que es habitual, además de las causas de las enfermedades, buscar también las causas para la salud. El concepto de salutogénesis –el surgimiento de la salud– proviene del sociólogo Aaron Antonovsky, quien a finales de la Segunda Guerra Mundial y tras la liberación de los campos de concentración, observó que sucesos idénticamente traumatizantes de ninguna manera tenían las mismas consecuencias para todos los involucrados: así, hubo ex presos de campos de concentración que apenas sufrían por lo que se les había hecho, mientras que otros quedaron marcados durante toda la vida por la violencia, la impotencia, las pérdidas que fueron la consecuencia de haber estado en los campos de concentración. Para los niños que aparentemente superaron las terribles experiencias en los campos sin consecuencias psíquicas, se acuñó el concepto de los "invulnerables" (Michaela Ulich), para decir que no se registraba trauma en ellos, en donde según todas las experiencias de la psicología, debería haber habido uno.

El concepto de resiliencia está emparentado con esta perspectiva, pero se utiliza mucho más en general, precisamente en relación a la pregunta de qué hace al ser humano resistente contra las cargas, el estrés, las exigencias excesivas, etc. Resiliente es, por ejemplo, alguien que con estrés multifactorial, por ejemplo, la pérdida de su puesto de trabajo con consiguiente ruptura de su matrimonio, todavía puede manejarlo tan bien, que sigue siendo capaz de actuar y de salir de esa situación tan mala. Un fenómeno interesante son las comunidades resilientes como las que investigó el historiador Greg Bankoff.[208] Mediante el ejemplo de las Filipinas, mostró que allí existen una cantidad de redes de ayuda autoorganizadas que, como ejemplo en el caso de un terremoto, se ocupan de que las casas destruidas sean reconstruidas gracias a la ayuda organizada de los vecinos, de que se atienda a los niños cuyos padres murieron o están heridos, de que hayan fondos informales que dan dinero a las personas que están en situaciones de emergencia, etc. La cantidad sorprendente de comunidades de resiliencia de ese tipo en las Filipinas tienen dos causas: muchas catástrofes y un estado débil. Los filipinos viven en una de las extensiones de terreno más inquietas, por lo que los terremotos son una amenaza diaria; en promedio, cinco veces por día tiembla la tierra allí en alguna parte, a ello se agregan aproximadamente veinte tifones por año. El *Centre for Research on the Epimediology of Disasters*[209] en Bruselas, clasifica a las Filipinas como uno de los países de la Tierra más propensos a sufrir catástrofes.

Como Filipinas al mismo tiempo es un país con débil estatalidad, que tiene una larga historia colonial y que no dispone de infraestructuras confiables tales como una protección a las catástrofes que funcione, era de esperar que fuera la gente misma la que desarrollara sistemas de ayuda para, ante estas, no permanecer impotentes y entregados al destino. Bankoff describe que las numerosas comunidades de resilientes, en parte tienen antecesores de cientos de años de antigüedad, que tampoco fueron destruidos por las potencias coloniales, pero que esas comunidades de ninguna manera son eventos altruistas, sino que funcionan según normas de compromiso mutuo: una familia que pierde su casa a consecuencia de un tifón y que la comunidad le construye una nueva, está obligada a ayudar a otros en la próxima emergencia. Quién recibe dinero de un fondo comunitario para poder volver a conseguir lo más necesario, ha pagado antes al fondo y volverá a hacerlo en cuanto pueda. Bankoff llama al principio que sustenta eso una combinación de altruismo a corto plazo y de interés propio a largo plazo. Por supuesto que como base de un principio así, existen reglas duras: aquel que no cumple con sus obligaciones de proporcionar ayuda, en caso de sufrir daños propios, tiene que contar con que tampoco recibirá ayuda. Ese tipo de sistemas de apoyo bien equilibrado producen resiliencia por medio de inteligencia social, no por matemáticas de seguros.

En Alemania también hay formas sociales similares. En las zonas rurales, hoy día es bastante común que las casas para vivienda hayan sido construidas

---

[208] Bankoff, G.: Cultures of Coping: Adaptation to Hazard and Living with Disaster in the Philippines. In: *Philippine Sociological Review*, 51, 1/4, 2003 [veröffentlicht 2006], pp 1-16.
[209] N. de T.: En inglés en el original: Centro de Investigación de la Epidemiología de los Desastres.

con la ayuda de los vecinos; el que recibe ayuda tiene la obligación de ayudar de la misma manera cuando la siguiente familia se construye su casita. También existen muchas organizaciones formales todavía, tales como los bomberos voluntarios, asociaciones locales de la Cruz Roja, asociaciones de mujeres rurales, etc. –también ellas son comunidades de resiliencia que ofrecen protección ante amenazas, servicios mutuos de apoyo y el sentimiento de sostén y de comunidad. Conforman un conglomerado social que en estructuras más fuertemente abastecidas desde afuera, como en las grandes ciudades, no existen de esa forma. Las comunidades de resiliencia, a su vez, siguen el principio de la economía moral: no liquidan los servicios mutuos de forma monetaria, sino en una *praxis* equilibrada e informal de prestaciones y contraprestaciones. Por eso, representan un recurso fuerte en el camino hacia una modernidad sostenible.

Cuanto menos un grupo dependa de apoyo desde afuera para lidiar con problemas, situaciones de emergencia y consecuencias de catástrofes, tanto más resiliente es. Y tanto más grande es su potencial de aprendizaje para seguir desarrollando sistemas de ayuda y apoyo. Eso puede ilustrarse mediante un ejemplo de una cooperativa rural en Costa Rica, de cuyas prestaciones sociales forma parte posibilitar a los campesinos el acceso a internet y al software libre, lo que les permite controlar sus reservas de almacenaje, registrar a sus proveedores o ahorrarse idas a las autoridades que cuestan tiempo de trabajo. Todo eso, sin que los campesinos dispongan de conocimientos formales o de computación: "Alguien que cultiva el campo entiende rápidamente que vale la pena si él mismo o la comunidad controla sus granos y su software y no terceros […]. En este caso, trabajar con herramientas que no limiten nuestras posibilidades de aplicación, que sean gratis y funcionen de forma rápida y efectiva en viejos ordenadores –como es el caso muchas veces en el campo- es siempre una posibilidad muy atractiva."[210]

La filóloga Adriana Sánchez, que trabaja para la cooperativa, atribuye la a primera vista poco habitual combinación de trabajo rural simple y desarrollo de software a los conocimientos locales que a su vez aportan a la resiliencia de la comunidad. Ello es, al mismo tiempo, un ejemplo de cómo las formas sociales tradicionales pueden seguir desarrollándose con herramientas modernas. Cierto es que es la cultura local es la que determina el uso de tecnología y no al revés.

Con este ejemplo, uno se encuentra ya prácticamente ante esas formas comunales de producción que son de gran importancia de camino a una

---

[210] Sanchez, Adriana: Der Code ist das Saatgut der Software. In: Helfrich, Silke /Heinrich Böll Stiftung (Hg.): *Commons. Für eine neue Politik jenseits von Markt und Staat*, Bielefeld, 2012, pág. 344-347, aquí pág. 346.

modernidad sostenible: los dos ejemplos más conocidos son el sistema operativo Linux colectivamente desarrollado, que tiene millones de usuarios (y coproductores), y naturalmente Wikipedia, fundada en 2001, que entretanto contiene millones de artículos, escritos por millones de autores. En ambos casos, el carácter decididamente libre y no comercial del trabajo colectivo que se hace para mejorar continuamente los productos es remarcable. Entre tanto, hay muchos proyectos del tipo *open source*[211] sobre la base de la inteligencia social, no solo en forma del espectacular *GuttenPlag*[212], que llevó a la renuncia de un político popular, sino en ámbitos del desarrollo de software, del diseño, de la producción de textos y de imágenes, etc. "Proyectos de diseño libre (a menudo llamados '*open hardware*'), diseñan conjuntamente productos materiales y, al hacerlo, ponen a libre disposición descripciones de objetos, planes de construcción y listas de material. En el sector de hardware electrónico, por ejemplo el proyecto italiano Arduino ha adquirido mucho renombre. Es aprovechado y ampliado por muchos otros proyectos. Ronen Kadushin y el proyecto Sketch Chair realizan diseño abierto de muebles. En el Open Architecture Network y en el proyecto Architecture for Humanity surge arquitectura que debe orientarse según las necesidades de los habitantes y no de los beneficios de las empresas de construcción o de la imagen de sí mismos de los diseñadores. OpenWear es una plataforma colaborativa que alienta y apoya a personas para que sean ellos mismo productores [...]. El proyecto Freifunk desarrolla redes de radio accesibles libremente. El proyecto Open Prosthetics desarrolla prótesis de brazos y piernas libremente utilizables. Fue iniciado por un ex soldado que había perdido una mano en la guerra y no estaba satisfecho con las prótesis que se conseguían comercialmente."[213]

Si se buscan potenciales de cambio y disposición al compromiso, hoy día se encuentran menos en el ámbito de las organizaciones políticas establecidas, sindicatos o las ONG, sino más bien allí donde los aportes individuales pueden realizarse sin que ello signifique compromisos o adhesiones. Los proyectos basados en la comunidad y sin programas políticos, están pensados para servir al bien común y por eso, son muy atractivos para muchos de los que aportan. Como se trata de un trabajo común que se realiza de forma voluntaria, las comunidades de este tipo se vinculan a las formas tradicionales de servicios de voluntarios, pero renuncian a estructuras formales de

---

[211] N. de T.: En inglés en el original: de fuente abierta.
[212] N. de T: Una página Web abierta en 2011 para publicar los plagios utilizados en la tesis del político del partido de derecha CSU.
[213] Siefkes, Ch.: Peer-Produktion-der unerwartete Aufstieg einer commonsbasierten Produktionsweise. In: Helfrich, Silke /Heinrich Böll Stiftung (Hg.): *Commons. Für eine neue Politik jenseits von Markt und Staat*, Bielefeld 2012, pág. 348-353, aquí pág. 350 y sig.

organización, porque bajo las condiciones actuales de comunicación y asociación, no se necesita nada más.

Tradicionalmente los sindicatos y los partidos no existían solo para expresar su voluntad política o sus intenciones estratégicas, sino también para posibilitar la comunicación: el movimiento de los trabajadores del siglo XIX e incluso del XX, necesitaba, no menos que los partidos burgueses, asambleas, encuentros, asociaciones, periódicos para posibilitar y afianzar la comunicación política.

La participación electoral, en descenso desde hace años y las cifras de sus miembros, rápidamente descendentes tanto en partidos como en los sindicatos, no son expresión de desinterés político, sino que reflejan por un lado, el sentimiento de la mayoría de que ya no se ven adecuadamente representados por esas organizaciones. Por el otro lado, indican el cambio estructural de la generalidad en cuanto a lo comunicativo y a lo político. La creciente disposición al compromiso en lo que refiere a asociarse a comunidades cambiantes o a participar en acciones puntuales, muestra diferentes formas del compromiso y de la participación política y también una necesidad mayor de autonomía y menor de compromiso por parte de los actores. De la misma manera, por lo demás, pero bajo signos muy diferentes, la rebelión árabe muestra que la comunicación en redes tiene un enorme potencial de movilización y desarrolla sus propias lógicas de comunitarización que pueden ser tremendamente poderosas.

El éxito de portales de internet tales como abgeordetenwatch.de y netzpolitik.de demuestra, al igual que las por lo general enormes cifras de participantes en congresos de Attac o de MacPlanet, que no se puede hablar de descenso del interés por los asuntos públicos. En este punto, sería bueno recordar que también el movimiento estudiantil en su momento, solo fue apoyado por una minoría de estudiantes; lo mismo vale para el movimiento anticentrales nucleares y para el movimiento pacifista que por supuesto, nunca pudieron reunir mayorías. La parte de la población realmente movilizada sigue siendo pequeña en cifras; lo decisivo para su eficacia es, como ya se ha dicho, que el movimiento se difunde y tiene un efecto modelo en los grupos más variados de la población.

También hoy día se está haciendo mucho, sobre todo entre jóvenes activistas por el clima.[214] Y ya el hecho de que actualmente exista una diferenciación entre acciones *online* y *offline* es parte de un cambio estructural del espacio público político, que aun no ha sido registrado totalmente. Si determinados temas se discuten en la red, se desarrollan campañas, se organizan

---

[214] Boese, D.: *Wir sind jung und brauchen die Welt*, München, 2012; Hunter, Emily: *Ökokrieger. Eine neue Generation kämpft für unseren Planeten*, Frankfurt am Main, 2012.

carrot mobs[215] y se presentan peticiones, entonces eso es actuar políticamente *online*, lo que no excluye en absoluto que se proteste *offline*, si es necesaria la presencia física. Si los actos electorales offline de los partidos políticos alemanes FDP o CDU se arruinan por aplausos excesivos y aprobaciones continuas en voz alta ("Angela Merkel viene –y todos tan: yeah!!!"), es además, muy divertido, lo que diferencia fundamentalmente ese tipo de formas de acción de las asambleas de las asociaciones locales, asambleas del partido, etc. que por lo general, son solo divertidas de forma limitada (sobre todo, porque siempre hay una mujer que hace referencia al aspecto de género, o aquel muticulturalista que insiste en considerar la perspectiva internacional).

Lucha electoral: "Y todos tan: yeahh"

El promedio de edad de los visitantes de prácticamente cualquier evento con discurso, discusión en podio o seminario, como lo sé por experiencia propia y sufrida, es de más de cincuenta años, lo que de ninguna manera es indicador de un desinterés político de parte de los más jóvenes, sino de una referencia a la antigüedad, se podría decir también, estancamiento de los formatos en los que se debaten y ofrecen los asuntos públicos.

---

[215] N. de T: En inglés en el original: movimiento zanahoria, un grupo de gente que se pone de acuerdo para ir a consumir a la vez en un establecimiento que se haya comprometido social o ambientalmente con el comercio justo, los derechos humanos o con alguna iniciativa ecológica.

Lo interesante en relación a esto son los resultados del estudio número 16 de Shell sobre los jóvenes del año 2010 que además, documenta un alto grado de participación de los jóvenes (en este caso, provenientes de la franja etaria entre dieciocho y veinticinco años) en organizaciones formales: casi la mitad (47 %) son miembros de una asociación y asimismo, muchos jóvenes asumen cargos voluntarios en sus escuelas o en la universidad; un sorprendente 16 % es activo en su comunidad eclesiástica, en Greenpeace y Amnesty International se compromete un 5 %, solo un 3 % en los sindicatos y un 2 % en los partidos.[216] Con excepción de las últimas dos cifras, los valores, en comparación con los estudios anteriores del 2002 y 2006, demuestran incluso una tendencia alcista y un indicador sorprendente para la disposición al compromiso de los jóvenes, es también el resultado que, después que en 2012 se eliminó de facto el servicio militar obligatorio y con ello, el servicio civil, hubo muchos más candidatos para un año de voluntariado, cuando habían puestos a disposición. Con una remuneración de 300 euros por mes, además de dinero para vivienda, es un hecho sorprendente. Probablemente se deba en parte a que muchos jóvenes, después de terminar el descabellado bachillerato "turbo", no quieran dirigirse a la igualmente descabellada maquinaria de hacer carrera para el *bachelor*[217]*,* con grupos repletos y escolarizados y que además, consideran su servicio a la comunidad como forma para obtener mayor libertad.

De todas maneras, entre los jóvenes no puede hablarse de falta de disposición al compromiso; el hecho de que actualmente este compromiso solo se oriente de forma limitada hacia la sostenibilidad, probablemente se deba a que las ofertas de BUND, NaBu, el partido Verde, etc., no son lo suficientemente sexys y *cool* como para sentir que es su lugar –eso parece ser más bien algo para arribistas ecológicos. A fin de poder aprovechar la disposición al compromiso existente, es evidente que se requieren nuevos formatos de participación, eventos y discursos.

En relación a las orientaciones de valor de los jóvenes, vale la pena echar una mirada al mencionado estudio sobre los jóvenes realizado por la empresa Shell, pues allí se refleja poco de lo que correspondería a la imagen neoliberal deseada de una masa de Sociedades Anónimas del Yo en mutua competencia. Para el 97 % (!) de los jóvenes, el mayor valor lo representa "tener buenos amigos que te reconozcan", la pareja y la familia siguen asimismo con más del 90 %. El anhelo de una vida planificada por responsabilidad propia (90 %) y la independencia (84 %) también figuran en lugar muy alto, pero no tienen el mismo significado que las opiniones antisociales; los autores del estudio

---

[216] *16. Shell Jugendstudie: Jugend 2010*, Frankfurt am Main, 2011, pág. 156.
[217] N. de T.: En inglés en el original: para obtener la licenciatura.

lo interpretan como "tendencia básica al inconformismo"[218], pero pasan por alto que en nuestro modelo cultural, el inconformismo es considerado deseable y digno de esfuerzo, es decir, que es conformista.[219]

Sin embargo, más de dos tercios de los jóvenes votan a favor de ejercer resistencia en contra de que "muchas cosas en el mundo del trabajo y de la sociedad están marchando mal", y también dos tercios opinan que vale la pena, "si uno se ocupa de otra persona".[220] Al revés, la mitad no está a favor de que no se podría hacer nada en contra de lo que "los poderosos quieren en el mundo del trabajo y de la sociedad". En total, el 41 % se considera como "muy interesados socialmente".[221] Y ahora viene el punto decisivo: para los jóvenes, el interés social no es automáticamente idéntico al interés político. Todo lo que tiene que ver con política tiene una connotación claramente negativa –siendo esto el mérito dudoso de una generación de políticos que han hecho de lo político algo tan aparatoso, no creíble y *uncool*, que aparentemente, uno ya no puede identificarse de ninguna manera con eso. Los Kauder, Buetikofer, Steinmeier y Doering[222] han logrado que la arena de lo político aparezca como sociedades paralelas desprendidas y nada atractivas, de las que conviene mantener distancia. De esto se saca una vez más la conclusión de que todo esfuerzo para aprovechar la disposición al compromiso de los jóvenes de camino a una modernidad sostenible, está destinado al fracaso, si se presentan en su forma tradicional. Los jóvenes, dice el estudio, "pueden sentir interés por el idealismo, pero debe ser *cool*. Tiene que quedar claro que el que se compromete, se encuentre con los pies bien parados en el piso de la realidad, que tenga las cosas bajo control, que no sea un tipo llorón o con algún problema psíquico, ningún tipo político raro anticuado o ingenuo. Ese es el ojo de la aguja por el que de momento tiene que pasar una 'movilización social y política' de la juventud".[223]

En total, no es una mala noticia. Junto a los datos respecto a las posturas y valores, nos encontramos pues ante el descubrimiento interesante de que la disposición al compromiso es más fácil de activar en ámbitos de acción donde se puede hacer algo concreto y ver los resultados, es decir, cuando se trata de algo *donde uno aparece*. Pueden tratarse de ámbitos de acción muy diferentes y precisamente, no deben tener una orientación política determinada: *communities of practice*, arenas de experiencias de aprendizaje práctico

---

[218] *Idem*, pág. 202.
[219] Welzer, H. /Wessels, S.: Wie gut, dass auch die Nonkonformisten konform sind. En: *Merkur* 9/10, 2011, pág. 970-979.
[220] Shell, *Jugend 2010 (op. cit.)*, pág. 214.
[221] *Ibd.*, págs. 215 y 217.
[222] N. de T.: Nombres de varios políticos alemanes.
[223] Shell, *op. cit.*, pág. 225.

en común. El potencial para un cambio existe, solo que es necesario concretarlo y presentarlo de forma atractiva.

De ello se deduce que hay que buscarlos donde están, los compromisos y la disposición al compromiso, hay que aprender de las nuevas formas de asociación y de acción, y tener presente las diferentes formas de comunicación y movilización si se quiere poner en marcha un movimiento social hacia una modernidad sostenible. Se trata de aprender la resistencia y actualmente, los mayores no tienen nada que enseñarles a los jóvenes a ese respecto, nada. Al igual que la época de las enseñanzas, que también ya ha pasado; pues no hay expertos con especialización en transformación.

Alfabetización para una modernidad sostenible

De la misma manera que se puede aprender bastante de la inteligencia social de comunidades resilientes en Asia o Sudamérica para la marcha hacia a la modernidad sostenible, así se puede aprender seguramente algo de los jóvenes sobre las formas de asociación y comunicación que son efectivas actualmente. De todas maneras, es fundamental asumir el rol de alguien que aprende la capacidad de futuro, pues no sabemos cómo debe ser la combinatoria de estrategias sociales, tecnológicas y políticas con la que podríamos entrar a la modernidad sostenible. También por eso, el tiempo de los expertos y del aleccionamiento ha pasado. Forma parte de la necesaria alfabetización en pos de una modernidad sostenible no solo la búsqueda de formas resistentes de comunitarización, sino también la consulta de ideas, conceptos, posturas y técnicas culturales tradicionales, que actualmente parecen estar fuera de moda, pero que en el futuro, quizá sean muy útiles. Por ejemplo:

Tiempo

La colocación de la piedra fundamental para la catedral de la ciudad de Colonia en Alemania tuvo lugar en 1248, pero el edificio recién se terminó seis siglos después. Hoy todavía se hacen reformas continuas en la catedral; el ácido se come las piedras, aquí y allá se rompe algo, en realidad, el enorme edificio, como todos los de su tipo, se encuentra en permanente proceso de restauración. Por eso, aún existe un maestro de obras de la catedral. Este forma parte de una cadena sin fin de personas que estuvieron investidos con este alto cargo durante los últimos siete siglos, y el que hoy día es responsable de todas las medidas de construcción de la catedral, tendrá muchos sucesores. Si se es maestro de obras, sin duda se ejerce una tarea sostenible, porque se mueve dentro de un marco que fue determinado siglos antes. Claro que las tareas cambian con la tecnología y la respectiva situación medioambiental, pero aparte de eso, el trabajo del maestro de obras es parte de un proyecto comenzado por muchas generaciones antes que él y que estará terminado muchas generaciones después que él, si es que algún día se termina.

Mucho tiempo: la Catedral de Colonia, Alemania, alrededor de 1820, colocación de la piedra fundamental, 1248.

Uno puede decir: eso vale la pena. La catedral de Colonia sigue siendo la atracción turística más visitada de Alemania, no solo porque sus torres son las terceras más altas a nivel mundial. Una catedral así transporta futuro, porque es vehículo de una fe que se fundamenta más allá de las escalas temporales humanas. Pero lo que llama la atención es que un edificio tan antiguo, que no corresponde ni al espíritu de su época, ni a los requerimientos de funcionalidad, ni a su racionalidad económica, todavía lo deja a uno con la boca abierta cuando uno se encuentra delante de él o lo recorre. De todos modos, las iglesias y sus torres, siguen siendo en todas partes los mojones en el paisaje que uno ve desde las distancias más lejanas, y que a pesar de la creciente secularización y de las bajas oficiales de la Iglesia, son testimonio de mundos diferentes a los del presente. Esos edificios no tienen fecha de vencimiento.

A diferencia de los que se construyen en la actualidad y cuya edad calculada se vencerá ya en pocos decenios. Ni hablar de las construcciones instantáneas de los *discounter*[224], esos estados culturales de deterioro construidos para ser tirados abajo, a los que no les importa su respectivo entorno y en todas partes, en los centros de las ciudades, en los suburbios, en los pueblos, shoppings, están como las casillas para los perros a los cuales se puede tratar mal. Sirven al único propósito de vender, en lo posible, mercadería a bajo costo y por eso, son presente en estado puro. Su mensaje es que en este

---

[224] N. de T.: En inglés en el original: tiendas de descuento.

presente de lo único que se trata es de comprar objetos, da lo mismo bajo qué circunstancias.

La catedral y las casillas para los perros compradas pueden entenderse como conceptos diametralmente opuestos sobre el sentido de la vida, y cuál es la relación existente entre el pasado, el presente y el futuro. Los constructores de la catedral de Colonia, de la Capilla Sixtina o de la Iglesia del Salvador de Potsdam estaban interesados en que sus obras fueran tan significativas para los habitantes del futuro como les parecía a ellos mismos; por eso no tiene importancia cuánto tiempo y cuánto esfuerzo tuvieran que hacer. Lo mismo vale para el tiempo de vida de los maestros constructores, que muchas veces no pudieron ver terminados los edificios. Ello vale aún más para los maestros de jardines del siglo XVIII y XIX, que diseñaban sus paisajes ideales en la imaginación, de manera que las hojas de los árboles recién plantados, en un otoño lejano dentro de cien años, mostraran un juego de colores exactamente armonizados. Ese es un cálculo con los tiempos y las lógicas propias de una flora domesticada, pero ¡qué ideas sobre la transparencia y la irrelevancia de la actualidad se expresan allí! Un parque así, una obra de construcción de ese tipo, se diseña hacia el futuro, y de esa manera precisamente son codiseñadores de ese futuro, le confieren valor histórico.

La vivencia que uno puede tener al caminar por el parque Woerlitzer Gartenreich o el de Babelsberg proviene de otra época y es al mismo tiempo, muy actual. Combina períodos de tiempo prácticamente más allá de varias generaciones y se despreocupa de la limitación del tiempo de vida individual. Una sostenibilidad de ese tipo es un aporte a la estética de la buena vida.

La gente que trabaja hoy día en proyectos de ese tenor dentro de un marco de temporalidad transgeneracional, proyectos que surgieron antes que ellos y que existirán después de ellos, trabajan en una relación temporal totalmente diferente que el personal de las casitas de perro compradas. Paradojalmente, trabajan mucho más en relación al futuro, aunque trabajen en lo histórico. La modernidad sostenible requiere otro régimen de tiempo que la modernidad expansiva, por lo que se puede aprender bastante del desprendimiento temporal de los maestros de obras de la catedral y de los maestros jardineros en relación a lo que se necesitará en el futuro.

Lo mismo vale para todas las tareas que están sometidas a otras especificaciones de tiempo que el tacto sincrónico de la división moderna del trabajo. Alguien que, en calidad de restaurador del Metropolitan Museum en Nueva York reconstruye durante veinte años un *studiolo*[225] del siglo XV, trabaja en una temporalidad que está definida por el arte de las incrustaciones y la madera de nogal y de palo de rosa de casi seis siglos de antigüedad y que no

---

[225] N. de T.: En italiano en el original: ambiente privado de un palacio.

tiene que ver en lo más mínimo con los ritmos de la ciudad afuera. O si alguien aprende a tocar un instrumento musical, se somete a la lógica de funcionamiento del instrumento y a la lógica temporal de las partituras: todo lo demás no tiene sentido. Practicar con el instrumento tiene, a su vez, su propio tiempo, que solo se deja extender o reducir de forma limitada. Son las lógicas y los tiempos propios de determinadas cosas a las que uno tiene que someterse si quiere hacer algo con ello. Reconocerlo es la base no solo de una estética de la sostenibilidad, sino también de su puesta en práctica. Una modernidad reductiva tendría, en otras palabras, mucho que aprender de Francesco di Giorgio Martini.

Sostenible. *Studiolo* de Gubbio, taller de Francesco di Giorgio Martini, segunda mitad del siglo XV. Metropolitan Museum of Art, New York.

Austeridad

Cuando yo era un niño pequeño, probablemente alrededor de los cuatro años, una vez tiré un pan con manteca que me había preparado mi madre. Lo tonto fue que no lo tiré *en alguna parte*, sino cerca de nuestra casa, de manera que mi madre tuvo que encontrarlo. Una cosa fue el castigo por lo que había hecho; en qué consistió, no lo recuerdo. Pero el desprecio por haber tirado algo *que se puede comer* me persiguió durante todo mi período de liceo, donde durante mucho tiempo me fue imposible tirar panes que no había comido, fuera por el motivo que fuere.

Prefería entonces llevar encima durante semanas viejísimos sándwiches envueltos en papel manteca ablandado en mi mochila, porque no lograba reunir el valor suficiente para –como se diría hoy– disponer de ellos. Simplemente no era posible. La experiencia de un pecado totalmente secular era demasiado profunda. Recién más adelante aprendí a no tener consideración por los alimentos. Hoy día tiro pan a la basura sin dudarlo. Con ello, sigo las pautas normativas de nuestro modelo cultural. Sin embargo, la austeridad se basa en otro modelo: se trata de no consumir, bajo ningún concepto, más de lo que se tiene a disposición, y si es posible, "ahorrar" algo de eso para la situación que puede darse en cualquier momento, de que "uno pudiera necesitarlo una vez más". La mayoría de las personas pertenecientes a mi generación vivieron la austeridad de sus padres como una virtud que se había independizado por completo. Debido a la experiencia de la escasez de los últimos años de guerra y especialmente de la época temprana de posguerra, muchos alemanes todavía eran ahorrativos cuando hacía mucho que no tenían por qué serlo. Había todo tipo de dichos sobre la virtud del ahorro ("Quien ahorra una peseta cuando puede tiene un duro cuando quiere.", "El dinero del tonto se escurre pronto."… etc.). Existía la alcancía, la libreta de ahorros, el día mundial del ahorro. Ante tanta compulsividad protestante que, por supuesto, podía transformarse en un amor perverso por el dinero, era fácil pasar por alto que el ahorro no solo tiene aspectos desagradables, sino que, por ejemplo, ayuda a evitar dependencias innecesarias. Si uno no tiene créditos a devolver, puede disponer libremente de sus ingresos, si se tiene conciencia de lo que "uno puede permitirse" y lo que no, ni siquiera cae en dependencias deudoras. El recelo respecto a las compras a plazos y créditos al consumidor, extendido en Alemania durante largo tiempo, tiene su raíz exactamente en eso –y en la ética protestante respecto a que uno debería comer su pan con el sudor de su frente, es decir que primero había que habérselo ganado, antes de consumirlo. Y en lo que se refiere al pan, hace poco volví a recordar por primera vez que en nuestro pueblo cada año se festejaba la fiesta de Acción de Gracias. Para nosotros, los niños, era simplemente una hermosa fiesta con tractores y remolques adornados, pero sustancialmente, se trata de un ritual que recuerda que no es algo obvio el tener siempre y bajo toda circunstancia algo para comer.

Ello se vincula a una conciencia incuestionable de que lo que se come viene de algún lado, en otras palabras, que fue sembrado, regado, abonado, cosechado, transportado, mientras que las cadenas de producción de valor del presente hacen completamente invisible el metabolismo que las sustenta. El abastecimiento desde afuera significa siempre que los productos dejan de tener origen e historia; que la austeridad siempre transporta también una conciencia sobre la finitud básica de los recursos, y es por lo demás, una técnica social que tiene que ver con la capacidad de los seres humanos de prever y planificar –no se debería subestimarla solo porque entretanto se diferencia del modelo cultural expansivo. En este, una reducción homeopática del nuevo endeudamiento vale ya como "ahorro", aunque sea exactamente lo contrario.

Mientras que en la política y en la administración se ha vuelto norma "vivir por encima de sus posibilidades", en lo privado, el tener deudas sigue siendo aceptable solo segmentariamente, por ejemplo, dentro del marco de la financiación de inmuebles. Por lo demás, la mayoría de la gente no gasta más de lo que tiene, es decir que administran de forma sustentable. El hecho de que en este caso dormite un recurso del comportamiento para el camino hacia una modernidad sostenible, se desprende también por ejemplo de la sabiduría colectiva que quedó demostrada hace algunos años, cuando en encuestas, los ciudadanos de Alemania rechazaron las reducciones de impuestos porque las tristes finanzas del estado no lo permitían.

Responsabilidad

Del horizonte de valores de la cultura burguesa y pequeño-burguesa en la Alemania de posguerra no solo formaba parte la austeridad, sino también –a pesar de su gran apego a las relaciones basadas en la autoridad– la responsabilidad propia. Resumido en la enérgica formulación "poner el hombro por algo", los errores se consideraban subsanables cuando se aceptaba haberlos cometido y aunque contrito, se estaba dispuesto a cargar con las consecuencias: aceptar el castigo, reparar o mitigar los daños, etc. El ideal propio de aceptar la responsabilidad por lo que uno ha hecho, significa también sopesar las consecuencias de la propia actuación y solo hacer algo, cuando según la situación, uno puede responsabilizarse por ello. Es la razón por la que se posibilita también correr riesgos y sobrepasar límites, al tener conciencia de que uno es y puede ser responsable por las consecuencias de tales excesos. Con ello, la responsabilidad propia mantiene la relación –entre la decisión y las consecuencias– necesaria para un comportamiento atento. La responsabilidad propia es socavada por largas cadenas de actuación que solo admiten una responsabilidad particular, por lo que la mayoría de los contextos de actuación en las sociedades modernas están dominados por una falta sistemática de responsabilidad, y al revés, apenas puede desarrollarse un sentimiento de responsabilidad personal por lo que al final resulta de una cadena de actuación. Claro que la pérdida de atribución de las consecuencias de las decisiones pertenece a un modelo cultural construido él mismo sobre la falta de consecuencias respecto al manejo de los recursos. De ahí que la responsabilidad propia en calidad de capacidad social sea algo imprescindible para el camino hacia la modernidad sostenible, de acuerdo con Guenther Anders: hay que poder imaginar lo que se puede hacer.

Por lo demás, desde el punto de vista filosófico, los seres humanos son los únicos que pueden tener responsabilidad, porque la conciencia de futuro es la condición para anticipar las futuras consecuencias de las acciones. No pocos filósofos, entre ellos Hans Jonas, han deducido de esta circunstancia, que las personas deben asumir la responsabilidad por otros para la previsión de la existencia, para la actitud respecto al manejo del mundo: "Tener de facto alguna responsabilidad por alguien en algún momento […] es parte tan inseparable de la esencia del humano como que él, por lo general, es capaz de asumir responsabilidad. […] Con ello todavía no es moral, pero sí un ser moral, es decir, uno que puede ser moral o inmoral."[226] En otras palabras, la responsabilidad propia tiene como condición la decisión de querer actuar de forma responsable o irresponsable. El modelo cultural de la modernidad expansiva favorece –cuanto más avanza, tanto más– la irresponsabilidad, porque ignora cada vez más la causalidad entre las condiciones y las circunstancias de su existencia. El modelo cultural de una modernidad sostenible pondría precisamente esta causalidad en el centro –lo que sería, nuevamente según Hans Jonas, el reconocimiento de la falta de autarquía de la existencia humana: cada forma de vida, también la humana, depende del intercambio con la naturaleza.

Muerte

Al hecho de que los seres humanos no son autárquicos se agrega también la circunstancia lamentable, pero inamovible de que debe morir. La muerte

---

[226] Jonas, H.: *Das Prinzip Verantwortung. Versuch einer Ethik für die technologische Zivilisation*, Frankfurt am Main, 1984, pág. 185.

es especialmente desagradable cuando como en la modernidad desmitificada, ya no le espera a uno un más allá, cuando la vida terrenal se ha acabado. El programa metafísico de la modernidad consiste, según lo anterior, en la superación de la finitud, siendo su forma económica el intento secular de superar la muerte. Este programa es metafísico porque en principio nada es tan cierto como la muerte, pero el "progreso", el "desarrollo", el "crecimiento" intentan superarlo con toda la fuerza o por lo menos, demorarlo, lo que con la duplicación de la expectativa de vida en solo un siglo, se ha logrado de forma impresionante. También y justamente tras de la fascinación por las energías "renovables", se encuentra esta idea metafísica del infinito.

Pero a pesar de todo progreso, el hecho innegable de que no se pueda eliminar la muerte, hace que sea tan marginal y socialmente inexistente en una cultura como la nuestra, claro, porque niega radicalmente todas las ideas sobre lo ilimitado del crecimiento y todas las promesas sobre las bendiciones de la riqueza. Asimismo, la idea sobre una vida plena, en la que no exista la necesidad de expansión y la muerte pierda el miedo que causa, se encuentra confrontada a "un mundo en el que hay posibilidades ilimitadas para el consumo, sin sentido y sin utilidad".[227]

La muerte es, en cierto modo, el rechazo final a consumir, y la refutación de toda idea de infinito; por eso no tiene lugar en la modernidad expansiva. Eso es muy desagradable para los que tienen que morir, porque nuestro modelo cultural no tiene ningún concepto para ello, y el *manejo* de este fenómeno se lo deriva a instituciones tradicionales como a la asistencia espiritual. Durante mucho tiempo, el acompañamiento en la muerte no tuvo ningún lugar en la formación de los médicos, y así es cómo por lo general, el trato a los moribundos se realiza de forma torpe y humillante para todos los involucrados. La modernidad expansiva, según la imagen que tiene de sí misma, es *open end*[228]; la muerte, según esto, no es problema de la sociedad: "En la sociedad moderna, el lugar para dar sentido a la muerte", escriben los sociólogos Armin Nassehi y Georg Weber, "parece ser solo el nivel intrasubjetivo del yo. Por un lado, no existe un mundo simbólico de validez general en el sentido tradicional, por el otro, los portadores de sentido del mundo moderno no pueden ni explicar ni hacer comprensible la muerte."[229]

"La soledad de los muertos en nuestro tiempo", a la que Norbert Elias dedicó un pequeño libro, es una consecuencia de haber perdido la noción de que la vida representa simplemente un ciclo temporalmente variable, pero inevitablemente limitado entre el punto de inicio del nacimiento y el punto

---

[227] Begemann, Verena: *Hospiz – Lehr- und Lernort des Lebens*, Stuttgart, 2006, pág. 15.
[228] N. de T.: En inglés en el original: de final abierto.
[229] Nassehi, A./Weber, G.: *Tod, Modernität und Gesellschaft. Entwurf einer Theorie der Todesverdrängung*, Opladen, 1989, pág. 198.

final de la muerte; más allá de eso, por más que uno se esfuerce, simplemente no va. En una cultura que ha logrado extraer los trayectos vitales en particular de la secuencia generacional e individualizarlos de tal forma que solo se encuentran ante la tarea del aprovechamiento máximo de su propio tiempo de vida, ni siquiera existe ya el concepto consolador de que la vida tiene prolongaciones hacia atrás, a la generación predecesora y hacia adelante, a las generaciones que le seguirán. Cuando se vive una vida que avanza inexorablemente de un estado de pasaje al otro, debe evitarse a toda costa, dentro de lo posible, el pensar en la muerte: ¡de lo contrario, todo ello no tiene ningún sentido!

Y de hecho, ese reconocimiento es sorprendente cuando las personas llegan a situaciones que representan una amenaza para su vida, por enfermedad grave o accidentes, y se ven confrontados a la propia muerte o a la de sus familiares: de repente, las cosas que poco antes parecían enormemente importantes, el préstamo para ahorro-vivienda, la seguridad del puesto de trabajo, la barriga que molesta, el auto, ya no son tan importantes y de lo que se trata es de algo bien diferente: de lo que uno ha perdido la oportunidad de decir y que ahora no puede reparar, de su propia insuficiencia como pareja, del despilfarro de tiempo de vida valioso, de prioridades que de pronto, le parecen equivocadas, de la fe y de la incapacidad para ello; en pocas palabras, de las famosas pequeñas cosas que ahora resultan ser las primeras y más importantes.

Desde que en la asistencia médica se trabaja más con relatos biográficos y a través del meritorio trabajo de los centros de acompañamiento en la muerte, tiene lugar una mayor interacción con los moribundos, más allá del círculo familiar más estrecho y se confirma lo que siempre se ha sabido de forma intuitiva: cuando se trata de la muerte, a diferencia de lo que se pensaba, son otras las cosas que cuentan. Si uno de los principios más importantes del trabajo de los centros de apoyo para moribundos se basa en que cada persona tiene el derecho de no estar solo al morir[230], una vez más, no solo echa luz sobre el hecho de que la vida humana –hasta el último momento– depende de vínculos y reconocimiento, sino también de que en nuestro modelo cultural, para los vivos parece ser más agradable no tener nada que ver con los muertos. Pues les recuerdan la inevitabilidad de la muerte y ciertamente, son el *memento* molesto de que lo que justo le ocupa tanto a uno, lo estresa, le quita el aire, lo que a uno le importa y para lo que uno trabaja, realmente no tiene mucho valor. Morir y la muerte no pueden traducirse en términos económicos.

---

[230] Begemann, *Hospiz*, (*op. cit.*), pág. 19.

Harald Welzer

Lo que tiene que ver con experiencias propias y relacionales, tampoco. Lo mismo vale para los sucesos vitales críticos[231] en general, es decir, para todas las circunstancias que interrumpen abruptamente el transcurso esperable de la vida cotidiana habitual y que colocan a los afectados ante considerables problemas de cómo lidiar con ellos: desempleo, divorcio, pérdida de seres queridos y amigos, enfermedad, invalidez, persecución, traumas de todo tipo. En todos esos casos, los afectados por lo general se plantean preguntas acerca del valor y del sentido de las prioridades que ellos han establecido bajo condiciones normales, y otras cosas comienzan a ser importantes. Pero eso no significa otra cosa que esas cosas diferentes –confianza, salud, sentirse protegido, cuidados, amistades, etc.– conforman el fundamento de nuestra existencia cotidiana, pero no se vuelven visibles mientras la superficie de usuarios de la cultura expansiva se mantenga intacta. De lo que se trata es de liberar ese fundamento, de hacer lo inesperado, sin que las circunstancias negativas externas lo obliguen a uno. En otras palabras, uno puede empezar a tomarse en serio a sí mismo antes de la situación de emergencia.

---

[231] Filipp, S.H. (Hg.): *Kritische Lebensereignisse*, München, 1981.

Reparaciones, innovaciones en el aprovechamiento

En las sociedades en las que la riqueza y el nivel del abastecimiento desde afuera no están tan extendidos como en Europa Occidental y en los Estados Unidos, hay dos técnicas culturales difundidas que en Alemania casi están extintas: las reparaciones y la reconversión. Prácticamente todos los artículos de uso se rompen en algún momento, sea por daños, deterioro o desgaste, por obsolescencia planificada, es decir, la incorporación planificada de defectos que aparecen después de cierto tiempo. Mientras que el totalitarismo de consumo aspira a sustituir de inmediato el aparato que no funciona por uno nuevo, y utiliza para ello mucha creatividad para *no* hacer intercambiables las partes, las personas, en las sociedades más pobres con zonas de consumo limitadas, desarrollan habilidades para mantener a cualquier precio los objetos, aparatos y medios de transporte –piénsese solamente en los barrocos "cruceros" de la calle en Cuba. Tradicionalmente, eliminar defectos es la tarea de las profesiones clásicas de la artesanía, no tiene por qué tratarse de improvisación, pero muchas veces sería más caro hacer reparar algo que comprarlo nuevo, porque hoy en día casi nadie hace reparar un televisor, una heladera o una máquina de lavar cuando el período de garantía está vencido. Lo mismo vale para la ropa y los muebles. Zurcir medias está bastante pasado de moda, al igual que reparar muebles desgastados.

Harald Welzer

Sostenible. Auto en Cuba.

Y eso que las técnicas culturales de la preservación serían enormemente importantes para una modernidad sostenible. Un producto que no se sustituye no requiere gastos de fabricación: cuanto más se prolonga su ciclo de vida, tanto más sosteniblemente se utilizan los recursos que se consumieron para fabricarlo. Por eso en los últimos años, aparecen tiendas de reparaciones en las metrópolis, allí pues donde las innovaciones culturales se difunden más rápido. En Berlín, por ejemplo, en las mejores locaciones, hay sastrerías especializadas en hacer arreglos, con el lindo nombre de: "Hasta que se me caiga del cuerpo", en el que se realizan todo tipo de medidas de mantenimiento, desde el *upcycling*[232] de un vestido de diseñador hasta el zurcido de medias.[233] *Upcycling* es una estrategia para hacer de objetos "viejos", objetos nuevos –con lo que una marca de moda, por ejemplo, que genera valor agregado precisamente por la combinación de telas y cortes ya utilizados, en poco tiempo se convirtió en una marca de moda.[234] Un principio similar persigue la Bolsa de Reciclaje de Herford que en cooperación con artistas y diseñadores, convierte muebles viejos en piezas de diseño multipremiadas.[235] El tema del pabellón alemán en la Bienal de Arquitectura de Venecia 2012 era: *Reduce, Reuse, Recycle*[236]. Se trataba de ejemplos de metamorfosis arquitectónicas: en lugar de tirar abajo edificios, uno los transforma, los amplía,

---

[232] N. de T.: En inglés en el original: reciclaje para mejorarlo.
[233] www.lisad.com/bisesmirvomleibefaellt/
[234] www.schmidttakahashi.de
[235] www.recyclingdesignpreis.org
[236] N. de T.: En inglés en el original: Reduzca, reutilice, recicle.

los cambia. Los resultados son realmente sorprendentes: intervenciones no muy profundas verdaderamente llevan a extraordinarios cambios en su uso. "La arquitectura" –escribe Niklas Maak– "produce en este caso el efecto de un movimiento de judo, en el que con un simple gesto, fuerzas enormes son transformadas en algo positivo e incluso, donde solo se suponía tristeza, surge la belleza de la forma clara."[237]

Si con un *upcycling* así las casas siguen siendo casas y la ropa, ropa, entonces, ese tipo de innovaciones para el uso conducen a una utilización bien diferente de los objetos, instalaciones o estructuras existentes. Esta técnica cultural también está muy difundida en las sociedades que sufren escasez y carencia –en la extinta RDA, se presentaban ejemplos especialmente llamativos dentro del marco de la emisión televisiva *Aussenseiter Spitzenreiter*, que actualmente se está emitiendo nuevamente: por ejemplo, cuando alguien había construido un caño de escape utilizando latas de conserva.

El ámbito de aplicación de las innovaciones para el uso es infinito. Abarca desde la reconversión de ríos y canales al transporte marítimo de carga y de pasajeros con embarcaciones solares, a la utilización de productos de huertas para el *catering* de festivales[238], hasta la unión de un hogar para ancianos con un jardín de infantes. Lo que sucede cuando se realizan tales innovaciones de uso es espectacular; en el último ejemplo, las demandas de los adultos mayores por tener tareas útiles se satisface por medio de la posibilidad de cuidar niños, siendo una descarga tanto para la institución como para los padres, y para los niños son encuentros intergeneracionales que de lo contrario no hubieran tenido. Ese tipo de valor agregado surge sin ningún gasto material, simplemente mediante inteligencia social.

En la modernidad expansiva que prácticamente explota de infraestructuras, se encuentra un sinnúmero de cosas que podrían ser aprovechadas de otra manera. Al igual que en Nueva York donde una antigua calle para tranvías se convierte en una autopista para bicicletas, del mismo modo, en muchos lugares, los barbechos urbanos se convierten en jardines interculturales.[239] Y de la misma manera, por ejemplo, en la modernidad sostenible podrían aprovecharse casi trece mil kilómetros de autopistas para colocar turbinas de viento, que luego no tendrían que arruinar el paisaje en otras partes. O como superficies para paneles solares. O para ambas cosas, y la tercera vía se utiliza todavía para el transporte de mercaderías con camiones eléctricos. La fantasía, eso es lo elegante de las innovaciones para el uso, no tiene límites en principio, cuando uno se ha despedido de una vez de la idea

---

[237] Maak, N.: Stehen lassen! En: *Frankfurter Allgemeine Sonntagszeitung* vom 26/8/2012, pág. 23.
[238] Ahlert, M. *et al.* (Hg.): *Berliner Atlas paradoxaler Mobilität*, Berlin, 2011.
[239] Müller, Christa: *Urban Gardening. Über die Rückkehr der Gärten in die Stadt*, München, 2011.

de que algo solo podría ser utilizado en el sentido de esa utilización unidimensional que algún ingeniero tuvo en mente cuando planificó el objeto. Las innovaciones para el uso y las conversiones de la utilización son confirmaciones empíricas muy evidentes de la teoría de que todo podría ser diferente.

Sostenible. Innovación de uso: cerca de jardín en Sicilia.

Cooperativas

Al igual que hoy en día la reparación y reconversión representan reanimaciones de técnicas culturales tradicionales que el consumo totalitarista hubiera preferido eliminar, así también se encuentran formas de administración comunitaria de recursos que el neoliberalismo aún no ha podido destruir. Es precisamente en tiempos de crisis económicas y financieras que experimentan un renacimiento sorprendente las cooperativas.

Esta forma económica comunitaria es tan antigua como la historia de la humanidad, pues finalmente, también las culturas de los cazadores y recolectores consistían en grupos cuyos miembros aprovechaban determinadas zonas de forma cooperativa para asegurar la supervivencia. Lo mismo vale para la época después de la revolución neolítica, cuando los seres humanos se volvieron sedentarios y empezaron a dedicarse a la agricultura y ganadería. Comparativamente, el uso privatizado de suelos, bosques y aguas es de fecha más temprana, pero se ha expandido de forma rasante hasta el día de hoy como proceso de diferenciación entre usuarios y encargados de trabajarlos y finalmente, ha llevado a esa cultura del abastecimiento de afuera con división del trabajo tal como la conocemos. Pero con nosotros, la administración comunitaria jamás desapareció del todo tampoco, y su primer renacimiento lo vivió exactamente con el ascenso del capitalismo: a mediados del siglo XIX, los trabajadores fundaron en Inglaterra las primeras empresas cooperativas; en 1867, Friedrich Wilhelm Raiffeisen inauguró el "Heddesdorfer Darlehens-kassenverein"[240], el modelo para todos los bancos populares y Cajas de ahorro posteriores. Al mismo tiempo, se fundaron las primeras cooperativas de compra y productores, los nombres "Konsum" y "Coop" son testimonio todavía de esa tradición, cuando nadie sabía ya que habían existido antes.

Actualmente, el principio de las cooperativas vive un renacimiento; la cantidad de comunidades de productores organizados de forma cooperativa en los ámbitos de la economía energética y agrícola, así como de la

---

[240] N. de T.: Asociación de Cajas de préstamos de Heddesdorf

Harald Welzer

movilidad, apenas pueden contarse con los dedos de las manos; también las financiaciones cooperativas de proyectos en forma de *crowd funding* continúan extendiéndose cada vez más.[241] El modelo tradicional de la cooperativa de construcción de viviendas encuentra su reedición en grupos de construcción que combinan fines sociales con los sostenibles, por ejemplo, en forma de casas de varias generaciones hechas mediante construcción pasiva.[242]

De camino a la modernidad sostenible, el retorno a las cooperativas es un paso importante, pues en ellas no son los beneficios privados los que están en primer plano, sino los de la comunidad. El hecho de que las estructuras cooperativas sean también más resilientes que las de la economía privada, queda demostrado además por la crisis financiera: las Cajas de Ahorro y los Bancos Raiffeisen no tuvieron que ser "rescatados". Una política que se apoya básicamente en principios de economía comunitaria y los extiende en calidad de *commoning*[243] a otros ámbitos, desde el cuidado de los ancianos al desarrollo de *software*, gana de momento muchos adeptos. El estímulo lo dio asimismo la concesión del premio Nobel de ciencias económicas a Eleanor Ostrom; ella se había dedicado durante toda una carrera científica a las posibilidades y límites de los *commons*.[244]

El hecho de que los *commons* de hecho podrían y deberían significar una "política más allá del mercado y del estado", tal como lo promete el título de un libro actual[245], es puesto en duda. Yo consideraría más bien peligrosa una privatización a favor de una amplia localización de las estructuras de decisión, porque los pequeños zootopos, especialmente en lo relativo a la formación de opinión, muchas veces desarrollan dinámicas extrañas, pero no cabe duda de que las cooperativas, al igual que la estrategia ampliada del *commoning,* se adecuan a la modernidad reductiva.

El renacimiento de las bolsas de intercambio también forma parte del ámbito del *commoning*. Su principio es simple: a alguien le instalan el nuevo ordenador y a cambio, pinta las paredes del living del técnico informático. Más allá del favor informal, en las sociedades altamente divididas en su trabajo y funcionalmente muy diferenciadas, así como ampliamente abastecidas desde afuera, algo así es muy difícil de organizar si se deja fuera aquel medio que convierte a los bienes y servicios desiguales en iguales: el dinero.

---

[241] www.regionalwert-ag.de
[242] www.zeitraum-architektur.info
[243] N. de T.: En inglés en el original: el término *commoning* ha sido popularizado por el historiador Peter Linebaugh, cuyo libro *The Magna Carta Manifesto* afirma el derecho de la gente de utilizar los *commons* (recursos comunes) para satisfacer sus necesidades básicas.
[244] Ostrom, Elinor /Helfrich, Silke (Hg.): *Was mehr wird, wenn wir teilen. Vom gesellschaftlichen Wert der Gemeingüter*, München, 2011.
[245] Helfrich, Silke /Heinrich Böll Stiftung (Hg.): *Commons. Für eine Politik jenseits von Markt und Staat*, Bielefeld, 2012.

El intercambio de prestaciones de trabajo propio requiere de tres condiciones: confianza y reglas implícitas, como ya fueron tematizadas respecto a la resiliencia (ver pág. 199 y sig.), tiempo disponible y una moneda local en la que puedan calcularse los servicios. En lo que refiere a la confianza y a las reglas, se pueden utilizar las tradiciones representadas por las organizaciones formales e informales de ayuda mutua. Sin embargo, disponer de suficiente de tiempo propio para el trabajo tiene como condición otros modelos de organización del trabajo remunerado y de la producción en relación a lo que estamos acostumbrados –en ese caso, se requiere por un lado, el sumarse a la lucha exitosa por la jornada laboral, es decir, una retradicionalización política de los contenidos sindicales (quizás entonces los sindicatos se vuelvan más atractivos nuevamente). En los años 1970 y 1980, la reducción de la jornada laboral conformaba el reclamo central de los sindicatos en Alemania. La reducción de la jornada laboral significa la distribución de beneficios basándose en el aumento de la productividad, a nivel del tiempo en lugar de la remuneración. Sin embargo, por su lado, se pedían –con una cierta medida de visión política a corto plazo- reducciones de la jornada laboral "con plena equiparación de los salarios". Al menos, ello fue suficiente para introducir la semana de treinta y cinco horas, que en el período que siguió, volvió a ser introducida sucesivamente– en el presente, los que trabajan a tiempo completo, trabajan en promedio 40,7 horas por semana.[246] Es tiempo de discutir políticamente la reducción de la jornada laboral como estrategia de sustentabilidad.

Además de la amplia difusión de la moneda regional, o lo que es lo mismo, de medios de pago localmente limitados con los que se puede calcular mutuamente el trabajo propio, los ingresos básicos incondicionados constituyen otro requisito para la transformación del sistema de jornadas laborales. A diferencia del sistema actual, que por lo general se orienta según las rentas de trabajo y que prevé indemnizaciones para aquellos que por el motivo que fuere, no obtienen ingresos, en el caso del ingreso básico sin condiciones no existen condiciones para recibirlo. A cada miembro de la sociedad le corresponde por un monto de acuerdo con un estándar mínimo civilizatorio. El ingreso básico, pues, no tiene que ser más alto que el actual Hartz IV[247], pero le corresponde a todos sin control y sin regulaciones, con lo cual podría prescindirse de todo el aparato burocrático. Este tiene sus raíces, por lo demás, en la función educativa y de adiestramiento que con la llegada del sistema

---

[246] *Frankfurter Allgemeine Zeitung*: Deutsche arbeiten häufiger nachts und am Wochenende, http://www.faz.net / aktuell /wirtschaft /arbeitszeiten-deutsche-arbeiten-haeufiger-nachts-und-amwochenende-11861812.html del 20. 08. 2012.

[247] N. de T.: Ayuda financiera para los desocupados, ley del 2002.

industrial[248], fue atribuida al trabajo y a la disciplina. La introducción de "casas de trabajo"[249] como instituciones correccionales y reformatorios para jóvenes de conductas difíciles, servía a la práctica de virtudes secundarias tales como puntualidad, aplicación, amor al orden, etc.; está entrelazada inseparablemente con la historia del capitalismo. El control sobre aquellos que no participan en el sistema de trabajo remunerado y las restricciones que atraviesan la burocracia de las indemnizaciones y su lenguaje de la época del emperador Guillermo II, provienen directamente de esa tradición. Con los ingresos básicos incondicionados, por fin se eliminaría esa vieja carga de la modernidad temprana; la decisión del nivel existencial según el cual se quiere vivir quedaría librada a cada uno en particular y sin humillaciones.

Los ahorros estructurales relacionados con ello compensan los gastos adicionales que surgen debido al número mucho mayor de receptores de ingresos básicos; por lo demás, se pueden encontrar modos de control para implementar a partir de qué monto de ingresos se suprime el salario mínimo, por ejemplo, mediante un impuesto a la renta negativo. Por supuesto que se puede renunciar voluntariamente a recibirlo, si a uno le parece que le alcanza lo que tiene. En todo caso, el salario mínimo sin condiciones para aquellos que lo desean, permitiría un manejo muy diferente del tiempo y así, traería consigo sucesivamente también otra consideración normativa respecto al aprovechamiento del tiempo. Si hoy el tiempo de trabajo vale exclusivamente como tiempo utilizado de forma razonable desde el punto de vista funcional, en la modernidad sostenible, tanto los tiempos utilizados para el trabajo propio como los dedicados al ocio podrían ser valorados de igual forma, ya que la valía del tiempo se trasladaría más a la persona en particular y a sus necesidades y preferencias. Mediante otras formas de mezcla, se darían relaciones totalmente nuevas de combinación de trabajo y tiempo libre; tendencialmente, incluso, esa separación podría desaparecer. El tiempo, mucho más que en la modernidad expansiva, podría convertirse en el propio tiempo.

---

[248] Marzahn, Christian: Das Zucht- und Arbeitshaus. Die Kerninstitution frühbürgerlicher Sozialpolitik, in: Marzahn, Christian /Ritz, Hans-Günther (Hg.): *Zähmen und Bewahren. Die Anfänge bürgerlicher Sozialpolitik*, Bielefeld 1984, pág. 7-68.
[249] N. de T.: Especie de asilos donde la gente pobre podía alojarse, pero también trabajar (provienen de los años 1600). En Inglaterra: *workhouse*.

Alianzas

A pesar de toda crítica justificada a la postdemocracia[250] y a la despolitización de lo público, la creciente crítica a la política de los políticos ha llevado también a un alejamiento productivo de los esquemas en los que se clasifica lo político. Actualmente, "izquierda" y "derecha" son anacronismos. Ni el énfasis "izquierdo" en referencia a los derechos de los trabajadores y del aseguramiento del puesto de trabajo tiene futuro, ni lo son las supuestas orientaciones según la clase media del partido alemán FDP (liberales) y de los partidos cristianos. Hoy día, los conservadores están a favor del *splitting*[251] de los cónyuges para comunidades de vida de gays, y los de izquierda, a favor de mantener los puestos de trabajo en la industria armamentista o de una vez, se convierten en lobistas para Gazprom.

Como los contenidos políticos solo juegan un rol desde el punto de vista performativo, pero apenas desde el programático, todos los partidos se han vuelto socialdemócratas, lo que, por lo demás, para estos últimos tiene que ver con cómo ganar protagonismo, y para los Verdes, con el reverdecimiento omnipresente. Ambos partidos han perdido el *unique selling point*[252], lo que lleva a que casi todos los electores estén a favor de sus posturas, pero luego voten por otro, o no voten.

Sin embargo, una estratagema tal de la historia solo hace referencia a que las categorías clásicas de clasificación política han sobrevivido. Entre otras cosas, esto también queda demostrado por el hecho de que ninguno de los partidos alemanes estaría a favor de otra idea de sociedad que la que ha surgido en el siglo XX. En realidad, todos quieren la democracia de la economía de mercado en una versión más o menos sostenible; nadie quiere la democracia sostenible en versión mayor o menor de economía de mercado. Como las programáticas políticas surgieron en el siglo XX, no encuentran respuestas

---

[250] Crouch, Colin: *Postdemokratie*, Frankfurt am Main, 2008.
[251] N. de T.: En inglés en el original: separación de bienes.
[252] N. de T.: Id.: Punto único de venta.

a los desafíos del siglo XXI, que pueden resumirse en la cuestión de cómo se puede mantener el nivel civilizatorio logrado con consumo radicalmente reducido de recursos. La *green economy* ciertamente no es una respuesta para eso, la economía tradicional de crecimiento menos todavía.

Los esquemas clásicos izquierda-derecha, existen –absurdamente- solo a nivel de las imágenes de sí mismos de los autores políticos, en ninguna otra parte. Solo esos aún son lo suficientemente caraduras como para combatir conceptos razonables únicamente porque fueron propuestos por alguien del otro partido, y para representar algunos conceptos ridículos más allá del límite de lo embarazoso, porque vienen del propio partido. Ese carácter tipo *clown*[253] de la política de los políticos muy injustamente llamada *realpolitik*[254], ha llevado, como ya se ha dicho, a una desacreditación de todo lo que en este sentido es denominado política entre la joven generación. Y la circunstancia de que la cuestión de la modernidad sostenible plantea problemas no específicos de clase social o clase muy diferentes de los del conflicto entre capital y trabajo, ha hecho que las tradicionales antinomias, con toda razón, ya no tengan sentido. La línea demarcatoria de lo político transcurre actualmente entre hostilidad hacia el futuro y capacidad para el futuro.

Ello abre posibilidades de futuro totalmente nuevas. Así no hay problema en tender puentes entre los ecologistas *hardcore*[255] del pueblo ecológico "Sieben Linden" y antiguos *top managers*, cuando se trata de estrategias post-crecimiento, puede haber coaliciones entre preservadores cristianos de la creación y activistas interculturales de jardines, o entre nadadoras de contenedor y chefs de cocina con varias estrellas, cuando se trata pues de la valoración de la alimentación. Tales combinaciones son nuevas y valiosas, porque reúnen capacidades dispares y las unifican, las que, bajo condiciones políticas tradicionales, no se unificarían. La idea, por ejemplo, de adquirir derechos de pesca y darlos a la administración cooperativa de las comunidades locales, solo puede ser puesta en práctica en el lugar mismo, mediante una alianza entre financistas adinerados, productores locales y activistas interculturalmente versados y dignos de confianza. Con combinatorias tales de dinero, poder, inteligencia local y social, se puede vencer al capitalismo con sus propios medios, pues la contraparte, por lo general, *no* dispone de una combinatoria así.

Las posibilidades de alianza de ese tipo no habrían podido existir hace uno o dos siglos, porque los conceptos de enemigo tradicionales todavía eran efectivos. Ellas contribuyen a un movimiento social hacia la modernidad

---

[253] N. de T.: Id.: Payasesco.
[254] N. de T. Política realista.
[255] N. de T.: En inglés en el original: del núcleo duro.

sostenible cuando se consideran políticas, en tanto son conscientes de que deben imponer sus intereses respecto a la preservación del futuro contra aquellos que están más interesados en el presente. Ello significa una repolitización del pensamiento ecológico y sostenible: una definición de lo que uno quiere ser y en qué mundo quiere vivir. Ese mundo se diferencia del actual en lo referente a sus conceptos básicos sobre la buena vida, prefiere orientaciones a largo plazo frente a las de corto plazo, el bien común por encima de la utilidad propia, el bienestar de tiempo antes que el bienestar material, conservación antes que destrucción, libertad antes que consumo.

Ninguno de los que están a favor de mantener lo existente, de lo cual se benefician, dejará el campo libre voluntariamente o será inducido a retroceder mediante conferencias internacionales. El camino hacia una modernidad sostenible no transcurre a través de un discurso libre de poder. Se trata, como es habitual en lo político, no solo de los mejores argumentos, sino también siempre de las mejores posibilidades para lograrlo. La lucha y la resistencia forman parte de ello, al igual que, como ya se ha dicho, la disposición a quitarse privilegios a sí mismo. Pero lo que se puede ganar en perspectivas y chances en nuevas combinatorias de alianzas, compensará ampliamente esa renuncia a los privilegios; finalmente, se es parte de un proceso de aprendizaje social con objetivo claro y resultado incierto. ¿Qué podría ser más interesante?

Márgenes de acción

En una sociedad libre, democrática y opulenta, todas las personas tienen márgenes de acción. Claro que son de diferente tamaño, según en qué lugar de la jerarquía social uno se encuentra. Pero, incluso los receptores de Hartz IV, cuya existencia está fuertemente limitada en lo material, pueden decidir qué hacer con su tiempo, cómo educar a sus hijos, qué leen, ven, juegan, dicen, y cómo se comprometen. La mayoría lo hace también y rechazaría, con razón, la imagen mediática que se presenta de ellos, de los miembros de la sociedad pasiva que miran el canal de TV alemán RTL tomando cerveza, comiendo mal y con sobrepeso.

Márgenes de acción. Ejemplo: familia Hartz IV.

Pues es un error fundamental que solo sirve para la persona que lo piensa, pensar que las personas de otra clase social a la de uno tienen características que uno mismo no tiene –¡a Dios gracias!; Norbert Elias, en su estudio clásico *Etablierte und Aussenseiter*[256], analizó cuán determinada está la imagen de sí mismo de un grupo respectivo por la caracterización negativa del grupo del cual quiere diferenciarse. El teorema de Welzer dice: en cada subgrupo social, da lo mismo si se diferencia por clase social, sexo, educación o profesión, los porcentajes correspondientes a los inteligentes (20%), a los medianamente inteligentes (40%) y a los tontos (40%) es constante. Entre los profesores hay tantas personas tontas como entre los policías, las limpiadoras o los tapiceros, y al revés. Simplemente, son los patrones de distribución social de posibilidades de estatus los que sugieren que habría una correlación entre franja de salario y capacidad intelectual de rendimiento.

Exactamente por eso, las posibilidades fácticas de actuar están distribuidas de forma socialmente desigual, pero no si alguien tiene la posibilidad de actuar y la ve y la puede aprovechar. En un estudio recién terminado sobre el comportamiento de ayuda ante perseguidos durante el nacionalsocialismo (nazis)[257], pudimos determinar no solo que se ayuda mucho especialmente en los ámbitos marginales de la sociedad, por ejemplo, en el ambiente de las prostitutas y de la pequeña criminalidad, sino que en primer lugar, lo que importa es que haya gente que *perciba* dónde se requiere su ayuda y cómo pueden hacer algo.[258] Ayudar no es, en este sentido, primariamente una decisión moral, sino que tiene mucho más que ver con atención en lo social, y con las posibilidades *de facto* para otorgar ayuda exitosa.[259] Si se vivía en un departamento de un dormitorio en una casa de alquiler en Berlín, bajo las condiciones de la persecución radical de los judíos, era mucho más difícil esconder temporariamente a una o más personas que si se vivía en una gran residencia en el Wannsee –aún más, porque no había que cuidarse de que no se oyeran en los departamentos vecinos los ruidos de la cisterna o de los movimiento de las sillas, cuando en realidad no debería haber nadie en casa.

Pero las condiciones objetivas no son determinantes para poner su ayuda a disposición o no; primeramente, bajo condiciones de exclusión social radical es necesario lograr percibir que hay personas que necesitan ayuda; si uno se da cuenta, hay que estar dispuesto a querer ofrecer su ayuda; si se quiere

---

[256] N. de T.: Ensayo publicado por Norbert Elias junto a John L. Scotson : "Ensayo teórico sobre las relaciones entre establecidos y marginados" en el libro: *The Established and the Outsiders, A sociological enquiry into community problems*

[257] Este análisis fue subvencionado generosamente por la Fundación Volkswagen bajo el título "Comportamiento prosocial bajo condiciones restrictivas".

[258] Beer, Susanne: Helene Jacobs und die „anderen Deutschen". Zur Rekonstruktion von Hilfeverhalten für Juden im Nationalsozialismus. En: Schmidt-Lauber, Brigitta; Schwibbe, Gudrun (Hg.): *Alterität. Erzählen vom Anderssein*, Göttingen (Göttinger kulturwissenschaftliche Studien, 4) 2010, pág. 85-110.

[259] Düring, M.: *Verdeckte soziale Netzwerke im Nationalsozialismus*, tesis no publicada, Mainz, 2012.

ofrecer, hay que poder ofrecerla; y si se puede ofrecer, se requiere tener la suficiente energía criminal para realizarlo exitosamente.

Ante este trasfondo, no llama casi la atención que la mayoría (de los en total relativamente pocos) apoyos que se dieron a los judíos perseguidos durante el "Tercer Reich" fueron iniciados por ellos mismos –lo que relativiza por un lado la imagen de las víctimas pasivas que, impotentes, están expuestas a las circunstancias, por el otro lado, sin embargo, vuelve a destacarse que para muchos miembros de la mayoría de la población, apenas existían por ellos mismos los motivos y la necesidad de ayudar a los perseguidos.[260]

Como resultado de nuestro estudio sobre ayudantes queda claro que son menos los rasgos del carácter y las cualidades de la personalidad lo que hace que las personas dispuestas a ayudar sean *bystanders*[261] indiferentes[262], sino que el criterio de diferenciación entre aquellos que *a posteriori* consideramos como "buenos" o "malos" se debe sobre todo a si ven para sí mismos un margen de acción o no. Y la capacidad de poder ver si y qué se puede y se debería hacer, una vez más, no está distribuida de forma diferente por sexo, edad, clase social o educación, sino más bien si se detecta las posibilidades o no. Mucho más que cualquier moral, importa qué posibilidades de apoyo se tiene *de facto* una vez que la decisión ha sido tomada.

Así como en la sociedad de los nazis no era total el hecho de que se le hubiera quitado a cada uno en particular toda posibilidad de actuar, tampoco la sociedad actual está permeada por una sola norma de actuación, ni tampoco los miembros de esta sociedad tienen las mismas preferencias, convicciones e ideas. Las sociedades funcionalmente diferenciadas como la nuestra ofrecen, por lo tanto, infinitas posibilidades para asociarse, para ser parte de algo en común, para tomar iniciativas o para no hacer poco más que lo realmente necesario. Simplemente no es verdad que la participación social dependa exclusivamente de cuánto uno se pueda permitir. Claro que en una sociedad de consumo la integración social se regula también y, quizá incluso especialmente, mediante la comprobación de cuánto dinero uno pueda gastar

---

[260] Hay que agregar aquí que el porcentaje de judíos entre la población alemana en el momento de comenzar las deportaciones era muy pequeño y una parte mínima de los perseguidos se escondieron y precisaban ayuda. En 1941 todavía vivían en Berlín setenta y tres mil judíos, de los cuales se estima que unos sietemil intentaron sobrevivir en la clandestinidad. La cercanía social a los perseguidos, en una población total de casi cuatro millones de personas en Berlín, era más bien reducida; la visibilidad social, por motivos claros, en desaparición. Por eso, para los menos era perceptible *per se* que su ayuda era necesaria, independientemente de sus ideas políticas, de la disposición a denunciar o a ayudar que por supuesto, son secundarias a la percepción.
[261] N. de T.: En inglés en el original: espectadores.
[262] Giesecke, Dana /Welzer, H.: *Das Menschenmögliche. Zur Renovierung der deutschen Erinnerungskultur*, Hamburg, 2012, pág. 38 y sig.

–en una cultura, que distribuye mayormente de forma cuantificada y según criterios cuantitativos, esto no llama la atención. Que en una cultura de ese tipo se busque el sentido sobre todo en los shopping-gulags y en los portales de comparación de precios, es totalmente cierto desde el punto de vista fenomenológico, al igual que el sentimiento de exclusión si, desde el punto de vista consumista, "no se puede hacer lo mismo". Especialmente para los niños es humillante cuando "deben llevar puesta la peor ropa de toda la clase o no pueden participar en excursiones porque son demasiado costosas. Pero ese tipo de circunstancias infames no son totalitarias. Pueden contrarrestarse mediante conductas solidarias de amigos, e incluso, eliminarse puntualmente a través de maestras o direcciones de escuelas comprometidas, si ellos ven y aprovechan sus márgenes de acción.

Un ejemplo como el anterior ya demuestra que las circunstancias materiales "objetivamente" negativas en las sociedades libres no representan un motivo para no hacer, o al menos, intentar hacer lo correcto bajo puntos de vista sociales –y es ahí exactamente que volvemos nuevamente a los márgenes de acción. A pesar de toda la desigualdad material, en las sociedades de nuestro tipo nadie está inhabilitado socialmente; cada uno tiene, básicamente, la posibilidad de comprometerse en una bolsa de reciclaje, en un jardín del vecindario, en los bomberos voluntarios o donde sea. Cada uno tiene también la posibilidad de hablar sobre temas que le significan algo, y de igual manera, en un estado de derecho, en todo momento existe la posibilidad de mencionar lo que no está bien. En resumen, hay una cantidad infinita de posibilidades para incomodar a uno mismo y a los demás.

Incomodidad

Sin embargo, eso es fácil de decir, pero más difícil de llevar a la práctica. Pues no se cumple con las expectativas sociales si no se está de acuerdo. No hace mucho tiempo, estuve invitado a un almuerzo en el que el alcalde de una gran ciudad alemana se reunió con una serie de empresarios, directores de museos, etc., para hablar sobre cuestiones de un futuro sostenible. Me encomendaron dar una breve charla sobre el tema antes del almuerzo, y después de haberlo hecho, se sirvió la entrada. Se trataba de un buen restaurante especialmente elegido y el atún que se sirvió como entrada tenía realmente un aspecto muy bueno. Claro que hubiera sido una contradicción grande de parte mía respecto a las ideas recién presentadas en la charla, el comer esa entrada. Desde mi punto de vista, forma parte del imperativo categórico de la capacidad de futuro vivida, el no echarse la culpa más de lo necesario –y simplemente no es posible comer atún hoy día. Es decir que yo estaba sentado allí con un gran conflicto de intereses. ¿Debía infringir la convención social y ostensivamente no tocar la entrada? ¿Al hacerlo, no le daría a la siguiente conversación sobre mi conferencia desde el principio una dirección infeliz y me mostraría como arribista ecológico? ¿Y así, abrirles de inmediato todas las puertas a mis interlocutores para sus argumentos contrarios a mis palabras? ¿No contrarrestaría exactamente la intención por la cual acepté esa invitación? En resumen, ¿no haría de mí el imbécil que según la opinión unánime había sido un error invitar? Además, el atún se veía apetitoso. Y además, muerto ya estaba.

O, ¿el rechazo de esa entrada totalmente estúpida no era un asunto que no requería de reflexión alguna, simplemente una cuestión de postura? ¿Finalmente, y en lo que tenía que ver con la credibilidad ante mí mismo? Clarísimo: la convicción tiene preferencia.

Eso se lee y piensa fácil, pero en la situación respectiva, cuando sucede, es sorprendentemente difícil, tan difícil, que se requiere de cierto entrenamiento para no enredarse en los siempre conflictivos argumentos en contra de sí mismo y no seguir el camino de la menor resistencia: el atún.

Harald Welzer

He descrito en varios libros que las condiciones sociales en una situación dada determinan qué decisión se toma, incluso cuando se trata de la participación en fusilamientos en masa, es decir, de una decisión de matar.[263] Ese tipo de decisiones tan extremas por lo general tampoco se toman por deseo de matar, sadismo o convicción ideológica, sino porque uno forma parte de un grupo que tiene una tarea que cumplir. Si uno se decidiera en sentido contrario, se infringirían obligaciones solidarias y de lealtad –y esas, en una situación grupal concreta, son mucho más vinculantes para el particular que las convicciones morales.

Lo mismo vale para las acciones violentas en la guerra. Bajo las mismas condiciones de acción, por ejemplo, al conquistar un pueblo, todos los soldados actúan de igual manera –da lo mismo qué trasfondo de educación y rango tengan, de qué barrio provengan o lo que traigan consigo como biografía.[264] Y las convicciones, tal como lo han demostrado sin excepción los experimentos de conformidad socio-psicológicos, solo en casos muy excepcionales juegan el rol más importante respecto a qué decisión alguien toma en cada situación– mucho más importante es *no* infringir normas sociales, *no* arriesgar reconocimiento social, *quedar bien* ante los demás. Todo eso no es trivial, porque los seres humanos son seres sociales y cooperativos, la conformidad, como se ha dicho, es mucho más probable que la divergencia, y en la mayoría de los casos, también más razonable. En otras palabras, la conformidad es lo esperable en todo momento.

Es decir que la presión social sentida, a pesar de toda disonancia sentida respecto a comer simplemente el maldito atún, es enorme. Y sobre todo, la decisión de disfrutarlo simplemente sin hacer más aspavientos (¡A lo hecho, pecho!), está mucho más cercana que el no hacerlo. Pues lo esperable no requiere explicaciones, lo divergente tiene que ser fundamentado. En situaciones así, muchas veces incluso no se dice la verdad, para no complicarlo más; una solución eficaz hubiera sido en ese caso, decir que se es vegetariano. Punto. Pues entonces para todos los involucrados el conflicto está zanjado y solucionado dentro del marco de las convenciones: bueno, si eso es así...

Sin embargo, mucho más conflictivo demuestra ser el rechazo abierto: "Lo lamento, no puedo comer el atún, eso está en contradicción con todo lo que acabo de presentar en mi conferencia." ¿Por qué? Porque con esa verdad cuestiono la decisión de cada uno de los demás invitados de comer alegremente el atún. Y no solo eso: también critico indirectamente la imprudente idea de haber ordenado atún como entrada, en una palabra, pongo en

---

[263] Welzer, *Täter* (*op. cit.*).
[264] Neitzel, S. /Welzer, H. *Soldaten. Protokolle vom Kämpfen, Töten und Sterben*, Frankfurt am Main, 2011.

ridículo a los anfitriones y me comporto de manera asocial desde todo punto de vista: soy el *partykiller*[265].

¿Quieren saber cómo se solucionó la situación? Mediante la competencia social de mi anfitrión, que ante mi más bien vaga objeción de que "en realidad" no podía comer eso, tomó de inmediato mi plato y se lo devolvió al jefe de cocina con el pedido de servirme otra cosa. Mediante esa alianza espontánea, se rescató la situación –incluso hubo ocasión de tematizar lo sucedido: ¿Cómo se comporta uno en la vida cotidiana cuando las propias buenas intenciones respecto a asuntos de sostenibilidad se enfrentan a resistencias variadas, a menudo solo aparentemente triviales?

Ese pequeño ejemplo simplemente debe servir para ilustrar cuán difícil puede ser también en situaciones que aparentemente no son importantes el saber aprovechar su propio margen de acción. Aun cuando de hecho según todos los criterios racionales no cuesta nada seguir sus propias convicciones, los costos sociales son muy altos a menudo, y demasiadas veces demasiado altos para pagarlos. Ya que en relación a los costos sociales es más favorable para uno hacer lo esperable, por lo general, todos hacen lo esperable, y por eso, sucede tan poco lo inesperado. El problema ya comienza cuando uno no quiere rechazar *una y otra vez* el agua mineral italiano, francés o de afuera, porque eso regularmente trae consigo la necesidad de explicarlo, enerva al camarero, y a otros presentes probablemente también. Nuevamente vale básicamente estar de acuerdo, significa distensión; no estar de acuerdo, significa tensión, mayor esfuerzo. Eso uno tiene que querer y poder hacerlo, cuando de hecho se quiere aprovechar el propio margen de acción para oponer resistencia.

Antes ya mencioné una vez el concepto de Guenter Anders de la "fantasía moral", esa fantasía que se requiere para medir la diferencia entre lo que se puede hacer y aquello que uno puede imaginar. Referido a situaciones concretas, la fantasía moral realiza la descomposición de las manifestaciones aparentes de nuestras circunstancias vitales abastecidas desde afuera y abstractas hacia lo concreto. ¿Qué tiene que ver mi comportamiento con la desaparición del atún? Según Guenter Anders, existe una *fantasía moral* "en el intento de sobrepasar 'la brecha', de adecuar la capacidad y elasticidad de nuestra imaginación y sentimientos a las medidas de nuestros propios productos y al alcance imprevisible de lo que podríamos lograr; es decir, armonizar lo que es posible imaginar y sentir con nosotros como hacedores."[266]

Si uno no hace el esfuerzo de equilibrar la brecha prometeica que existe entre el potencial de destrucción de nuestra forma de vida y nuestra capacidad

---

[265] N. de T.: En inglés en el original: el aguafiestas.
[266] Anders, *Die Antiquiertheit*, (*op. cit.*), pág. 273.

deficitaria de imaginación, jamás se verá cuál es el verdadero problema. Pues *sabemos*, pero estamos tan instalados en nuestra zona de confort, que aun el más pequeño movimiento para salir de ella no solo nos resulta fastidioso, sino que imposible. La fantasía moral se sirve de las capacidades preconsumistas de responsabilidad, equidad, austeridad, prestar atención, que hacen incómoda la vida. Sin esas capacidades será difícil arreglárselas más allá de la zona de confort. Por eso, hay que empezar de inmediato a ejercitar otro tipo de *praxis*. En este mismo sentido, Guenter Anders recomienda "ejercicios de estiramiento moral", "estiramiento en exceso del rendimiento habitual de su fantasía y sus sentimientos".

Esa imagen me gusta, pues como con cualquier otro entrenamiento, incluso mediante ejercicios de estiramiento moral, uno mejora sorprendentemente rápido el desacuerdo. Una postura no cae del cielo, tampoco viene de repente. Hay que practicarla, y uno debería tener una cierta generosidad consigo mismo al hacerlo; demasiado esfuerzo estrecha la mirada, y en este entrenamiento, se trata de percibir márgenes de acción allí donde otros no los ven. Ello requiere una mirada abierta.

Ejercicios de estiramiento moral: están cada vez mejor.

Tomarse en serio

A fines de los años 1980, hubo un largo período de muertes inexplicables de lobos marinos en el Mar del Norte. En las costas danesa, alemana y holandesa, alrededor de dos tercios de los animales fueron víctimas de una epidemia, miles de animales murieron. Después de un tiempo de buscar las causas, se dio a conocer que probablemente se tratara de una variante del moquillo canino lo que había exterminado a los lobos marinos. Ajá, claro, pensé yo. Hasta que después de algunos días me acordé de que los lobos marinos no son perros.[267][268]

Las conclusiones por analogía generalmente recién se le ocurren a uno cuando son falsas. El sacar conclusiones de un asunto a otro es un medio muy eficaz de orientación y análisis; por eso ha sido desarrollado y se ha impuesto como estrategia mental. El pensar de forma básicamente tan ventajosa como es habitual, tiene también, como lo demuestra el ejemplo de los lobos marinos, un lado oscuro: induce a reflexionar solamente lo que ya fue pensado por otros en un contexto igual o parecido.

A menudo, los problemas relacionados son más profundos, es decir, allí donde los formatos del pensamiento, las infraestructuras mentales, los marcos de referencia, predeterminan interpretaciones de la realidad, sin que puedan hacerse reflexiones propias. Los *assumptive worlds* –las ideas compactas sobre cómo son las cosas– formatean lo que uno piensa antes de que haya comenzado una operación cognitiva consciente; entonces en cierta forma, a uno lo piensan y no es uno el que piensa.

Yo, por ejemplo, durante mucho tiempo pensé que las terribles tiendas Schlecker ofrecerían su mercadería más barata que otras droguerías, porque se presentaban de forma tan deslucida e infame. El hecho de que vendieran

---

[267] N. de T.: En alemán al lobo marino se le dice "perro marino".
[268] Actualmente se califica a ese virus, identificado más tarde, como virus del moquillo y se supone que se produce la enfermedad sobre todo cuando los animales, a causa de daños previos por sustancias tóxicas para el medio ambiente, presentan debilidad del sistema inmunitario.

su mercadería a precios más altos que la competencia me molestó bastante cuando lo leí en alguna parte. De manera tan fácil le engañan a uno. Schlecker simplemente se valió de una asociación común entre "deslucido" y "barato" como no existía antes en el paisaje de consumo desde la invención de ALDI.

Ahora, desde el punto de vista evolutivo, es un gran alivio que la mayor parte de los fundamentos de nuestras orientaciones, ideas, opiniones, etc., estén predeterminados socialmente, por lo que hay muchas cosas que no es necesario pensar por sí mismo. Los marcos de referencia, los vínculos culturales, los estereotipos, pero también algo así como las opiniones dominantes, las verdades sin cuestionar, facilitan la orientación, pero limitan las posibilidades de distanciarse de lo impuesto con el pensamiento, de elaborar un vínculo propio con ello. Por eso, el entrenarse en la pregunta de si no habría algo para pensar uno mismo respecto a las ideas dominantes sobre un asunto, es parte infaltable del programa gimnástico de los ejercicios de estiramiento moral.

Si el ejemplo de Schlecker todavía entra en el ámbito de la debilidad del pensamiento individual, pero políticamente no tiene consecuencias, otro ejemplo sí las tiene: habitualmente, las barreras fronterizas, como las que separan a los Estados Unidos de México, se califican de "insuperables", especialmente cuando quieren referirse a su carácter inhumano y se citan pruebas de que la seguridad de la frontera es reforzada cada vez más. Así, las patrullas de frontera norteamericanas se duplicaron en los últimos dos decenios, partes de la frontera fueron aseguradas con cercos y muros, especialmente en las vías de transporte principales y cerca de las ciudades, donde después de un paso de frontera es posible desaparecer rápidamente entre la multitud. En el verano tardío de 2006, por ejemplo, un muro triple de acero de cuatro metros de altura fue terminado alrededor de la muy transitada carretera que conecta San Diego y Tijuana. Existen construcciones similares en Arizona y Texas.[269] Cada año mueren cientos de personas intentando cruzar ilegalmente la frontera desde México a los Estados Unidos.[270]

Pero lo que entonces parece "insuperable" y "cercado" es solo tan insuperable y cercado porque es peligroso, pero no hace imposible el traspasar la frontera, pues miles de personas lo logran año tras año. En Alemania hay una profunda experiencia histórica con una frontera de hecho insuperable: casi nadie lograba pasar por encima del muro y muchos murieron intentándolo. No hay ningún motivo técnico por el cual las fronteras actuales sean *insuperables* –lo que también vale para las fronteras exteriores europeas, que

---

[269] Davis, M.: Die große Mauer des Kapitals. En: *Die ZEIT*, 12. Oktober 2006 (Nr. 42 / 2006), http://www.zeit.de/2006 / 42/Mauern
[270] U. S. Customs and Border Protection:*National Border Patrol Strategy*, Washington, 2004.

cada vez se cierran más mediante la agencia Frontex, pero igualmente no de forma total.[271] Sin embargo, hay un motivo social para la permeabilidad de las fronteras: se necesita una cifra lo suficientemente grande de mano de obra ilegal sin derechos que realicen los trabajos que ningún otro quiere hacer bajo constante amenaza de ser expulsados y sin protección al trabajo, con una remuneración malísima. En las clases sociales, esos refugiados asumen en las sociedades ricas el rol de aquellos que jerárquicamente están todavía por debajo de los *labouring poor*[272], es decir, de aquellos que trabajan pero apenas pueden asegurar su sustento. Los refugiados no tienen estatus de derecho social, en realidad no existen. Justamente por eso juegan un rol importante en los mercados de trabajo informales en Europa y en los Estados Unidos. Es vergonzoso para mí el haber pasado por alto la función represiva de la frontera permeable calculada cuando escribí el libro *Guerras climáticas*, y caí en el engaño de la ficción de las fronteras "insuperables".[273]

Otro ejemplo: Muhammad Yunus, profesor para desarrollo económico rural en la Universidad de Chittagong en Bangladesh, es el inventor de los microcréditos que se otorgan a los pobres, especialmente a mujeres para que puedan independizarse con un pequeño negocio –costuras, servir té, un comercio móvil– y puedan salir de la pobreza. La idea se basa en el hecho de que a menudo solo se requiere de un pequeño monto para que alguien pueda montar un negocio, pero que ese importe jamás es prestado a los pobres de parte de los bancos, porque ellos no pueden ofrecer garantías para el préstamo. Yunus desarrolló su idea del empresariado social en los años 1970 y fundó en 1983 el banco "Grameen Bank", que comenzó a prestar sistemáticamente pequeñas sumas de dinero a gente pobre con la finalidad de fundar microempresas. Entretanto, en Bangladesh, alrededor del 20 % de la población tiene uno o más microcréditos, a nivel mundial hay alrededor de sesenta mil millones de dólares de microcréditos en circulación, y setenta mil organizaciones que otorgan ese tipo de créditos.[274]

Eso puede ser calificado como una historia global del éxito; en 2006, a Muhammad Yunus le fue concedido el Premio Nobel de la Paz y por supuesto que ha recibido también unos cuantos premios más por su idea y su puesta en práctica.

Hasta aquí el aspecto hermoso de esa innovación social. Uno de los aspectos no tan lindos es que los intereses anuales para los microcréditos están en veinte (Grameen Bank) al cuarenta por ciento con otros oferentes, y otro

---

[271] Welzer, *Klimakriege* (Ver nota 79), pág. 181 y sig.
[272] N. de T.: En inglés en el original: los trabajadores pobres.
[273] Süß, Ch.: *Morgen letzter Tag! Ich und Du und der Weltuntergang*, München, 2012, pág. 135.
[274] Hartmann, Kathrin:*Wir müssen leider draußen bleiben - Die neue Armut in der Konsumgesellschaft*, München 2012, pág. 331.

aspecto no tan hermoso es que la mayoría de los nuevos negocios no funcionan. Especialmente en países en los que como en Bangladesh la mitad de la población vive por debajo del umbral de pobreza, la demanda por *más* bienes de consumo y por *más* servicios es baja. Según estudios realizados, apenas el cinco por ciento de los prestatarios se beneficia con la autonomía, la mitad no pudo mejorar su estándar de vida, pero para el 45 % empeoró considerablemente.[275] Eso no llama la atención, ya que los acreedores de los intereses solicitan su dinero, da igual si el negocio funciona bien o mal, si hubo tormentas, inundaciones u otra de las posibles catástrofes que destruyen la mercadería o también toda la zona de ventas. Muchos pobres, a causa de su carga de intereses, son llevados a una miseria aún mayor de lo que hubiera sido el caso sin la suerte debida a Yunus.

A pesar de las consecuencias visibles que también perjudicaron la reputación del ganador del Premio Nobel, los microcréditos continúan extendiéndose a nivel global. A semejanza de los ejemplos anteriores, se hacen asociaciones entre pobreza, dinero, autoayuda y liberación que no permiten ver que en este caso, un modelo de negocios probado por la industria financiera se vende como posibilidad de liberar a la gente de la pobreza. El hecho de que los bancos otorguen créditos siempre ha valido la pena, y también en este caso. Por lo que desde el principio, el modelo tiene sentido para los prestadores de créditos, pero como en otros casos, ello no vale obligatoriamente para los prestatarios. Sin embargo, la lógica pérfida del otorgamiento de microcréditos va más allá de eso: los "mil millones de abajo" (Paul Collier), esa miserable parte de la humanidad a quien ningún objetivo del milenio ni crecimiento económico global libera de la indigencia y que tiene *per cápita* menos de un dólar por día a disposición, debido a la falta de capacidad de compra y como participante del mercado, es una pérdida total. Si de esta manera, una séptima parte de la humanidad interfiere en el camino de la expansión de la economía de mercado, se impone la pregunta de cómo hacer que los pobres se conviertan en actores del mercado. Se les da dinero, tan simple como eso. El error de pensamiento que primero me hizo pensar que esa era una buena idea, fue causado por las guirnaldas sociales colocadas alrededor de ese negocio y que distraen de la pregunta sobre qué significa verdaderamente para los afectados no ser ya solo pobres, sino además, endeudados. Kathrin Hartmann que ha escrito un reportaje furioso sobre la terrible situación de los microcréditos, cita en relación a este tema al experto estadounidense en desarrollo Thomas Dichter: "Ninguno de nosotros quiere tener deudas. ¿Por qué creemos entonces que justamente los

---

[275] *Idem*, pág. 335.

pobres preferirían tener deudas?"[276] Y: "Muy pocos entre nosotros pueden y quieren ser empresarios. ¿Por qué creemos que precisamente los más pobres querrían serlo?"[277]

De hecho, pensar por sí mismos hubiera sido útil. No darse cuenta de que con la invención de un sistema así se crean dependencias que antes no existían y de este modo, se destruye la resiliencia local, que justamente no era monetarizable, a ello llamo: permanecer por debajo de las propias posibilidades intelectuales, permitir que piensen por uno. Precisamente en un asunto tan evidente. Recuerden lo siguiente: aquellas transformaciones sociales en las que a nadie se le quita algo, donde ningún privilegiado tiene que dar algo, que se las arreglan sin redistribución, y que cada persona de afuera aplaude, no pueden ser tales. Seguramente están engañando a alguien.

Y las cosas no mejoran si además tengo que reconocer que yo mismo fui engañado con un asunto muy distinto, pero estructuralmente comparable. Concluí un seguro de pensiones privado, aunque tenía claro que las cajas de pensiones forman parte del constante crescendo neoliberal, y que el estado social debería ser descongestionado y que por eso, uno debería cambiar de la previsión estatal a la privada. Incluso sabiendo de qué sirven todas esas pensiones Riester y Rurüp[278], me pareció más inteligente participar de forma oportunista en el juego y no –así el escenario amenazador– quedar como un tonto cuando fuera mayor, pues la pensión estatal, en veinte años, casi seguro no me permitiría una permanencia prolongada y constante en la zona de confort. El hecho de que yo, con mi aporte al seguro privado de pensiones, al igual que millones de otros que no piensan, dirijo el capital a actores financieros que hacen con él exactamente aquello contra lo que yo lucho, es una cosa: tontería. El hecho de que a mí ahora, como consecuencia de las promesas no realizables de ganancias adicionales de parte de los aseguradores privados, me devolverán bastante menos de los que pagué, es lo otro: el castigo justo para tal necedad. Aportar personalmente a que las estrategias de falta de solidaridad se impongan en desventaja para el estado social, significa estar de acuerdo con lo equivocado.

Eso ya va mucho más allá de la tolerancia represiva[279] que manifesté ante las estrategias más que cuestionables de un Muhammad Yunus. Se trata de complicidad activa con lo equivocado; es consolador que al menos me sirva para daño propio. La lista de mis propios errores de pensamiento se podría continuar a voluntad; no pocos de ellos trajeron consigo, como en el

---

[276] *Idem* pág. 332.
[277] *Idem*, pág. 335.
[278] N. de T.: Seguros estatales de pensiones alemanas.
[279] Marcuse, H. /Moore, B./Wolff, R.: *Kritik der reinen Toleranz*, Frankfurt am Main, 1995, pág. 138.

último ejemplo, consecuencias serias. Es decir que no se pueden hacer a un lado alzando los hombros, sino que hay que tomarlos en serio si uno quiere tomarse en serio a sí mismo.

De hecho, eso es exactamente lo que he vuelto a intentar durante los últimos años. Si se hacen ciertas cosas a sabiendas de que se podría evitarlas, de hecho se permanece por debajo de las propias posibilidades. Los ejemplos mencionados también son amargos porque yo, en mi calidad de científico social y cultural, fui capacitado, entre otras cosas, para hacer análisis razonables. Pero hay formas de la inteligencia no diferenciables de la estupidez. Cuántas veces creí en manifestaciones sobre la complejidad de las cosas, a pesar de que estas eran bien sencillas. Por ejemplo, la información de que los instrumentos financieros, todos los derivados y apalancamientos financieros que fueron inventados en algún momento, volverían complejo todo lo que sucede en el mercado financiero como para que alguien pudiera entenderlos.

Naturalmente que eso es pura ideología. No se precisa ningún tipo de conocimiento sobre el carácter alquimista o fraudulento de cada uno de los así llamados productos del mercado financiero para comprender que desde el 2008 está en marcha un gigantesco proceso de redistribución que transforma bienes públicos en privados. Y que desde entonces, el mismo grupo de personas de los "salvadores del euro", alimenta continuamente ese proceso de redistribución al hacer ingresar más dinero a los fondos financieros, en contra del cual luego, en consecuencia, se especula tanto más intensamente. El hecho de que los actores del mercado financiero más poderosos del mundo puedan activar más capital que grandes economías incluso, quedó demostrado hace veinte años por el mojigato benefactor George Soros, cuando especuló exitosamente contra la libra británica, que en ese momento tuvo que ser devaluada en un 25 % frente al dólar. El mismo principio es efectivo contra el euro, aunque en ese caso se agrega la ventaja de que los países del euro que están en bancarrota *no* pueden devaluar, porque dependen de la moneda común, y esta de ellos. Esto es todo menos complicado. Es un robo calculado, ni siquiera oculto, como lo demuestran los obscenos "rescates bancarios" durante el supuesto "rescate del euro". Igualmente poco complicado es el hecho que los bancos puedan prestarse dinero en el BCE por menos de uno por ciento de intereses, para poder comprar préstamos de estados europeos con un interés del seis por ciento. Que eso es un buen negocio a costas de los demás lo entiende cualquier niño.

El hablar de complejidad no hace más que esconder el proceso antisocial de redistribución, en el que al mismo tiempo además se invalidan normas parlamentarias de procedimiento y se asegura de que no haya protestas contra el robo. Y por lo demás, también de parte de la ciencia. Los únicos que hacen comentarios públicos en este caso son los incendiarios mismos: los economistas, los representantes de la única disciplina científica que basa su derecho a existir en poder decir después por qué se equivocó antes.

Pero, ¿por qué me parece atractivo dejar que me intimiden mediante una u otra objeción respecto a que todo no sería tan simple como me lo imagino? ¿Por qué me gusta más estar de acuerdo con la opinión claramente falsa de casi todos los demás que con el disenso? Porque reconocer que algo es demasiado complejo para entenderlo no trae consecuencias: así es, no se puede hacer nada.

Por lo contrario, el desarrollo provisorio de los propios pensamientos debe defenderse en contra de argumentos en parte bien comprobados, puede que a uno lo refuten o lo consideren tonto, o perder reputación; en pocas palabras, el disenso cuesta mucho más que el consenso, y además, cansa. Pensar por sí mismo tiene el carácter de exhortación contra sí mismo. No se puede tener la misma opinión de forma *cómoda*, a no ser que fuera idéntica a la de todos los demás.

Política e historia

Pero precisamente aquí empieza lo político: con el disenso, que arrastra tras de sí dos consecuencias. Primero: hay que seguir pensando si uno se ha permitido pensar por sí mismo. Segundo: las cosas se pondrán incómodas. Pero, ¿he leído a Adorno, Arendt, Elias, Foucault, Goffman, Habermas, Mead y Marx, y muchos más, y he intentado transmitirlo a los estudiantes, para estar cómodo? ¿O debido al privilegio de haber podido estudiar y enseñar no debería más bien desprenderse la obligación, no solo de intentar entender mejor al mundo, sino también de hacerlo mejor? Más o menos como en la última frase pensaba yo cuando era alumno de los últimos años del liceo, y también luego como estudiante universitario. Más adelante, no. Ahí me ayudó mi capacidad de reflexión científica para considerar los sucesos sociales y políticos como tan complejos que los pensamientos simples jamás pueden terminar en consecuencias. La mirada intelectualmente equipada me permitió volverme apolítico, al igual que la mayoría de mis colegas de alto rango académico.

Los conocimientos pueden tener el efecto de obstaculizar el pensamiento: uno puede saber tanto o permanecer en un nivel tan alto de reflexión que se vuelve incapaz de poder ordenar las reservas de conocimiento, y sobre todo, de relacionarlas con algo. (La pregunta de control siempre es: ¿Qué sé cuando lo sé? Muchos científicos de las humanidades, y especialmente los futuros profesionales, tienen dificultades para responder a esa pregunta. Por lo general, les parece muy sorprendente). Pero el fenómeno del conocimiento desvinculado no se limita de ninguna manera al ámbito académico –en este solo conduce a una forma de incapacidad para ejercer la profesión que no llama mucho la atención.

A más tardar con los conocimientos mundiales completos disponibles con un click del *mouse*, por lo general se ha vuelto difícil diferenciar qué se debe hacer con cuál reserva de conocimientos y por qué. Una información parece ser tan buena o tan mala como la otra, y da lo mismo si una de ellas se basa sobre investigación universitaria de hace años, es decir, en un camino codificado de producción de conocimientos, y la otra, en cualquier cosa pensada así nomás en el ámbito privado. En internet, todas las informaciones adquieren tendencialmente el mismo valor, pierden la brecha cualitativa que en realidad existe entre ellas. Los datos inimaginables y la cantidad enorme de información que hace que todo el conocimiento del mundo pueda bajarse de cualquier teléfono inteligente, no conduce de ninguna forma a la sociedad del conocimiento, sino quizás, a la sociedad de consumo de conocimientos. Y con ello, a una forma de entropía del conocimiento, en la que lo importante y lo no importante, lo fundado y lo inaudito se entremezclan sin poder diferenciarse, y el conocimiento queda sin origen y sin historia.

A mí lo que me importa no es el lamento habitual de la crítica cultural respecto a que los alumnos y los estudiantes en el pasado más... etc., etc., pues la externalización de contenidos de la memoria de cualquier tipo forma parte de la evolución cultural de las personas, desde que utilizan símbolos. Esa externalización del conocimiento va desde marcar un escondite para guardar alimentos, hasta internet, y el desarrollo de la capacidad intelectual del cerebro humano no puede separarse del desarrollo y la expansión de los almacenadores externos de memoria –pues el *hardware* del cerebro no cambió en los últimos doscientos mil años, pero sí su capacidad de almacenamiento y distribución. Como todo almacenador externo de memoria, también internet funciona solo tan bien o mal como trabajan los mecanismos de selección del acceso a los datos. Uno tiene que tener claro qué y por qué quiere saber algo, de lo contrario, las informaciones y datos interfieren simplemente y forman patrones cualesquiera, así como una consulta cualquiera a Google primero entrega basura informacional sin diferenciar.

La bajada exitosa de cosas que uno ha almacenado en la memoria individual, se basa por lo demás, en que otros contenidos de la memoria se *bloquean* cuando busco un determinado nombre, cita o un número de teléfono. Como el cerebro humano es un sistema asociativo que escudriña conexiones sinápticas similares para encontrar el recuerdo "correcto", necesita bloqueos para los patrones que interferirían con el acceso correcto: la memoria se basa entonces en el bloqueo exitoso de casi todo lo que uno tiene almacenado, no en el acceso y bajada libres.[280] El psicólogo ruso Alexander Luria ha descrito el caso del artista de la memoria Schereschewskij[281] cuyo problema era el poder acordarse de *todo*. En eventos de varieté era aclamado si podía acordarse sin errores a solicitud de las secuencias más largas de cifras o fórmulas, pero para dominar la vida cotidiana, su memoria total era un obstáculo, porque

---

[280] Markowitsch /Welzer, *Das autobiographische Gedächtnis* (Ver nota 33).
[281] Luria, A.: Der *Mann, dessen Welt in Scherben ging. Zwei neurologische Geschichten*, Reinbek, 1992.

en cada situación se le venían encima todo tipo de reservas de la memoria y le impedían elegir el recuerdo que realmente precisaba. Para poder evaluar el horror de una memoria total, imagine una relación en la que ninguno de los involucrados jamás olvide algo y en cada conflicto esté presente la totalidad de los errores cometidos hasta el momento. Una memoria total, dice en *Sans soleil* Chris Marker[282] es una memoria anestesiada: sabe todo, pero no puede hacer uso de eso.

Y otra analogía de la memoria individual es interesante en este contexto. En la investigación sobre el cerebro se diferencian los siguientes cinco sistemas de memoria:

La *memoria procedural* significa habilidades (por lo general realizadas de forma motriz); *priming*[283] para el reconocimiento de estímulos percibidos antes de forma inconsciente. La *memoria perceptual* revisa lo conocido de un objeto físico o social. Estos tres sistemas de memoria son no declarativos, funcionan sin acceso conciente, a diferencia del *sistema de conocimiento* que se activa cuando se buscan hechos (libres de contexto), y de la *memoria episódica* para recuerdos referidos a contexto que permiten un viaje mental por el tiempo y que están vinculados al yo y a la conciencia autonoética. Autonoético significa: si yo activo el sistema de conocimiento o busco un suceso en mi historia de vida, no solo recuerdo, sino que también recuerdo que estoy recordando en ese momento. Eso solo lo pueden hacer los seres humanos, no otras formas de vida. Y eso que el sistema de conocimientos, es decir, la totalidad de las informaciones que puedo bajar, se corresponde con el conocimiento mundial tal como lo presenta Internet: a diferencia del recuerdo autobiográfico de un viaje a Roma, que está vinculado al contexto de la época, de las personas actuantes, etc., el conocimiento de que Roma es la capital de Italia está libre de contexto: no se sabe cuándo y bajo qué circunstancias uno lo ha aprendido, ni lo relaciona con alguna emoción. A menudo, ni siquiera se sabe que lo sabe hasta que, como en un show de adivinanzas, se baja y está a disposición.

---

[282] Marker, Ch.: *Sans Soleil*, Filmessay, Frankreich, 1983.
[283] N. de T.: En inglés en el original: preparación.

Harald Welzer

División de la memoria a largo plazo en cinco sistemas.

Qué base de conocimientos es importante y por qué lo es no se decide entonces a nivel del sistema científico; a este le da lo mismo cualquier contenido. Lo mismo vale para todo medio de almacenaje y naturalmente también –y sobre todo por su capacidad ilimitada– para Internet. El significado de una información no se decide a nivel del medio que la almacena, por lo que también en el uso del gigante almacenador Internet, lo que importa solo es el uso cultural necesario para la selección del conocimiento. Para ello, por cierto que es decisivo el contexto, sobre qué base ha surgido ese conocimiento, para qué se usa, etc.

Y ahora viene el problema principal. En casi todos los ámbitos de nuestro modelo cultural domina el principio del abastecimiento desde afuera. Todo se pone a disposición sin que se tuviera en lo más mínimo una visión de conjunto sobre la cadena de valor que constituye su base, los gastos de transporte, el trabajo, etc. Todo eso no aparece en el producto que uno ha comprado. Desde el punto de vista estructural, eso vale de igual manera para una remera o para un pollo en el congelador del supermercado, que para el "Samsung Galaxy S III": en ninguno de esos productos puede leerse qué esfuerzo se requirió para fabricarlo y hacerlo llegar al consumidor. Esa abstracción que separa la historia completa del producto de su función como mercadería, caracteriza prácticamente todos los ámbitos de existencia de las sociedades modernas. Dónde se produce la electricidad que viene del enchufe es tan abstracto como el origen del *tetrapak* que envuelve al recipiente para la leche de soja producida por alguien en algún lugar. El principio del abastecimiento de afuera conforma la superficie de usuario de un mundo que no rinde cuentas, en el que no hay conexión entre la producción y el consumo, aparte de aquella que proporciona el dinero con el que se paga el producto. Pero el dinero, por su parte, es una abstracción.

Las cadenas de abastecimiento de afuera son las que producen la poca resiliencia y la gran vulnerabilidad de las sociedades modernas, y con eso, el miedo fuerte de que no vaya a faltar algo. Y más aún, oscurecen un principio básico, y es que también los seres humanos modernos existen en un intercambio con la naturaleza. Exactamente eso es lo que otorga a todos los esfuerzos por crear una conciencia de sostenibilidad el carácter de reeducación: así como se envía a los niños a granjas para que hagan la sorprendente y para la mayoría, asqueante experiencia, de que la leche sale de las vacas. Pero en realidad, los niños no necesitan saber eso, pues una cultura del SIEMPRE TODO tiene que ser necesariamente una cultura del abastecimiento de afuera; ninguna huerta de Pankow[284] puede criar un mango o una ananá en su parcela, ningún pescador deportivo pescar un filete de Pangasius (si es que eso alguna vez fue un pescado).

Lo mismo ha sucedido ahora con los conocimientos: en su disponibilidad general en todo momento, su génesis desaparecerá al igual que su origen. No es necesario ni haberlo aprendido ni haberlo elaborado uno mismo, ni saber cómo surgió. Los conocimientos de ese tipo, al igual que los contenidos del sistema de conocimiento, están libre de contexto, son ahistóricos; una información es tan buena como la otra. Así se produce una transferencia del principio del abastecimiento de afuera al nivel intelectual: el poder bajar cómodamente desde otra parte lo que está a disposición. Ante ese trasfondo, se infiere una vez más la catástrofe de la reforma del sistema escolar y universitario alemán, cuyo resultado principal es sin duda, la transformación de la educación en información, y así, la separación de conocimiento y pensamiento. O también el efecto de despolitización de los *talkshows*, en los que siempre una opinión tiene que encontrarse con otra contraria, con lo que se insinúa falsamente que ambas tendrían igual valor. La falta de historia y de contexto son características de un abastecimiento intelectual desde fuera; con conocimientos de ese tipo no se piensa, sino que se es pensado.

También habrá que rendir cuentas de ello si se desea hacer el seguimiento del proyecto de un autoesclarecimiento en el siglo XXI: al exhortar a utilizar su propia razón, hace mucho que no queda claro qué es realmente y a quién pertenece la propia razón. Kant formuló su programa en un mundo en el que en Alemania se publicaban aproximadamente dos mil seiscientos libros por año, donde siete mil personas habían asistido a una universidad,

---

[284] N. de T.: Barrio en Berlín.

donde el 80 % eran analfabetos[285], donde la forma estatal era absolutista y el sistema de conocimiento de ninguna forma democrático. La cantidad de cosas conocidas, a conocer y a pensar era mucho menor que hoy día, no se necesitaba tanta capacidad de diferenciación. Hoy día es al revés: lo que sabe cada uno es ilimitado y ni hablar de lo que cada uno puede saber, si quiere. El conocimiento en tiempos de Internet es un asunto ampliamente igualitario, muy a diferencia de la época de Kant, en la que las diferencias sociales abrían camino al conocimiento y regulaban el acceso a este. Pero la capacidad de discernimiento es mucho menor que en esa época, de manera que todos saben casi todo, pero no saben bien qué hacer con eso –al menos, saben poco de lo que ayudaría a utilizar su razón.

Hoy, el pensar por sí mismo tiene condiciones fundamentalmente diferentes que hace veintitrés años. Si antes tenía que liberarse de la interconexión total con un orden y una *praxis* tradicionales, actualmente tiene que emanciparse de la homogeneidad de todo lo disponible. Pero eso solo puede hacerlo si se basa sobre algo: una idea de cómo se quiere vivir, de cómo debería estar organizado el mundo. Sin una idea, sea cual fuere, sobre un estado deseable y alcanzable, no se puede desarrollar ningún criterio de diferenciación sobre qué estado de conocimiento, qué tecnología, qué capacidad se necesitan para moverse hacia el futuro imaginado. Solo en un horizonte de la imaginación limitado por el presente tal cual es, un pensamiento, una información, una estrategia puede ser tan buena como la otra; recién bajo la dictadura radical del presente puede existir realmente algo así como la falta de alternativas. Es el futuro el que determina los criterios por los que se debe actuar en un presente, y como sabemos que no será posible estar a la altura de ese futuro mediante la expansión, ya tendríamos un criterio para lo que no es posible seguir utilizando y que se puede desechar del ámbito de lo posible.

Y eso que es una gran ventaja el que no dispongamos de ningún conocimiento predeterminado sobre cómo salir de la cultura de la modernidad expansiva pasando a aquella sostenible. Un conocimiento de ese tipo debe ser creado y elaborado primero. Ello por supuesto, no puede suceder en el modo de abastecimiento intelectual desde afuera, pues los conocimientos necesarios no existen y por eso, tampoco se puede acceder a ellos. Pero hay formas de *praxis* en la que se crea un conocimiento así y que han comenzado algo parecido a una alfabetización en relación a la capacidad de futuro.

Al principio se habló de que de todos modos es una idea falsa el pensar que se pueda llegar del conocimiento a la acción el *mind behaviour gap*[286]

---

[285] Engelsing, R.: *Analphabetentum und Lektüre: zur Sozialgeschichte des Lesens in Deutschland zwischen feudaler und industrieller Gesellschaft.* Stuttgart, 1973.
[286] N. de T.: En inglés en el original: brecha entre la mente y el comportamiento.

tiene muchas causas desde el punto de vista psicológico. Pero si el mundo cambia, de todas maneras no se puede pasar del conocimiento a la acción: el mapa de la modernidad sostenible no se puede ilustrar mediante la mirada satélite de *Google earth*, sino que tiene que transitarse sucesivamente con pasos de tanteo hacia otra *praxis*. El conocimiento necesario para la modernidad sostenible surge y se prueba al diseñar, probar, experimentar, revisar, intercambiar, generalizar, volver a comenzar, etc.

Pensar por sí mismo no se mueve en las formas de abstracción del conocimiento y de argumentación del abastecimiento intelectual desde fuera. La base para el conocimiento en la modernidad sostenible tampoco es Wikipedia como lo era el gran diccionario de conversación Meyer para la modernidad expansiva. La base para tal conocimiento es la apropiación vinculada al futuro de las capacidades intelectuales, sociales y tecnológicas que podrán *ser utilizadas en el futuro* para un buen trato del mundo.

Ese objetivo, el buen trato del mundo, no se puede fundamentar racionalmente y no tiene mucho que ver con conocimiento: es una meta normativa, es decir que encuentra su fundamentación extracientíficamente en las ideas y conceptos sobre la felicidad y en las posibilidades existentes o factibles de ser elaboradas a ese fin. En una palabra, que el conocimiento probablemente necesario de camino a la modernidad sostenible se basa entonces en otras condiciones que en datos o hechos: se basa sobre esperanzas, deseos, sueños y sentimientos –y en una *praxis* que toma más en serio esas fuerzas productivas de lo futuro que toda la tecnología y las fantasías de factibilidad.

Los nuevos pensamientos se basan en que, de una forma primeramente indeterminada, uno quisiera alcanzar otro estado que el del presente. Por eso, los pensamientos ya utilizados son siempre tan insatisfactorios: andan por ahí, como dijo Robert Musil, "como los clientes en la antesala de un abogado con el que no están satisfechos".[287]

---

[287] Musil, *Der Mann* (*op. cit.*), pág. 257.

La contrahistoria

¿Por qué a la edad de quince años yo me tomaba más en serio que un par de decenios más tarde, y por qué era más político entonces? Eso tiene que ver, entre otras cosas, con que a nivel de desarrollo del cerebro, la pubertad representa una de las fases más vitales y ricas: nunca antes ni después se tiene sentidos más agudos en lo que refiere a la justicia y a la injusticia, a la veracidad y a la mentira, a la inteligencia y a la estupidez. Esa capacidad aguda de discernimiento se desgasta cuanto más uno cree que sabe y entiende, y como resultado, de repente se siente de acuerdo exactamente con lo que en aquel entonces, y correctamente, consideraba equivocado y contra lo cual estaba dispuesto a actuar. Porque se trataba de algo importante para uno. Porque nada daba lo mismo. Porque uno lo tomaba en serio. "Así estaba" –escribe Robert Musil– "En la juventud aparecía la vida como una mañana sin fin, llena de posibilidades y de nada en todas direcciones, y ya al mediodía se presentó de improviso algo que pretendía ser su vida; todo eso era tan sorprendente como verse de pronto ante la persona con que se ha mantenido correspondencia epistolar durante veinte años sin conocerla personalmente, habiéndosela imaginado antes distinta. Pero es todavía más extraño el hecho de que casi nadie lo nota; todos adoptan a la persona con que se han cruzado, e incorporan su vida a la suya, juzgan sus experiencias como la expresión de sus atributos; su destino es su recompensa o su desgracia. [...] Conservan un recuerdo vago de la juventud en que poseyeron algo así como una fuerza de oposición."[288]

Es decir que lo que uno quería de sí mismo a esa edad, por lo general, era una historia contrapuesta a lo que luego uno se ha vuelto. Eso puede sucederle de forma similar tanto a las sociedades como a los individuos: se vuelven muy diferentes de cómo se habían diseñado, y olvidan lo que habían

---
[288] Musil, *op.cit.*, p. 112.

querido ser en realidad. Norbert Elias estaba fascinado por la idea de que sería posible escribir la biografía de una sociedad en ese sentido.[289]

En los años 1960, Alemania era, en su parte oeste, un país que comenzaba a relatar con mucho cuidado la historia sobre sí mismo, que después de un error histórico tremendo, cuyas consecuencias no podían desterrarse por nada, se había transformado en una sociedad abierta, liberal y democrática. Era un poco como la historia de un convaleciente que, después de un período difícil y confuso empezaba a dar los primeros pasos cuidadosos hacia una salud estable. Esa historia se expresaba, por ejemplo, en la arquitectura moderna y transparente de la representación política, en exposiciones internacionales de arte como la "documenta", en la literatura, y no menos en los impulsos de modernización del movimiento estudiantil y luego del movimiento ecologista. O fue una historia que trataba de cómo uno había cambiado con respecto al pasado; su horizonte de futuro era el estado social democrático. Con la caída del muro y la reunificación, esa historia adquirió otro tono; entonces, ningún convaleciente relataba ya su vuelta a la normalidad, sino que era uno curado que se encontraba del lado victorioso y con ello, del lado bueno de la historia. La inseguridad de estatus de la República de Bonn dejó lugar al latente alardeo de la República de Berlín; en consecuencia, ello encontró nuevamente su expresión construida, ahora en forma de la arquitectura para impresionar del edificio de la Cancillería y del Potsdamer Platz.

Alemania, convaleciente. Bonn, bungallow de cancillería, Arquitecto Sep Ruf, 1963.

---

[289] Elias, *Studien über die Deutschen* (*op. cit.*), pág. 27 y sig.

Pensar por sí mismo: Instrucciones para la resistencia

En el presente, el país ya no tiene historia para contar sobre sí mismo, aunque existirían bastantes elementos para tenerla: la democratización de una antigua dictadura de la aprobación, la inesperada reunificación, la salida de la energía nuclear, el cambio energético. Pero todo se encuentra de forma extrañamente desapasionada en un espacio mental que está caracterizado por miedo al deterioro económico, miedo al futuro e indiferencia política. Alemania parece, como todas las sociedades de Europa occidental y de los Estados Unidos, haber extraviado el futuro, y consecuentemente, el país no sabe qué es y hacia dónde quiere dirigirse. También eso es un resultado de la transformación en economía de casi todos los espacios vitales. La colonización del pensamiento mediante el neoliberalismo ha colocado mentalmente lo económico en primera fila, y *todo lo demás* lo ha declarado menos importante. La canciller Angela Merkel habla de la "democracia conforme al mercado". Precisamente, a través de esa hipóstasis es que provoca un efecto tan amenazador cuando la economía empieza a tambalearse: una cultura que le presta toda su atención y que apuesta todo su deseo a ella, no tiene nada para oponer culturalmente a una crisis económica y financiera.

Alemania, curada. Berlín, Cancillería, arquitectos Axel Schultes y Charlotte Frank, 2001.

No se trata solamente de un problema estético, aunque en la actualidad ya se puede prever que esta época, en una retrospectiva futura, no tendrá su marca distintiva: se reconstruyen –en Berlín, en Hannover, en Potsdam– castillos urbanos que habían desaparecido durante decenios, como si el absolutismo tuviera más para decir sobre nosotros que la modernidad. Esta sociedad no se relata en el futuro perfecto, porque no sabe lo que quiso ser una vez.

Sin embargo, si no se puede contar una historia sobre sí mismo, las decisiones políticas se derivan del presente oscilante y de sus contingencias. La política se hace sin una idea de a qué objetivo futuro debe servir, y las decisiones deben ser "sin alternativas", si no tienen puntos de referencia más allá del presente tal cual es. El que no tiene futuro, por lo demás, tampoco tiene pasado, pues el primero conforma el punto de referencia de todo recuerdo; por eso, en el presentismo de un proyecto como el "rescate del euro", también parece indiferente cuán dura fue la lucha por lograr los estándares democráticos que ahora se entregan despreocupadamente.

Es cómico, la sociedad en la que yo crecí tenía una historia para contar, en la que uno podía inscribirse, a la que se podía pertenecer. Era una historia fracturada, pero una que cree en un buen final. De la fe en el progreso de aquella época, hoy en día solo resta la confianza en la tecnología; la promesa de futuro se ha transformado en la figura grotesca de no poder moverse del mismo lugar. Ningún sueño, ninguna historia.

Hace ochenta años, Ernst Bloch, en su obra *Erbschaft dieser Zeit*[290], hizo referencia una y otra vez a que todavía habría mucho futuro sin compensar en el pasado, y lo llamó: "los contenidos de intención del pasado": los deseos y esperanzas que también permanecen cuando los proyectos relacionados con ellos han fracasado.[291] En otras palabras, la mentalidad y el hábito contienen, según lo anterior, energías de deseo y futuros que provienen de otros tiempos que del presente. Bloch, en el libro anteriormente nombrado, realizó una arqueología de los deseos, sueños y esperanzas, para reunir otras fuerzas y otras historias, tanto respecto del capitalismo, como del fascismo ascendente, y los encontró allí donde ni la ciencia ni la política jamás buscarían: en novelas de aventuras, en Karl May y Robert L. Stevenson, en el exotismo de las ferias y parques de atracciones y en los mundos imaginarios de los cuentos de hadas y del cine.

Un recuerdo como ese, sobre lo que se había soñado en realidad y sobre quién se quería ser, me parece también útil si actualmente se buscan brechas y hendiduras en el presente sin secretos del consumismo: debería rehabilitarse el desear y soñar como fuerzas productivas de lo futuro, y eso de forma urgente. No tiene nada de esotérico en cuanto uno mira alrededor suyo para averiguar de quién partieron las principales transformaciones sociales de los

---

[290] N. de T: "Herencia de esta época", traducción del título de la traductora de este libro. No existe traducción oficial.
[291] Bloch, Ernst: *Erbschaft dieser Zeit*, Frankfurt am Main, 1976, pág. 117.

últimos decenios: la marcha triunfal de las energías renovables no se debe ni a la economía energética ni a las universidades. Más bien fue la continuación de la lucha contra la energía nuclear con otros medios, y fue impulsado por soñadores prácticos tales como Rolf Disch[292] o Ursula y Michael Sladek. Ellos soñaron de antemano con un cambio energético con viviendas energéticamente eficientes, con cooperativas de energía y una penetración constante del clima cultural en el lugar mismo, decenios antes de que la economía energética altamente subvencionada hubiera descubierto a las renovables como tecnología del futuro.

Lo mismo vale para las innovaciones sociales, tales como *carsharing*, que previó el cambio de paradigmas de poseer a usar, mientras que a la industria del automóvil durante decenios no se le ocurrió otra cosa que hacer sus productos más grandes y más fuertes y poco confiables.[293] Tampoco como los pueblos de bioenergía, las casas de varias generaciones o los paneles solares ciudadanos fueron la invención de las administraciones o de los ministerios, tampoco como los jardines comunitarios y la agricultura ecológica fueron creados por la economía agraria o la ciencia. Los proyectos escolares exitosos del presente no surgieron en *think tanks*[294] y en la burocracia cultural, sino que se lograron imponer gracias a personas tercas que no comprenden a las escuelas como lugares para producir miedo y competencia, sino como lugares que abren espacios libres para lo que los niños quieren: aprender.[295]

Visto así, todas las instituciones altamente equipadas con dineros para la investigación, las subvenciones y los aparatos, tienen una fantasía bastante limitada. Sobre todo, no alientan una cosa: la fantasía moral. Pues esta requiere del deseo de que las cosas deben ser diferentes, y del sueño, de que podrían ser diferentes, y no de solicitudes o acuerdos en cuanto a los objetivos y a la "excelencia". De hecho, la historia del progreso social de los últimos decenios fue escrita desde abajo, y hace rato que sería hora de entenderlo como contrahistoria respecto al *status quo*, y empezar precisamente en ese lugar, si se intenta averiguar de dónde vienen los indicadores para la marcha hacia la modernidad sostenible. *Desertec*[296], los autos eléctricos, los *smart meters*[297] –todos esos son conceptos que vienen del mundo de ayer y se

---

[292] Rolf Disch es el inventor de la casa "Plus-Energiehaus". (www.rolfdisch.de).
[293] Solo en el año 2012, por ejemplo, Porsche recibió 7,6 millones de euros del Ministerio de Investigación para investigar las "tecnologías centrales de la próxima generación de automóviles eléctricos". (*Frankfurter Allgemeine Zeitung*, 20/8/2012, pág. 13).
[294] N. de T.: En inglés en el original: fábricas de ideas.
[295] www.adz-netzwerk.de.
[296] N: de T.: DESERTEC es una solución de energía renovable a nivel mundial, apoyada por la utilización de energía sostenible de los lugares en los cuales las fuentes de energía son más abundantes.
[297] N. de T.: En inglés en el original: contadores inteligentes.

traspasan en escala ampliada hacia el presente, no resultan en una nueva historia, y menos aún en una contrahistoria respecto a la modernidad expansiva. La historia de la modernidad sostenible la escriben aquellos que la prueban "porque sueñan con ella".

Una vez más, una contrahistoria de ese tipo tiene muchas voces, es fragmentaria, un mosaico de proyectos diferentes, fracasados y exitosos, sobre un buen trato del mundo. No es un programa holístico linear, no es un *masterplan* basado en datos. En primer lugar, algo así no funciona; segundo, está desangrado; y tercero, no tiene identidad. En su conjunto de ensayos con el título *Escepticismo en la modernidad*[298], Odo Marquard escribe sobre la necesidad de poder contar una historia sobre sí mismo: "son las contingencias, las casualidades, lo que ellos (los seres humanos) convierten en historias. Recién cuando a un desarrollo regulado o a una actuación planeada le sucede algo imprevisto, ellas –las historias– tienen que ser contadas; pues por lo general, recién después se sabe si se trata de una historia. Por eso, hay que contar historias –mezclas de acciones y sucesos–. Nosotros, los seres humanos, somos nuestras historias; hay que contar las historias; por eso, nosotros, los seres humanos, tenemos que ser contados. Aquel que renuncia a sus historias, renuncia a sí mismo: *narrare necesse est*."[299] [300] Y ahora cuente usted la historia de los últimos cuatro años de este país.

---

[298] N. de T.: Versión del título de esta traductora.
[299] N. de T.: Del latín, narrar es preciso (viene de la famosa frase: *navigare necesse est*).
[300] Marquard, Odo: *Skepsis in der Moderne*, Stuttgart, 2007, pág. 63 y sig.-309.

Modelos

En nuestro estudio ya mencionado sobre ayudantes que apoyaron o salvaron a judíos perseguidos en el "Tercer Reich", se vio que ayudar es un proceso de aprendizaje. Así como un ayudante no viene al mundo de esa manera, tampoco existen las situaciones preformateadas en las que se debe organizar y prestar ayuda. Como la exclusión, la privación de los derechos, la persecución y la eliminación de los judíos no tenía un *masterplan*, tampoco había instrumentos existentes con los que se podría haber ejercido resistencia. Antes de que surja una situación en la que alguien pone a disposición su sótano, jardín, oficina o cuarto trasero como escondite, nadie piensa que esos lugares podrían servir para ello, sino que resulta únicamente a través de la situación para la que uno no está preparado. De igual manera, nadie piensa con anticipación sobre lo que es necesario si se quiere esconder exitosamente a una persona. Bajo condiciones de guerra, los alimentos solo se consiguen con estampillas –¿cómo se obtiene pan o leche para personas que no existen oficialmente? ¿Cómo y dónde se puede encontrar un médico o medicamentos si alguien se enferma, qué se hace con el cadáver cuando alguien muere?

El 4 de febrero de 1944, Ruth Andreas-Friedrich, una ayudante, escribe en su diario lo siguiente:

"¿Qué se hace si una persona que uno esconde en su vivienda, se muere inesperadamente de un ataque al corazón? ¿Se debería quemarlo en el horno? ¿Disolverlo en humo? ¿Soplar fuera por la chimenea? ¿Qué se hace con un cadáver que no está registrado? 'Los pusimos en nuestro cesto de ropa, los tapamos con trapos de lino y los sacamos de la casa por la noche', nos confían conocidos que atravesaron una situación difícil similar. 'En el Tiergarten[301] los sacamos y los sentamos sobre un banco'. Usted sonríe. No está contento con esa solución. No tiene práctica en sacar cadáveres de contrabando de la

---
[301] N. de T.: El parque más grande de Berlín.

casa entre las tres y las cuatro de la mañana y sentar muertos en bancos solitarios del parque."[302]

Si se esconden niños, ¿cómo enseñarles que durante el día deben mantenerse en silencio a cualquier precio, no usar la cisterna, no mirar por la ventana? Cuando se planifica una huida, ¿cómo conseguir documentos falsos, a quién hay que sobornar, dónde se traspasa un protegido a otro? Etc., etc.

Aquello que, trivializando desde el punto de vista histórico-pedagógico, se presenta como decisión moral y que al mismo tiempo, parece quedar solucionado con la decisión histórica a partir de la cual se desprenderá todo lo demás, examinándolo más de cerca, no resulta ser una cuestión moral, sino de razón práctica. Una tarea tan compleja como salvar a una persona bajo las condiciones de un estado totalitario requiere más energía criminal que el amor cristiano al prójimo. Y esa tarea no se soluciona de una vez por todas. Es un proceso en el que tanto los que ayudan como los perseguidos aprenden a "correr riesgos, a traspasar límites y a asumir responsabilidad."[303] Y eso que lo que les resultó muy difícil a los que ayudaron fue precisamente la transición a los actos criminales, a sobornos, falsificaciones, mentiras, pues la mayoría no se consideraban combatientes de la resistencia, sino que fue más bien por casualidad que fueron a parar a esa situación de prestar ayuda –porque se les había pedido directamente, porque tenían posibilidades de alojamiento, por lo que fuera. Por lo general, se veían como ciudadanos correctos, y algunos renunciaron a prestar ayuda cuando el límite hacia la criminalidad tenía que ser traspasado.

La mayoría de las historias de ayuda y supervivencia pueden contarse como historias de traspasar límites, en las que se amplía sucesivamente el espacio de lo concebible y de lo factible –un proceso de aprendizaje, en el que se hacen experiencias que lo transforman a uno mismo. Los fundamentos que encontraron más adelante los que prestaron ayuda para explicar por qué hicieron lo que la gran mayoría de la población no hubiera hecho, no tienen por qué coincidir con los motivos *de hecho* en cada una de las respectivas situaciones, pero si se ha hecho algo divergente e inesperado, hay que mencionar un motivo. La mayor parte de los "héroes" dijeron, algo desconcertados y de forma muy general, que había que hacer algo, que no se podía tratar a la gente de esa manera, etc.

Muchas veces, eso fue interpretado como humildad y fue uno de los motivos por los que se les dio el título de honor de "héroes silenciosos" –pero

---

[302] Andreas Friedrich, Ruth: *Der Schattenmann. Tagebuchaufzeichnungen 1938-1945*, Frankfurt am Main, 1986. El gran psicólogo Hans Keilson, escribió una novela corta con el título *Komödie in Moll* ("Comedia en tono menor") exactamente sobre ese tema.
[303] Düring, *Verdeckte soziale Netzwerke* (Ver nota 156), pág. 256.

algunos de esos héroes no podían explicarse ellos mismos cómo y por qué todo había sido de esa manera. Pues se habían vuelto parte de unas *communities of practice* muy especiales, debieron aprender cosas y formas de comportamiento nuevos, a sellar alianzas, a pensar en estratagemas y a correr riesgos. Fueron procesos de aprendizaje con resultado posiblemente mortal, y pueden describirse como experiencias sociales de autotransformación y efectividad propia. Se adquirían nuevas habilidades, a veces insospechadas, y seguramente no todas las experiencias terminaron de forma positiva, además de que el miedo era un acompañante permanente. Por eso, a actores como Oskar Schindler les fue más fácil que a otros el exceder los límites y correr riesgos, al igual que del lado de los perseguidos, al falsificador de pasaportes Cioma Schönhaus, que hizo exactamente lo contrario de lo que se esperaba de un judío en la clandestinidad, y se compró un traje blanco y un velero, iba a los locales a los que asistía la élite del Partido y tuvo relaciones con esposas "arias" de oficiales, cuyos maridos estaban en el frente de batalla.[304] Pero la mayoría de los demás involucrados no tenían naturaleza de jugador, sino que primero tuvieron que aprender a ampliar el espacio posible de su yo. ¿Qué habla, pues, en contra de ampliar *su* propio horizonte de posibilidades hoy día, bajo las condiciones no peligrosas y confortables del presente: aprender a poder ser otro? ¿A poder traspasar sus propios límites?

De la misma manera en que se puede tomar a los que ayudan como modelo en asuntos de ejercicios de estiramiento moral, así también bajo las condiciones inofensivas y libres de las sociedades de nuestro tipo, se pueden encontrar personas que hacen lo completamente inesperado. Ellos ejemplifican lo que se *puede* hacer, muestran prácticamente cuánto de posibilidad existe en lo dado, proporcionan ejemplos vivientes de otra práctica. Así como los "héroes silenciosos" de la época de los nazis representan una refutación muy vital del popular, pero tonto dicho de Adorno, de que no habría una vida correcta en una falsa, así también aquellos que bajo las condiciones de la economía equivocada de la competencia, del crecimiento y del consumismo, empiezan a pensar y a actuar de forma *diferente*. A continuación, haremos referencia a algunas variantes de la *vida más correcta dentro de la falsa*.

---

[304] Schönhaus, Cioma: *Der Passfälscher. Die unglaubliche Geschichte eines jungen Grafikers, der im Untergrund gegen die Nazis kämpfte*, Frankfurt am Main, 2004.

Staudinger piensa por sí mismo

Cuando Heini Staudinger se convirtió en propietario de una fábrica de zapatos venida abajo a comienzos de 1990, no despidió trabajadores para sanear la empresa, sino que echó al departamento de publicidad. Pero como la publicidad es necesaria, desarrolló junto a su amigo Didi la revista *Brennstoff*[305], que informaba en primer lugar sobre temas de sostenibilidad, pero que también contiene poesía, letras de canciones y otras cosas fuera de lo común, también algunos avisos con zapatos, colchones y muebles que produce entretanto con su empresa GEA[306]. En una de las primeras ediciones debía aparecer, entre otras cosas, el texto traducido de la canción clásica de los Beatles *Let it be*, para el cual Heini Staudinger había encontrado el famoso título: *Scheiss di ned an*[307]. Poco antes de la impresión, le vinieron dudas debido a los lectores –pues la revista *Brennstoff* debía ser un producto serio. Staudinger fue con su manuscrito y sus dudas a ver a Didi, pero él tan solo lo miró brevemente y gruñó: "¡*Scheiss die ned an!*" Así, el texto terminó en la revista y es prácticamente todo el programa de lo que representa Heini Staudinger. En realidad, Staudinger es la personificación exacta de alguien del cual todos siempre pensaban que no llegaría a ser nadie. Poco convencional, imprevisible, había estudiado de todo pero sin terminar nada, era alguien que fue en bicicleta a Tanzania, después de que el primer viaje en ciclomotor había demorado demasiado, porque estaba siempre roto. Después de años de estudiar aquí y allá, Staudinger fundó su primer negocio en Viena, porque un amigo tenía los así llamados *Earth Shoes* de Dinamarca, que le gustaban. Staudinger hizo *autostop* hasta Dinamarca y ordenó de inmediato una cantidad más grande para venderlos en Austria. No tenía dinero para el pedido, y tampoco había dinero para alquilar un negocio en Viena.

---

[305] N. de T.: Combustible.
[306] N. de T.: Empresa que ofrece artículos compatibles con el medioambiente.
[307] N. de T.: En dialecto: No los engañes.

Pero de la misma manera en que había firmado el pedido en Dinamarca, sin tener recursos económicos, firmó el contrato de alquiler –pues se necesita una tienda si se quiere vender zapatos. *Scheiss di ned an.*

Al principio, unos amigos le prestaron pequeñas sumas, con las que pudo ir pagando sus cuentas, y la tienda no funcionó mal desde el inicio. Eso fue en 1980. Tres años después, surgió una cooperación con una fábrica de zapatos autogestionada de Waldviertel, pero cuyos negocios, lamentablemente, no marcharon bien.

En 1991, los zapateros temieron que se quedarían con las deudas de la empresa, y buscaron nuevos propietarios. Así, Staudinger se convirtió en fabricante de zapatos. Su copropietario Gerhard Benkö se marchó poco tiempo después a África, y Staudinger mudó su empresa, que entretanto, además de los zapatos, también fabricaba asientos y camas, de Viena a la zona estructuralmente débil de Waldviertel. La fábrica de zapatos tenía doce empleados cuando Heini Staudinger la adquirió, hoy trabajan allí ciento veinte personas.

Con la crisis económica mundial, a la empresa GEA de Heini Staudinger recién empezó a irle bien, –desde la quiebra de Lehman Bros., las ventas aumentaron en un 100 %, la cifra de negocios en un 50 %. Como siempre, Staudinger se paga a sí mismo menos que a sus empleados, un máximo de 1000 euros por mes. Y como hasta ahora, intenta que la empresa sea más sostenible, por ejemplo, comprando la mayor cantidad de materiales directamente en Waldviertel. Pero como después de la caída de la industria local del zapato ya no se encuentran curtiembres en la región, todavía hay un largo camino para recorrer antes de una verdadera regionalización de la producción.

Pero a Staudinger no le interesan las dificultades. Dice que tuvo suerte y si la suerte dura, de GEA saldría "alguna vez una verdadera empresa". Sin embargo, GEA no tendrá por ahora un "verdadero jefe", con plan de negocios, teléfono inteligente y sin tiempo. Staudinger no dirige una empresa para ganar dinero, sino para que la vida en la región sea mejor de lo que sería sin su empresa. Esta redefinición de la finalidad de una empresa es lo revolucionario en gente como Heini Staudinger. Se puede ser exitoso según criterios diferentes a los del mercado. Un negocio, una fábrica, una empresa, puede ser un instrumento.

Los Sladek piensan por sí mismos

En este caso, lo de Heini Staudinger tiene similitudes con la empresa de electricidad Schönau (EWS), sobre la que ya se informó tanto que seguramente alcance con el comentario de que Ursula y Michael Sladek, superando muchas resistencias, hicieron de una iniciativa ciudadana en contra de la energía nuclear una empresa de suministro de electricidad que actualmente abastece con electricidad proveniente de fuentes renovables a más de cien mil clientes a nivel de toda Alemania. De camino hacia allá, los Sladek, ella maestra de primaria y él médico, transformaron su comunidad tan radicalmente, que incluso el techo de la iglesia está cubierto con paneles solares, es decir, transformaron la cultura local de forma ejemplar. Donde la fortaleza de Heini Staudinger es la falta de reparos y la confianza su suerte, en el caso de los Sladek, es la perseverancia y la tolerancia a las frustraciones; ambos desarrollaron a su manera instrumentos para cambiar la cultura de consumo y de energía local y regional. En el caso de EWS, por lo demás, no solo es cliente, sino al mismo tiempo también mecenas de un fondo que, por ejemplo, apoya a plantas de cogeneración, al pagar además de su tarifa por kilovatio/hora, un así llamado centavo solar. De esa manera, los clientes pasivos se vuelven coartífices activos de otra cultura energética; este es también uno de los muchos nuevos enfoques mediante los cuales los Sladek se han vuelto efectivos y autoefectivos. La historia de EWS es un largo proceso de aprendizaje; ninguno de los involucrados se hubiera permitido soñar hace veinte años que alguna vez sería proveedor de energía. La organización antecesora de la EWS se llamaba *Schönauer Stromrebellen*[308], un nombre que hace referencia al carácter de resistencia de la época de su creación. Los Sladek y sus colaboradores no solo estaban a favor, sino sobre todo *en contra* de algo: la estructura del suministro desde afuera, la arrogancia de los grandes proveedores de electricidad, la fuente de electricidad que uno tenía que adquirir le gustara o no. En ocasión de una campaña, se denominaron de forma acertada "incidente"

---

[308] N. de T.: Rebeldes de la electricidad de Schönau.

que impediría el funcionamiento normal, hoy día definen lo que podría y debería ser el funcionamiento normal.

Incidentes. (El texto en la foto: Soy un incidente: la palabra "incidente" significa literalmente: un caso molesto).

Christian Felber piensa por sí mismo

La empresa de electricidad Schönau tiene, al igual que la empresa GEA de Heini Staudinger, una finalidad empresarial determinada. Las empresas sirven de instrumentos para cambiar a la sociedad. Normalmente, las empresas económicas sirven al objetivo de generar ganancias, que permanecen en manos privadas. En el caso de las empresas dirigidas por sus propietarios, las ganancias van al propietario, en el caso de las que cotizan en la Bolsa, a los accionistas. Las sociedades anónimas están obligadas a actuar en interés de los accionistas, es decir que no pueden orientar su modelo de negocios de ninguna manera, como la EWS o la GEA, por el bien común.

A favor de la sistematización de una dirección de empresa orientada al bien común, está Christian Felber, el presidente de *Attac* Austria y autor de un libro sobre la economía del bien común.[309] Su idea es, como todas las buenas ideas, simple. Una empresa orientada al bien común se interesa por el bienestar de las personas de una sociedad y lo valora más que el bienestar privado. De acuerdo con ello, estará interesada en asuntos como cooperación, confianza, solidaridad, seguridad social, etc., y define el éxito de la empresa por el aporte que se realiza para lograr esos objetivos.

Para medirlo, Felber desarrolló un índice con el que se evalúa por puntos, por ejemplo, el grado de cogestión, la cantidad de mujeres en posiciones de liderazgo, la regionalización de la cadena de creación de valor, la transparencia, etc., y todo ello sumado da como resultado el balance de bienestar de la empresa. Cuanto mejor el resultado de este balance, tanto más favorables serán los efectos fiscales o tanto mejor podrá financiarse a través de bancos también orientados hacia el bien común –al menos en una perspectiva a mediano plazo. De momento, el balance del bien común solo vale la pena de forma ideal, pero igualmente, en 2011, sesenta empresas ya han presentado un balance así –como compromiso propio, pero también como instrumento para orientar la propia actuación de forma más sostenible y orientada hacia

---

[309] Felber, Ch.: *Gemeinwohlökonomie. Das Wirtschaftsmodell der Zukunft*, Wien, 2012.

el bien común. Un balance del bien común de ese tipo, mide el éxito de la empresa no de forma monetaria, sino en cierta forma, a través de la capacidad de futuro del modelo de negocios que es su fundamento. Ese es un giro radical del objetivo empresarial de la economía privada. Ante ese trasfondo, es sorprendente que en un período de apenas dos años casi ochocientas empresas, más de dos mil cuatrocientas personas privadas y casi ciento cincuenta organizaciones y asociaciones se hayan unido a la economía del bien común, al menos idealmente. Y entre las en su mayoría pequeñas empresas se encuentra también alguna grande, por ejemplo, el banco Sparda de Munich con setecientos empleados.

Una oficina en Viena se ocupa de la coordinación. De momento se está trabajando intensamente en la construcción de un "banco democrático", que debe complementar los bancos sostenibles ya existentes, tales como Triodos o GLS. Tras de la economía del bien común está la idea antropológicamente bien fundamentada de que las comunidades de supervivencia humana son cooperativas y no competitivas, por lo que sirve más a la supervivencia y por lo demás, también es más agradable orientarse por el bien común en lugar de por los beneficios individuales.

GLS: un banco piensa por sí mismo

El banco GLS, fundado hace casi cuatro decenios, define el objetivo de su empresa como "un desarrollo sostenible de la sociedad", en otras palabras, hace tiempo que sigue la línea de orientación en pos del bien común. En la actualidad, financia aproximadamente dieciocho mil proyectos, que van desde la agricultura ecológica a instituciones para discapacitados, y es muy exitoso haciéndolo. El banco GLS fue una de las muy pocas casas financieras que no perdió ningún centavo durante la crisis financiera, y por ello, tampoco tuvo que ser "rescatado" por los contribuyentes. Publica lo que financia y lo que no. Las inversiones no sostenibles no son consideradas por el banco.

La historia del banco GLS comienza cuando el abogado Wilhelm Ernst Barkhoff ayudó a una iniciativa de padres a financiar una escuela Waldorf: simplemente les propuso concentrar sus cuentas en *un* banco y como garantía en común para un préstamo de construcción. A principios de los años 1960, Barkhoff fundó entonces una "cooperativa de garantía al crédito" que se encargaba de garantías para asociaciones sin fines de lucro. En 1974, creó el "Banco comunitario para préstamos y donaciones" (sigla en alemán: GLS), también organizado en forma de cooperativa.

Barkhoff, al igual que el primer aprendiz en el GLS, el hoy jefe Thomas Jorberg, definen el dinero como un instrumento para posibilitar la organización razonable de la sociedad. En opinión del GLS, forma parte de ello un modelo cultural que difiere bastante de los demás bancos –así, los empleados del GLS no reciben comisiones ni primas, pero sí bonificaciones cuando tienen hijos. Y hay una transparencia total: cada trimestre se publica la revista *Bankspiegel*[310], en la que hay una lista de todos los créditos que el GLS otorgó en el último trimestre correspondiente.

Además del banco, que entretanto asiste a más de cien mil clientes y entre otros, ha acompañado y apoyado intensamente a la empresa de electricidad

---

[310] N. de T.: Espejo del banco.

Schönau, existe también el GLS Treuhand[311], que vincula a gente con dinero con aquellos que lo necesitan. En total, el GLS es un ejemplo impresionante de la efectividad de la inteligencia social y la prueba viva en contrario de que también una empresa de la industria financiera no tiene que seguir las supuestas lógicas sistémicas "de los mercados" y no tiene que proclamar réditos del 25 % para ser exitosa. Pero en este caso el éxito se define según el criterio del servicio al bien común. Ante ese trasfondo, el GLS es la hermosa prueba de que se puede hacer economía de forma razonable con la postura correcta incluso en el sistema equivocado.

---

[311] N. de T.: Fiduciaria GLS.

Kowalsky piensa por sí mismo

El decenio pasado, seguro que no hubo otro producto con el prefijo "bio" que haya llamado tanto la atención y con un éxito de mercado tan espectacular como la "Bionade". La historia que llevó al éxito a "la bebida oficial para un mundo mejor" es confusa, en parte bizarra y se cuenta a menudo. Hay todo un libro sobre el tema de cómo una familia de cerveceros de la zona del Rhön, casi en quiebra, desarrolló durante veinte años un *softdrink* genial y finalmente, tuvo éxito.[312] Sin embargo, ese éxito es al mismo tiempo una historia del fracaso, y de la cual, una vez más, puede aprenderse mucho. Hoy día, Bionade pertenece por completo a la cervecería Radeberger; ello se debe, después de muchos líos, a que el inventor de la Bionade, Dieter Leipold, Peter y Stephan Kowalsky y Sigrid Peter-Leipold, jamás pudieron actuar libres de los bancos, inversores, accionistas, etc., es decir que el potencial que había en el proyecto jamás pudo ser realmente aprovechado. Peter Kowalsky definió su invento hace algunos años ante mí, como sigue: "¿Sabes, lo que es Bionade? No es una bebida, es un instrumento para cambiar el mundo." Ese instrumento, por de pronto, no puede ser utilizado, pero eso no tiene que ser la última palabra.

La Bionade recién se volvió "bio" por exigencias de las autoridades: un reglamento de la UE dice que donde aparece la palabra "bio", todos los ingredientes deben provenir de cultivo orgánico. Eso no era de ninguna manera el caso en el momento de su introducción al mercado, de manera que los cerveceros, precisamente en el momento del comienzo de su éxito en el mercado, se encontraron ante la alternativa de, o cambiar el nombre (genial), o de realmente pasarse por completo a "bio". De esa manera, la Bionade, por decirlo así, llegó a ser lo que es. El efecto de arrastre de ese cambio obligado fue considerable –pues por primera vez, los cerveceros tuvieron que lidiar con la cuestión de dónde conseguir suficientes cantidades de lychees o de bayas de saúco cultivados de forma orgánica. A través de ese tipo de problemas muy

---

[312] Weiguny, Sabine: *Bionade. Eine Limo verändert die Welt*, Frankfurt am Main, 2009.

prácticos, el tema de la sostenibilidad llegó con fuerza al DNA de la empresa. En muy poco tiempo, se plantearon el objetivo de producir de forma sostenible todos los productos de partida para la Bionade, incluyendo el agua, para cuya obtención, entre otras cosas, debían plantar "bosques tropicales" en el marco de proyectos escolares (y fueron realizados a pequeña escala).

Peter Kowalsky comenzó a tematizar en grande la sostenibilidad y no existen casi premios con las palabras "eco" o "bio" que no haya recibido en el correr de los últimos años. De hecho, la Bionade hubiera podido ser la prueba de que con una bebida producida en economía circular se puede tener éxito en el mercado internacional, y seguramente también en lo que refiere a la cultura empresarial hubiera seguido siendo una empresa fuera de lo común. Pero las cosas se dieron de otra manera: después de varias debacles de marketing y comunicación, las cifras de ventas del éxito rotundo a corto plazo descendieron y Bionade pasó de ser el símbolo de otro estilo de vida a ser un *softdrink* entre otros. La potencia simbólica de la bebida puede desprenderse, entre otras cosas, de que la "Bionadización" se volvió un sinónimo para la difusión de un estilo de vida sostenible, y la denominación utilizada de forma polémica de: "*Biedermeier*[313] de la Bionade" que inventó la revista alemana *Spiegel*, debe interpretarse también como indicador de la fuerza simbólica de la bebida. Lamentablemente, en 2011, la historia de la Bionade había pasado, en tanto estuvo vinculada a la familia de cerveceros de la zona del Rhön.

¿Por qué de todos modos es importante la historia de la Bionade? Porque además de las historias sobre aquellos que hacen lo inesperado, que creen en sus ideas y productos y que son exitosos de una forma poco probable, también valen la pena las historias del fracaso. Todo aquel que ingresa a la economía capitalista, debe dominar sus reglas de juego y esas son, si se abandona el nivel de la pequeña empresa, muy duras. Hoy en día, uno como Peter Kowalsky no es adinerado, pero sí más inteligente, y sus experiencias las transmite junto a Juergen Schmidt, el jefe del Consejo de Vigilancia del proveedor de artículos de oficina ecológicos "memo" a jóvenes empresarios del sector de sostenibilidad, en calidad de *sustainable business angel*[314]. El argumento para ello es lógico: no cualquiera tendría por qué repetir los errores que ellos mismos cometieron como recién llegados. Y Kowalsky también reflexiona sobre nuevos conceptos de la producción y del consumo cooperativo —en ese sentido, la Bionade es, hasta nuevo aviso, un proceso de aprendizaje sin cerrar.

Kowalsky y el proyecto Bionade representan en total que uno no debe

---

[313] N. de T.: Estilo en Alemania entre 1815 a 1848, inicialmente referido solo muebles, luego pasó a la arquitectura, la música y el arte, caracterizados por rasgos románticos como el sentimentalismo, el intimismo y por una bondadosa sátira del mundo pequeño-burgués.
[314] N. de T.: En inglés en el original: ángel del negocio sustentable.

imaginar el camino a un futuro sostenible simplemente como fácil, sin contradicciones y de forma lineal: el fracaso forma parte de eso, hay tantas piedras en el camino como los propios errores y decisiones equivocadas. La vida correcta dentro de la falsa está llena de obstáculos que no siempre pueden saltearse. A veces es necesario rodearlos y continuar de una manera diferente a lo esperado o planificado al comienzo. Pero de a poco quizá se puedan cambiar las reglas de juego de tal modo que aquellos que eran considerados buenos con las viejas reglas, con las nuevas, se conviertan en perdedores.

Schridde piensa por sí mismo

Los ingenieros tenían, en algún momento, una ética profesional. Aquello que construían debía ser técnicamente óptimo, *state of the art*[316]. Una ética de ese tipo, lamentablemente, no va bien con los principios de crecimiento económico: los productos que se rompen no se reemplazan. Eso preocupó, por ejemplo, a los fabricantes de bombitas de luz, que después del primer gran impulso de difusión a partir de 1900, en los años 1920, tuvieron que constatar una saturación del mercado: el que tenía suficientes bombitas de luz para iluminar su departamento, casa, taller o planta de fábrica, no necesitaba más. La bombita, también desde el punto de vista del diseño y de la tecnología, pierde su atractivo rápidamente, de manera que no se puede arrastrar a los consumidores ni mediante modas ni mediante innovaciones de producto.

Pues una bombita dura, en principio, eternamente. En la estación de bomberos en el pueblito estadounidense de Livermore, se festeja anualmente el cumpleaños de una bombita que fue colocada en el año 1901 y que difunde su claridad desde entonces. Esa historia es sorprendente para la gente de hoy, pues por experiencia propia parten de que el filamento de una bombita común posiblemente se queme después de un cierto tiempo de uso. Pero el que lo haga, es solamente el resultado del acuerdo más antiguamente comprobado de un cártel de los fabricantes de bombitas, que en 1924 resolvieron en conjunto limitar técnicamente el tiempo de vida del filamento, en aproximadamente mil horas. De esa manera, el comprador no se sentiría engañado y al mismo tiempo, se obtendría una necesidad de reemplazo, que a la industria pertinente le permitiría un negocio lucrativo a largo plazo.

Desde entonces, el ingeniero está enfrentado a un requerimiento no ético: tiene que desarrollar productos de tal manera que se mantengan *por debajo* de su potencialidad técnica. Claro que primero eso fue difícil de hacer comprender a los hombres de túnica blanca, porque iba en contra de lo que se entendía por ética profesional, pero actualmente forma parte del trabajo profesional el

---

[316] N. de T.: En inglés en el original: de vanguardia.

construir, por ejemplo, paneles de control de tal modo que después del vencimiento de su tiempo de garantía, renuncien a aceptar órdenes, o equipar impresoras con contadores que se aseguran de que a más tardar después de tres años de uso, dejen de funcionar irrevocablemente. El concepto técnico para ello es: obsolescencia planificada.

Cuando Stefan Schridde, economista y coach en una empresa industrial, vio por casualidad en el canal televisivo alemán "arte" el informe: "Comprar para el basurero", quedó shockeado y decidió de inmediato actuar en contra. Como si fuera un periodista de investigación, comenzó a buscar los correspondientes casos de *murks*[317] incorporados, abrió una página web[318] e invitó a los usuarios a informar allí sobre casos de obsolescencia planificada. Es decir que intentó organizar el poder de los consumidores, para, por ejemplo, poder entregar una petición que tenía como fin un proyecto de ley en contra de la obsolescencia planificada, pero organizó e integró a la red también a reparadores, que volvieran a hacer funcionar los aparatos planificados para sufrir daños. Pocos meses después de la inauguración de su página web, Schridde registró medio millón de visitas y los informes en los medios sobre murks. de aumentaron.

A Schridde le parece absurdo que en las empresas se hable sobre *Corporate Social Responsibility*[319] y sostenibilidad, pero que al mismo tiempo no se considere la vida útil de los productos y ni se tome en cuenta la multiplicación de basura producida por ello. Pero también entre el público en general eso no pareció ser tema hasta ahora –de tal manera el ser humano ya tiene incorporado que la sociedad de consumo necesita productos desechables para funcionar, que eso ya no plantea preguntas. A Schridde lo que le importa, como dice, es la construcción de una organización de consumidores orientada al bien común para una calidad sostenible de los productos, y a través de una formulación como esa, ya se puede interpretar que sabe por qué hace algo. El economista Schridde evidentemente es alguien en quién los estímulos para pensar promueven impulsos para actuar, y que en consecuencia, no se está mucho tiempo pensando sobre lo que es necesario. No le cabía duda que una forma de actuar a la que la industria estaba acostumbrada hace decenios por fin provocara resistencia– y desde entonces, se dedica con creciente fervor a esa resistencia. Desde lejos, eso puede parecerse un poco a Don Quijote, pero por lo contrario, tiene toda la razón a su favor: ¿Por qué uno debe pagar dinero por algo que a propósito tiene menos valor del que podría tener por el mismo precio? ¿Y por qué uno debería tolerar los efectos

---

[317] N. de T.: Obsolescencia planificada, es decir, dejar de funcionar apenas después de la fecha de vencimiento incorporado al producto.
[318] www.murks.de.
[319] N. de T.: En inglés en el original: responsabilidad social de las empresas.

negativos de esa práctica para el medioambiente, solo porque es una ventaja para el fabricante? Schridde simplemente se niega a que todo le dé lo mismo. Por eso, corre el riesgo de incomodar, a sí mismo y a los demás.

Los Paulmann piensan por sí mismos

Hanna y Dieter Paulmann, ella indóloga y él economista, tenían una empresa de trabajo temporario, en la que aplicaban un principio de dirección de personal muy poco habitual: "El que quiere dirigir" –dice Dieter Paulmann– "debe apoyar a su gente." Eso muestra claramente la actitud poco convencional de confianza con la que el Servicio de la Industria Alemana (DSI) no solo fue exitoso, sino que fue elegido varias veces como el mejor empleador de Alemania. Dieter Paulmann también insistió continuamente a favor de una mejor posición y aseguramiento desde el punto de vista del derecho laboral de los trabajadores temporarios –en el año 2012, muchos años después de haber vendido su empresa, el legislador se hizo eco de esas ideas y reformó la ley del trabajo temporal.

Hanna Paulmann comenzó entonces, en un ámbito intermedio entre ciencia y tradiciones espirituales, a hacer el seguimiento de cuestiones de sostenibilidad, de la preservación del conocimiento tradicional y de la buena vida en el marco de conferencias y publicaciones que ella financiaba. A ello se agrega la fascinación de Dieter Paulmann durante años por los mamíferos marítimos. No solo es experto en el comportamiento de las ballenas, sino que como asegura creíblemente, incluso tiene una amistad personal con algunas –lo que indica un compromiso en asuntos de sostenibilidad. Y eso que a alguien como a Dieter Paulmann no le importan las ideas tradicionales de protección a la naturaleza. A los animales solo se los puede proteger si las condiciones económicas en una respectiva región permiten que las personas puedan asegurar su manutención de forma sostenible. Eso fue el caso en muchas partes del mundo hasta que las formas de la economía capitalista reprimieron las economías tradicionales de subsistencia –en parte, con éxitos considerables en lo referente a las cosechas y a evitar hambrunas, generalmente a costa de las pequeñas unidades de abastecimiento campesinas o pesqueras, que fueron desplazadas por las grandes empresas agrícolas y pesqueras, con las consecuencias eco-sociales conocidas. La sostenibilidad no es algo que se pueda aplicar a una economía no sostenible al final de la cadena de creación de valor –prevalece allí donde la producción de alimentos o bienes de consumo se las arregla sin previa destrucción de los recursos naturales.

Ese es el origen de la fundación Okeanos, fundada por los Paulmann en 2005, y que se dedica a la tarea de restablecer estructuras de subsistencia donde fueron destruidas industrialmente. ¿Cómo funciona eso? Por ejemplo, descubriendo que en la zona del Pacífico hubo un tipo tradicional de barco que se adecuaba al mismo tiempo para el transporte de mercadería y de personas y que era apto para altamar. Ese catamarán de 22 m de eslora, Vaka Moana, hace mucho que ya no se construye, y por poco ya no se lo recordaba. Paulmann lo hizo resurgir según viejos dibujos y fotos, y aprovechó a mandar hacer siete ejemplares de una vez, construidos con los materiales tradicionales en el *layout* tradicional, solo modernizado por impulsión solar, que mueve los barcos cuando es necesario. Esos barcos deberán utilizarse en el futuro en el tráfico de transbordadores y de transportes.

Los Vaka emprendieron un viaje en 2011 desde Aotearoa, su lugar de creación, hacia Hawaii y luego a la costa oeste de los Estados Unidos, lo que fue una demostración de la capacidad de rendimiento de la tecnología tradicional, y con eso, en cierta forma, una infusión de identidad para los navegantes del Pacífico. Los barcos funcionan exactamente de esta manera: ingresan donde la cultura regional ha sido perturbada y destruida por intervención externa, y recuerdan a las personas lo que son y podrían ser en realidad. "The Pacific Voyagers", la flota de siete Vaka, atracó en San Francisco y los marineros desembarcaron para asistir a una fiesta de bienvenida organizada especialmente para ellos. Siguiendo una costumbre estadounidense, el bufet fue preparado con cubiertos y platos de plástico; los marineros de Samoa, al verlo, volvieron directamente a la playa, nadaron de retorno a sus barcos y trajeron su propia loza y cubiertos a la fiesta. Hasta aquí sobre el tema de la sostenibilidad vivida.

Volvieron: Vaka Moana

Como el éxito fue tan rotundo, Paulmann mandó construir *a posteriori* dos Vaka más pequeños, más adecuados para el tránsito local entre las islas que los grandes Vaka: Vaka Motu y Vaka Hapua. Hanna y Dieter Paulmann trajeron consigo de su pasado empresarial lo necesario para empezar a nivel de lo social si se desea poner en movimiento las cosas. Si se le da a la gente la posibilidad de poder considerar un trabajo, un negocio, una iniciativa como algo propio, entonces ellos se comprometen, lo desarrollan y lo cultivan. En las actividades determinadas desde fuera, las personas cumplen con una tarea nada más, y aparte del pago, les queda poco. La economía autodeterminada promueve la atención, el cuidado y el compromiso –y posibilitar eso es sin embargo, un arte: dar a la gente algo propio.

Y por supuesto que también en este caso se producen procesos de aprendizaje. ¿Por qué solo se deberían hacer esas cosas a gran distancia, y no también directamente donde uno se encuentra? En su casa en Darmstadt, los Paulmann apoyan un proyecto de circo fantástico, con cuya ayuda se previene que jóvenes que han desviado sus vidas caigan en una existencia criminal. El "Circo Waldoni" forma a jóvenes como artistas de todo tipo y a su manera, hacen lo mismo que los Vaka en el Pacífico: dan a las personas la posibilidad de estar orgullosos de algo que saben hacer, para su propia sorpresa. Un enfoque similar persiguen con proyectos escolares en el lugar mismo, otro con la financiación del *think tank*, "Taller de pensamiento en el futuro", con cuya ayuda el sociólogo Meinhard Miegel pudo sacar adelante el debate del crecimiento. Y crearon la Fundación *Futurzwei*[320], que investiga y difunde historias sobre modelos del buen vivir (y que tengo el placer de dirigir).

El núcleo de todas estas actividades es el empoderamiento: apoyar a la gente en lo que saben hacer mejor. Eso tiene como condición el respeto ante ese saber y una postura inteligente, no intervenir sabiendo mejor las cosas, sino simplemente apoyar lo que de por sí existe como potencial. Y para todo ello hay un enfoque empresarial, nada de caridad. Los "pacific voyagers" permiten que los operadores del lugar pesquen y se ocupen del transporte y del manejo de los transbordadores por cuenta propia, independientemente de las empresas pesqueras y fleteras. Y exactamente en esa dirección prevé el futuro Dieter Paulmann: junto a donantes estadounidenses quiere comprar derechos pesqueros y devolverlos a los pescadores del lugar, para que se puedan volver a realizar actividades económicas exitosas a nivel local. Esa estrategia, que fue practicada previamente en Alemania con la adquisición de derechos de suministro en el sector energético de parte de los Sladek, es mucho más directa que la producción por vía indirecta de las ONG de tipo clásico: en lugar de impulsar como Greenpeace o Robin Wood a las empresas a actuar más␣sosteniblemente aplicando presión pública, simplemente se les arrebata la cuestión de las manos y se hace de forma diferente. Mejor.

Ese concepto es muy diferente al del mecenazgo clásico, como por ejemplo el aplicado por Warren Buffet o George Soros. Sus bendiciones seguramente serán muy útiles en casos puntuales, pero el problema sigue siendo que esa beneficencia finalmente solo compensa parcialmente lo que primero se destruyó a gran escala mediante las inversiones. El problema es tan antiguo como el mecenazgo industrial mismo. Bertolt Brecht quiso escribir una vez una pieza sobre el Instituto para la investigación social de Fráncfort, estrictamente marxista al principio, que fue financiado por un fabricante de carne de origen alemán emigrado a la Argentina. En el diario de trabajo de Brecht, dice a ese respecto en un lugar: "dona (…) una gran suma para establecer un instituto que debe investigar la fuente de la miseria. Esa es naturalmente él mismo."[321]

---

[320] N. de T.: Futuro perfecto.
[321] Brecht, Bertolt: *Arbeitsjournal*, 12 de mayo de 1942.

Un prestador de servicios del sector de la movilidad piensa por sí mismo

La pregunta del millón: ¿Qué capital cultural europea se permitió detener su tránsito de tranvías urbanos después de las 22? La respuesta es: Essen, una ciudad de la región del Ruhr en Alemania. Allí, de todas maneras, el transporte público urbano es considerado un medio restante de transporte para aquellos que no pueden permitirse un auto. Andar en bicicleta es igualmente mortal, por lo que solo un 3,7 % de la población la utiliza como medio de transporte. Una ex funcionaria encargada del transporte me dijo en respuesta a la pregunta de cómo podía ser que las cosas fueran así, que se trataría de un fenómeno de mentalidad histórica proveniente de los años 1950: el trabajador alemán tendría el derecho a un auto y a su uso incondicional. Por eso, hoy en día, en la zona del Ruhr, todavía se iría a comprar cigarrillos con el auto, nunca de otra manera. ¿Y los ciclistas? No forman parte de eso. Y los medios de transporte público: exclusivamente para aquellos que no han logrado progresar.

Próxima pregunta del millón: ¿En qué capital europea casi la mitad de los hogares no tiene auto propio? En Berna, la capital de Suiza. En ese país, sus habitantes recorren más del doble de kilómetros con el tren que en Alemania, por ejemplo. ¿Por qué? Porque se puede llegar a cada ciudad más grande cada media hora, a algunas, incluso cada quince minutos. Porque hasta el pueblo más perdido tiene conexión. Porque los trenes son puntuales. Porque funcionan las conexiones con otros medios de transporte público. La revista del VCD[322] publicó una vez la carta de un lector que informaba atónito que con el bus de Lucerna que llega a Weggis a las 16,18 se puede acceder al barco a las 16,19. Es cierto. Yo lo probé cuando mi auto, un sinsentido en Lucerna, estaba en el taller. Otro lector informa que un conductor de ómnibus, en el caso de una demora de dos minutos, había avisado por parlante respecto al

---

[322] N. de T.: Organización de transportes suiza.

tren de conexión, que luego –por supuesto– había esperado a los viajeros. Si algo así hace que a uno le caigan lágrimas de emoción, siendo usuario de la Deutsche Bahn[323], no puede dejar de asombrarse al mirar los prospectos de los trenes suizos: el abono general, que en Alemania corresponde a la Bahncard 100, pero es mucho más económico y prevé descuentos, por ejemplo para jóvenes hasta los 25 años al igual que para los estudiantes o discapacitados, uno puede, si no lo necesita por un tiempo, depositarlo en el mostrador y recibe las correspondientes semanas agregadas en el tiempo que le queda de uso. También se puede recibir sin problemas una tarjeta de reemplazo si uno se ha olvidado una vez la suya. Asimismo, un abono general para su perro, sin diferencia de clase. Cito del prospecto SBB: "El abono general para perros no lleva anotación de clase y es válido tanto en segunda como en primera clase". Uno puede dejar su bicicleta en cualquier estación de trenes suiza y buscarla dos días después en el lugar donde se quiere recibirla. También puede llevarla consigo. Para ello, en el mostrador de equipaje le dan una bolsa de transporte adecuada. Gratis, como el llevarla consigo. Para períodos con mayor cantidad de viajeros, los técnicos de los trenes desarrollaron un carro módulo, que puede colgarse sin problemas de los trenes o incluso ponerlos delante. ¿Quieren más? Una suscripción Halbtax, que permite comprar los pasajes a mitad de precio para el transporte público suizo y que corresponde a la Bahncard 50 alemana, pero que además, incluye a la mayoría de los trenes de montaña, líneas de navegación y buses, cuesta por tres años menos que la Bahncard por un año. ¿Ya mencioné que los trenes salen todos puntualmente? ¿Que son limpios? ¿Que tienen un personal amable? ¿Que sirven buen café? ¿Qué quiere decir todo eso? Los trenes suizos son un producto *lifestyle*. En Suiza, la cultura del transporte público está tan a la moda como en otras partes el SUV[324]. La mitad de los habitantes de Suiza tiene un abono con el tren; dos millones de abonos Halbtax están en circulación. Nadie tiene que soportar las molestias de buscar lugar para estacionar, de cargar combustible, etc., para llegar de la A a la Z. En pocas palabras: los trenes suizos muestran cómo funciona un país en el que el transporte público no es un agregado no apreciado del auto: agradable, confortable, sostenible. Los trenes suizos no quieren, por lo demás, cotizar en Bolsa. ¿Qué iban a hacer ahí, pues? Su tarea la ven en la puesta a disposición de la manera más confiable de movilidad democrática.

Es un ejemplo de la trascendencia de la cultura empresarial. Los trenes suizos no se consideran ni como prestador global de servicios ni como competencia, tampoco como futura sociedad anónima. Se ven como una empresa que desea ofrecer a sus clientes el mejor servicio de movilidad posible. Si algo

---

[323] N. de T.: Trenes alemanes.
[324] N. de T.: Todo terreno.

así funciona bien, se refleja también en el comportamiento del usuario: simplemente es agradable y cómodo viajar en el transporte público en Suiza, no implica diferencias de clase, ofrece libertad de movimiento y mejor confort en comparación con otras formas de movilidad. Y es social: ninguna localidad queda fuera, nadie es obligado a utilizar un auto. Se necesita un sistema de trenes de ese tipo para la modernidad sostenible.

"Rímini Protokoll" piensa por sí mismo

"¡Esto aquí no es ni un espectáculo ni una pieza de teatro!", Klaus Bischoff, miembro del directorio de Daimler AG creyó que era necesario informar sobre lo anterior cuando el 8 de abril de 2009 inauguró la asamblea general anual del consorcio. Las asambleas generales de ese tipo duran todo el día, asisten más de seis mil personas, pequeños accionistas al igual que inversores institucionales, sindicalistas al igual que periodistas. Los que vienen muy raramente son actores o directores artísticos. Y eso que las asambleas de ese tipo son gigantescas puestas en escena, en las que desde la dramaturgia de la secuencia de los ponentes, la presentación de los productos, la dirección de iluminación y el sonido, las pausas para el café, etc., todo está perfectamente coreografiado, perfecto, como debe ser para el fabricante de autos suevo. Lo que no se puede controlar totalmente en una asamblea general así son las presentaciones y aportes de palabra de los pequeños accionistas; alguno que otro da rienda libre a su desagrado respecto a que los dividendos son demasiado bajos, que se construyen los autos equivocados o que se adquieren las empresas equivocadas. También están aquellos que actúan de forma subversiva y solo poseen su acción con derecho a voz y voto para hacer uso de la palabra en la asamblea general, para protestar en contra de algo escandaloso, para denunciar pecados medioambientales o al capitalismo.

En general, una asamblea general de ese tipo presenta todas las características de una obra de teatro, a veces demasiado larga, pero sí impresionante por su despliegue, pues al igual que en el teatro moderno de director, también se incorporan algunos momentos incontrolados que hacen que no todo sea predecible dentro de ciertos límites y de esa manera, interesante.

El grupo de teatro "Rímini Protokoll" tuvo una idea genial para todo eso. Declaró la totalidad de la asamblea general como su pieza, entregó acciones a ciento cincuenta espectadores, que de ese modo, tuvieron derecho de acceso, e hizo que Klaus Bischoff informara a la gente de que *no* se trataba de un espectáculo teatral. Precisamente con esa declaración, por supuesto que sembró desconfianza respecto a qué parte del evento sí podría ser teatro. Esa interferencia entre dos definiciones diferentes de la situación –asamblea general u obra de teatro– no solo fue muy inquietante para Klaus Bischoff, pues si el marco de referencia en el que debe interpretarse una situación es poco claro, rápidamente todo se sale de las manos: ¿Las cifras serán correctas? ¿Será realmente un miembro del directorio? ¿El discurso es en serio o una burla absurda? ¿Qué es teatro, qué no?

Se podría pensar que a Rímini Protokoll lo que le importaba era revelar el carácter de puesta en escena de ese tipo de eventos, lo que sería bastante aburrido. De hecho, se trataba de algo mucho más interesante: de la fácil comprobación que depende exclusivamente del marco de qué *es* un evento, un suceso. El sociólogo Erving Goffman analizó en varios libros los principios que organizan nuestras definiciones de realidad y manifestó que tales definiciones pueden ser muy frágiles. Al hacerlo, le interesaron los agentes, espías, impostores y por supuesto los actores, tanto como los engaños y equivocaciones de todo tipo. Nuestra definición de realidad requiere de un acuerdo social con otros respecto a si tiene que ver con el asunto "x" o "y". Si ese acuerdo tambalea, reina la confusión. Como en la legendaria versión de radioteatro de la *Guerra de los mundos*, de H.G. Wells que se emitió el 30 de agosto de 1938 de forma tan realista como si fuera un reportaje en vivo sobre una invasión desde el espacio, de modo que dos millones de estadounidenses creyeron en el ataque de los extraterrestres. Algunos incluso empacaron a toda velocidad sus pertenencias y anduvieron por las calles para huir del temido ataque con gas de los extraterrestres. Las conexiones telefónicas estuvieron bloqueadas durante horas. Pasó bastante tiempo hasta que se corrió la voz de que el ataque era solo ficción.[325]

Rímini Protokoll opera, como en el caso de la asamblea general de Daimler, con desplazamientos mínimos de los marcos, y Klaus Bischoff pudo decir que tuvo suerte de que la dramaturgia establecida evitó que sucediera algo peor en el evento, excepto por una ligera inseguridad. Rímini Protokoll no trabaja casi nunca con actores, sino con "expertos", personas que se presentan exactamente en el rol que realmente ejercen en la "vida real". Al presentar ese rol en escena, se cambia de marco y con ello, se desplaza la definición: normalmente, por ejemplo, un político no se presenta sobre el escenario y representa

---

[325] No queda bien claro cuántas personas realmente entraron en pánico. El diario *New York Times* puso como título el 31/10/1938: "Radio Listeners in Panic, Taking War Drama as Fact" ("Oyentes de radio entran en pánico, tomando un drama de guerra como un hecho"), e informó sobre diferentes sucesos puntuales, como por ejemplo, la fuga de los habitantes de toda una cuadra, pero no sobre pánico en masa. Asimismo, para un número bastante elevado de personas se quebró el límite ocasionalmente fino entre ficción y realidad.

a un político. Un político está más bien en una plaza de mercado o delante de una cámara de televisión y representa autenticidad. Al cambiar de marco, Rímini Protokoll trabaja continuamente en la perforación de la realidad, la hace más porosa de lo que parece habitualmente. Pero no lo hace desde la posición del conocedor y del instructor, como uno lo ve lamentablemente no pocas veces en trabajos de dirección de escena, sino –hablando quirúrgicamente– de forma mínimamente invasiva: modifica una sola variante y con ello hace más finos, más transparentes los límites entre posibilidad y realidad.

Sin embargo, al hacerlo, Rímini Protokoll deja en claro que también todo podría ser diferente en otro momento; que la realidad existente en un momento determinado, en verdad es una figura ambigua. Demuestra ser tan solo *una* variante de muchas realidades posibles. Un principio central del trabajo de Rímini Protokoll es la inclusión sistemática de la casualidad en las funciones: así como los accionistas en particular irritan la rutina de la asamblea con aportes de palabra extraños, levantan afiches y cintas con dichos o abandonan la sala bajo protesta, de la misma manera, la casualidad siempre coopera con la virulenta realidad. De eso se puede aprender algo: recién cuando se le da la posibilidad a las chispas de otras definiciones de realidad y comprensión del mundo de mostrarse, se abren espacios de posibilidades que si se siguiera un solo camino, permanecerían sistemáticamente ocultos.

Los "Yes men" piensan por sí mismos

El 12 de noviembre de 2008 apareció una edición del *New York Times* que solo contenía buenas noticias, por ejemplo, que George W. Bush, como consecuencia de fundamentaciones falseadas respecto de la guerra de Irak, sería acusado de alta traición y que dentro del mismo contexto, Condoleeza Rice se había disculpado públicamente por sus mentiras

A la gente, ese *New York Times* de tipo muy diferente les llegó de parte de los "Yes Men", un dúo de artistas integrado por Igor Vamos y Jacques Servin, que ya en 1999, en varias oportunidades, pudieron presentarse en la Organización Mundial de Comercio (OMC), porque se habían asegurado el dominio gatt.org[326], al que de inmediato llegaron invitaciones para referentes que en realidad estaban dirigidas a la OMC. Vamos y Servin las aceptaron con gusto y se presentaron con tesis radicalmente neoliberales que recibieron el apoyo entusiasta de los anfitriones. Se destacaron y fueron arrestados ocasionalmente también en el contexto de conferencias de prensa falsas para Dow Chemical y con la venta de un *Acceptable Risk Calculator*[327], aparentemente desarrollado por esa empresa.

---

[326] GATT es el acrónimo de "General Agreement on Tarifs and Trade", el Acuerdo General de Aranceles y Comercio que fue firmado en 1947. La OMC, fundada en 1994, es la forma institucionalizada del Acuerdo del GATT.
[327] N. de T.: En inglés en el original: calculador de riesgo aceptable.

Buenas noticias. *New York Times* falso.

En su página web, los *Yes Men* indican como modelo de negocios *correcting identities at conferences, on television, on the street*[328], y al igual que Rimini Protokoll, trabajan con un ligero desplazamiento de una de las variables del marco de referencia consideradas como fijas, por las que la gente orienta sus percepciones de la realidad. De hecho, a menudo es suficiente un traje o una forma de expresarse que utiliza las frases hechas del lenguaje de negocios para realizar maniobras de engaño exitosas –así, por ejemplo, cuando CNBC[329] invitó en 2001 a los *Yes Men* a través de la página web falsa de la OMC a una discusión en la televisión junto a críticos de la globalización, donde Igor Vamos propuso enseguida la introducción de vales de equidad para el comercio con las violaciones a los derechos humanos: un libre comercio sería pues siempre el camino más razonable para solucionar los problemas. Los *Yes Men* corren riesgos considerables con su forma de resistencia, porque naturalmente reciben numerosas denuncias por violación a derechos de autor, engaño, etc., y, como se ha dicho, por algunas de sus acciones fueron

---

[328] N. de T.: *Id.* Corregir identidades en conferencias, en la televisión y en la calle.
[329] N. de T.: Canal de televisión de noticias y negocios de EE.UU.

detenidos. Su estrategia política se dirige de forma decidida contra actores económicos multinacionales que hace mucho que han acumulado más poder político y económico que los gobiernos nacionales. La fuerza del impacto de sus subversiones exactamente calculadas deja en claro que en la sociedad de medios, también es posible combatir a los opositores jugando sus roles de forma más seria a como ellos mismos se atreverían.

El espectro de una posible resistencia es, como se ve, amplio. A veces, también puede ser muy divertido.

Instrucciones para la resistencia

Las historias sobre personas que aprovechan su margen de acción para hacer del mundo uno mejor de lo que sería sin su intervención son muchas: se podría relatar en este lugar acerca de la iniciativa *Green Music*[330], que organiza festivales algo diferentes con bailes en bicicleta y trenes especiales para el traslado y alojamiento; también sobre una persona individual como Ilona Parsch, que desarrolló un detergente ecológico proveniente de la remolacha[331], o de Michael Goedecke, un manager de personal, que a los jóvenes aparentemente sin posibilidades de futuro, les consiguió capacitación, haciéndoles la simple pregunta cuando se presentaban para una entrevista: "¿De qué estás orgulloso?" Las habilidades que los jóvenes cuentan después de la primera sorpresa no son, por supuesto, las que se evalúan con las notas de la escuela. El programa ha tenido un éxito extraordinario: desde 2001, tres mil ochocientos jóvenes fueron intermediados a capacitaciones regulares. Isa Pini, que estaba orgulloso de saber tocar el clarinete, egresó entretanto del Conservatorio y es un músico solicitado.[332]

Todos estos proyectos tan diferentes tienen una característica común: modifican un aspecto en realidad mínimo del trato habitual que se dispensa a las personas y a las cosas. En relación con nuevas estrategias arquitectónicas, ya cité más arriba la comparación con el golpe de judo: solo es necesario embocar el punto correcto para cambiar por completo las circunstancias con un simple y elegante gesto. Ello requiere una forma de inteligencia práctica que permita que las posibilidades que normalmente permanecen invisibles y por ello, sin utilizar, ingresen a la percepción.

El seguir relatando esas historias sobre los logros ya penetra la realidad solo aparentemente hermética: allí funciona algo, aunque todos siempre

---

[330] http://www.futurzwei.org/green-music-initiative.
[331] http://www.futurzwei.org/beeta.
[332] Se encuentran muchos ejemplos en la página (Archivo del futuro) iniciada por Reinhard Kahl: "Archivs der Zukunft": www.archiv-der-zukunft.de.

digan que allí no funciona nada. De la suma de historias de ese tipo de a poco se puede desarrollar una combinatoria del buen trato respecto del mundo. En esa combinatoria se unen todos los elementos de los cuales se hablaba en este libro: de la atención, pasando por la orientación hacia el bien común, hasta la innovación de uso. Aun cuando algunos de los planes y proyectos fracasen y algunas de las nuevas estrategias para aplicar la economía y la convivencia demuestren ser no realizables, igualmente proveen material valioso sobre las condiciones de éxito y fracaso de otro trato con el mundo. Y sobre todo, también las historias del fracaso proporcionan material para la contrahistoria respecto de la historia del progreso paralizada, ya sin misterios y promesas que la modernidad relata sobre sí misma y que ya no surte efecto en ningún sentido. Pues una buena historia no solo tiene un comienzo, una parte intermedia y un final; también tiene todo tipo de complicaciones, sus protagonistas tienen que superar obstáculos, saber manejar desilusiones, vivir con eventos negativos.

Las historias planas son tan poco interesantes como aquellas cuyo final ya está claro desde el comienzo. Solo por eso la contrahistoria ya se vuelve atractiva, porque se escribe desde el futuro: desde la buena vida y desde la convicción de que se puede alcanzar. En ese caso, el resultado final es abierto; en el caso de la historia que contaba sobre sí la modernidad expansiva, también fue así, y eso la hacía tan atractiva y excitante, que uno podía y quería inscribirse en ella. Era portadora de identidad, porque se podía ser parte de un viaje común hacia un futuro común. El final de esa historia ya no es abierto, desde que sabemos que fracasa debido al simple tema de que ya no hay espacio para más expansión. Pero ahora la historia no tiene perspectiva de un final feliz y desde que se sabe eso, ya no es interesante, sino que ha adquirido algo desagradablemente compulsivo. Solo da la impresión de una idea fija.

Tan artificial es entretanto la historia absurda de las promesas del crecimiento, de la *green economy*, de la inteligencia de los ingenieros. Y tan forzoso es también el personal político que se niega a tomar conocimiento de que para los jóvenes ya representa la antítesis personificada de todo lo que ellos quieren ser. Es una perfecta situación de partida para contar la contrahistoria: sobre un futuro abierto con otros medios.

Sin embargo, escribir una historia así uno no debe imaginarlo como algo agradable y simple. Esa historia se contará y vivirá contra la situación existente y los intereses poderosos que la sostienen. Solo tendrá efecto bajo la condición de que en cada segmento social, en cada clase social, en cada profesión, en cada función, un determinado porcentaje de los involucrados empiecen a hacer las cosas de otra manera. El camino hacia la modernidad sostenible no será una conversación armoniosa sobre una práctica peor o mejor, y no se realizará tampoco de forma exitosa si un movimiento *grass root*[333] puro comienza a andar. Los movimientos sociales se vuelven poderosos cuando sus portadores no vienen de las subculturas, sino de todos los grupos sociales.

Entonces, una política para una modernidad sostenible solo será influyente cuando en todas partes hayan vanguardias que cuenten una historia nueva: tienen que ser entre el tres y el cinco por ciento de los empresarios y directorios los que se inscriban para esa historia, tres a cinco por ciento de los negociadores en las negociaciones internacionales sobre el clima, tres a cinco por ciento de los jefes de estado, tres a cinco por ciento de los profesores, de los maestros, de los policías, de los abogados, de los periodistas, de los actores, de los porteros, de los desempleados, etc. Entonces las fuerzas se potencian, porque lo que hacen unos puede ser acompañado y promovido por los otros. Una iniciativa ciudadana que trabaja contra los intereses de los grandes proveedores de energía, necesita el apoyo de la comuna, para la cual quiere lograr otro tipo de suministro energético, y la iniciativa local de movilidad de jóvenes activistas del clima necesita al público que puede poner a disposición a las personas de los medios más establecidos. Una iniciativa exitosa de *carsharing* necesita al político que logre que se acepte otra administración del espacio para estacionar, y que privilegie a los autos utilizados conjuntamente; una iniciativa de sostenibilidad en un directorio de empresa necesita al consejo de empresa que apoye cuando los empleados sean dejados libres para asistir a servicios del bien común o cuando se instalen duchas y cabinas para cambiarse para aquellos que llegan al trabajo en bicicleta.

Los experimentos de ideas breves respecto a cada uno de estos ejemplos dejan en claro de inmediato cómo los golpes de judo de ese tipo deberían cambiar la interfaz del usuario de la sociedad: si Guenther Jauch o Sandra Maischberger[334] aprovecharan sus márgenes de acción para contar otra historia, en sus rondas ya no estarían siempre los mismos representantes políticos e intelectuales, sino personas que hacen algo diferente y se intercambian sobre eso; si los políticos representaran estrategias reductivas, los márgenes de acción para hacer algo por fin volverían a la cultura de la falta de alternativas de los municipios y parlamentos; si las direcciones de las escuelas y universidades no siguieran ya de forma incondicional y anticipada las instrucciones ministeriales, se iría conformando otra cultura de la educación y de las ciencias.

De hecho, el tres a cinco por ciento hace la diferencia, porque muestra en la práctica e insiste en que las cosas deben y pueden funcionar de otra

---

[333] N. de T.: En inglés en el original: de las bases.
[334] N. de T.: Moderadores de *talk-shows* de la TV alemana.

manera. En esas condiciones, tenemos la paradoja de una élite que tiene una opinión diferente que todas las clases sociales y que se define mediante una frase bien simple: "Vamos a empezar ya". Mientras que la mayoría de los demás o no se preocupan por el futuro, o se siguen entusiasmando por las ficciones de la expansión continua, esa élite experimenta con las posibilidades de una política, producción y relacionamiento social diferentes. Crea laboratorios de una práctica diferente. Los resultados pueden combinarse en una política de capacidad de futuro. Si es que alguna vez tiene la mayoría, entonces será porque establece un modelo cultural *mediante la práctica*, que sea más útil a la vida, más elegante, placentero y excitante que el estancado. Y porque hay gente que se toma en serio y que está dispuesta a lograr imponer un modelo así.

Ello se logra, de hecho, solo en la práctica, jamás de forma apelativa. Jamás de manera que aquellos que forman parte de lo falso informen a otros lo que sería bueno hacer ahora. En otras palabras, solo se logrará mediante un desacuerdo practicado. Mediante resistencia de diferentes tipos. Resistencia contra sí mismo y contra el aparente atractivo de seguir permaneciendo en la zona de confort.

Porque se trata al mismo tiempo de estar a favor y en contra de algo. Para mantener el estándar civilizatorio, posibilitado y creado por el ascenso del capitalismo, y en contra de la destrucción que se practica ahora, el extractivismo y basureo exceden radicalmente la capacidad de carga de la Tierra. De lo que se trata es, entonces, de insistir en la libertad, democracia, derecho e igualdad de posibilidades, educación y salud, y así, en contra de los intereses de aquellos cuyo modelo de negocios consiste en socavar todo eso a favor de un principio económico que se ha vuelto radicalmente destructivo.

Es decir que va en contra del modelo de negocios de los consorcios petrolíferos, de la industria agraria, del sector financiero. A la lógica propia de sus negocios sigue la destrucción, no el mantenimiento de las futuras condiciones de supervivencia. En la lógica sistemática a corto plazo de sus modelos de negocios, no habrá más nada para ganar cuando la Tierra y sus habitantes ya no tengan más para proveer. Pero esos modelos de negocios solo funcionan si usted se encuentra al final de la cadena de creación de valor y de comercialización, en tanto meta el grifo en el tanque de combustible de su coche, en tanto compre la pantalla de televisor más plana y reserve el viaje más lejano. Sin usted no habría tales modelos de negocios. Por eso depende de usted. Solo de usted.

Las sociedades continúan desarrollándose si se lucha contra y se disminuyen los privilegios que bloquean cambios. Los Estados Unidos y Europa son tan escleróticos y faltos de inspiración porque élites económicas envejecidas amplían continuamente sus privilegios y la política de partido igualmente envejecida los apoya. Una sociedad en la que se combate un seguro de enfermedad establecido por ley, está radicalmente envejecida en el siglo XXI y fracasará, al igual que todas las demás que no pueden aceptar que una política económica e industrial del siglo XIX bajo las condiciones cambiadas del siglo XXI en relación a los recursos, no puede funcionar.

El estándar civilizatorio occidental alcanzado solo puede mantenerse bajo condiciones económicas totalmente modificadas. Por eso, es necesario volver a plantear la pregunta por una vida y una economía más allá del capitalismo, que uno se había desacostumbrado de plantear desde que los sistemas comunistas, con razón, cayeron casi todos. Claro que en el presente nadie tiene una respuesta de cómo debería ser y funcionar una economía poscapitalista, pero ese no es un argumento contra el conocimiento de que con el capitalismo no se logrará atravesar el siglo XXI. O mejor dicho, que solo una minoría llegará al fin del siglo XXI. Mil millones de personas, quizá. Más bien menos. A los demás les costará la vida si se larga un principio económico expansivo sobre una cantidad de recursos que no alcanzan para todos. Se puede elegir esa variante. Pero entonces se debería asumir la responsabilidad de que uno vive su vida a costas de los demás.

O se elige la otra variante y se acepta la apuesta de que es posible hacer las cosas de otra manera. De que una economía del bien común es la forma económica superior desde el punto de vista de la supervivencia, y de que la calidad de vida en la modernidad sostenible es mayor que en el universo de los gulags de consumo de la modernidad expansiva. Una cultura reductiva sentaría desde casi todo punto de vista otros parámetros para orientaciones, decisiones y actos que la expansiva: en lugar de "crecimiento" para ella la guía de acción sería "cultivar"; en lugar de "eficiencia", "atención". En contra de "velocidad" diría "exactitud", en contra del "TODO SIEMPRE", "estacional", contra "abastecimiento de afuera", "resiliencia", y contra "consumo": *felicidad*.

Esa sería una variante.
Dibujo: Mick Stevens para el *New Yorker*.[335] Texto en inglés en el dibujo:
La vida sin Mozart.

Las nuevas categorías se piensan desde un futuro deseable, las viejas, desde el *status quo*. Pensar desde el futuro abre nuevas posibilidades, el pensar desde el *status quo* las limita sistemáticamente a lo que uno ya conoce. De la misma forma surge la capacidad de resistencia: lograr las mejores posibilidades de futuro contra las peores del presente. Si uno lo quiere depende de si se está dispuesto a asumir responsabilidad para el futuro. O no. En ese punto estamos allí donde Hans Jonas define al ser humano como ser moral: puede decidir entre comportamiento moral y amoral.

Eso pone la decisión en sus manos. Lo que muy seguramente no necesitamos después de cuarenta años de movimiento ecologista y veinte años de posdemocracia son llamados y enseñanzas de cómo hacerlo mejor. Los valores no cambian la práctica, es una práctica cambiada la que cambia los valores. Hace algún tiempo cambié de trabajo porque me parecía superfluo

---

[335] Le debo a Johannes Meier, de la European Climate Foundation (Fundación Europea del Clima) la referencia a este cómic.

continuar reuniendo datos sobre el estado del mundo cuando los conocimientos existentes hace mucho tiempo que alcanzan para la conclusión de que así no se puede seguir. Mi margen de acción personal me permite renunciar al exoesqueleto de un instituto de investigación e intentar trabajar en la composición de una contrahistoria respecto a lo existente contando historias de logros. Pero desde que tomé la decisión de esa interpretación de mi margen de acción, este se ha ampliado de forma sorprendente a nuevas conversaciones, cooperaciones, planes de batalla, con personas e instituciones con las que antes ni siquiera hubiera entrado en contacto. La apertura a tales posibilidades de alianza era también fácil porque ya no malgasto mi tiempo dejando que mi pensamiento siga las reglas de los administradores de la ciencia, que en pocos decenios han logrado definirla según criterios que tienen más que ver con la producción diaria de las gallinas de un gran establecimiento de cría que con aprender a pensar. En otros términos, aprovechar el propio margen de acción no cuesta mucho, pero proporciona gran placer.

"La inteligencia es una categoría moral". Con esta frase sorprendente comienza Theodor W. Adorno el aforismo 127 de la *Minima Moralia*. Y continúa de forma igualmente sorprendente: la inteligencia, como facultad del juicio, tendría como condición previa la eliminación de la oposición entre entendimiento y sentimiento. El pensamiento antitético que se elabora en resistencia contra lo dado, se basaría en el deseo, es decir, en la unidad anulada de entendimiento y sentimiento. La facultad de juzgar de la inteligencia moral es la condición para el autoesclarecimiento y el esclarecimiento. Pensar por sí mismo solo puede imaginarse entonces como capacidad emocional (Esto ya no es Adorno, soy yo).

El mero análisis de desarrollos y situaciones falsas, en sí mismo, no significa nada; la inteligencia moral, sin embargo, desea cambiarlos. El conteo ritual diario de capas de hielo derritiéndose y el creciente aumento de huracanes no significa nada en sí: la inteligencia moral quiere poner en marcha algo en su contra. La indignación en sí no significa nada: la inteligencia moral busca posibilidades para luchar contra lo indignante. En este libro se habló de "economía moral", a la que no le importa la desigualdad mensurable cuantitativamente, sino los estándares de equidad dentro de las relaciones sociales. Y se habló de "fantasía moral", la capacidad de poder imaginar lo que se puede elaborar. La economía moral se necesita como espolón contra la transformación de todo lo social en economía, la fantasía moral para poder rendirse cuentas a sí mismo sobre la propia responsabilidad en el marco de las largas cadenas de acción de la división del trabajo en las que uno está envuelto en las sociedades modernas.

La economía moral constituye una capacidad social, la fantasía moral, una individual. Las dos juntas conforman la inteligencia moral, la capacidad de juzgar sobre lo que es aceptable y lo que requiere resistencia. Moral significa en los tres casos solamente que uno tiene la elección. Por ejemplo, la elección de seguir contando sobre sí mismo la historia estancada y tornada peligrosa de la modernidad. O no. La contrahistoria, esa la cuenta usted.

12 REGLAS PARA UNA RESISTENCIA EXITOSA

1. Todo podría ser diferente.
2. Depende únicamente de usted que algo cambie.
3. Por eso, tómese en serio.
4. Deje de estar de acuerdo.
5. Ejerza resistencia en cuanto no esté de acuerdo.
6. Usted tiene un sinnúmero de márgenes de acción.
7. Amplíe sus márgenes de acción allí donde está y donde tiene influencia.
8. Concluya alianzas.
9. Cuente con contragolpes, sobre todo aquellos que parten de usted mismo.
10. Usted no es responsable por el mundo.
11. La forma de su resistencia depende de sus posibilidades.
12. Y de las cosas que le divierten.

Bibliografía

Adolf, Marian, und Stehr, Nico: Die Moralisierung der Märkte und ihre Kritik, in: Heidbrink, Ludger / Schmidt, Imke /Ahaus, Björn (Hg.), Die Verantwortung der Konsumenten. Über das Verhältnis von Markt, Moral und Konsum, Frankfurt am Main /New York 2011, pág. 245267.

Ahlert, Moritz, et al. (Hg.), *Berliner Atlas paradoxaler Mobilität*, Berlin, 2011.

Altvater, Elmar: *Das Ende des Kapitalismus, wie wir ihn kannten*, Münster, 2009.

Anders, Günther: *Die Antiquiertheit des Menschen: Über die Seele im Zeitalter der zweiten industriellen Revolution*, München, 2002.

Andreas Friedrich, Ruth: *Der Schattenmann. Tagebuchaufzeichnungen 19381945*, Frankfurt am Main, 1986.

Bankoff, Greg: "Cultures of Coping: Adaptation to Hazard and Living

with Disaster in the Philippines", *Philippine Sociological Review*, 51, 1/4/2003 [Publicado en 2006].

Beer, Susanne: Helene Jacobs und die „anderen Deutschen". Zur Rekonstruktion von Hilfeverhalten für Juden im Nationalsozialismus. In: SchmidtLauber, Brigitta; Schwibbe, Gudrun (Hg.): *Alterität. Erzählen vom Anderssein*, Göttingen (Göttinger kulturwissenschaftliche Studien, 4) 2010, pág. 85110.

Begemann, Verena: *HospizLehrund Lernort des Lebens*, Stuttgart, 2006.

Bloch, Ernst: *Erbschaft dieser Zeit*, Frankfurt am Main, 1976.

Boese, Daniel: *Wir sind jung und brauchen die Welt*, München, 2012.

brand eins und Statista: *Die Welt in Zahlen 2012*, Hamburg, 2012.

Bude, Heinz: *Die Ausgeschlossenen. Das Ende vom Traum einer gerechten Gesell*schaft, München, 2008.

Christ, Michaela: *Die Dynamik des Tötens: Die Ermordung der Juden von Berditschew. Ukraine 19411944*, Frankfurt am Main, 2011.

Clausen, Lars: Wohin mit den Klimakatastrophen? In: Harald Welzer *et al.*

(Hg.): *Klimakulturen. Soziale Wirklichkeiten im Klimawandel*, Frankfurt am Main, 2010.

Crouch, Colin: *Postdemokratie*, Frankfurt am Main, 2008.

Damasio, Antonio: *Descartes' Irrtum. Fühlen, Denken und das menschliche Gehirn*, München, 1998.

Davis, Mike: *Die große Mauer des Kapitals*. In: *Die ZEIT*, 12. Oktober 2006 (Nr. 42 / 2006, http://www.zeit.de/2006 / 42/Mauern)

Diamond, Jared: *Kollaps: Warum Gesellschaften überleben oder untergehen*, Frankfurt am Main, 2005.

Düring, Marten: *Verdeckte soziale Netzwerke im Nationalsozialismus*, unver. Diss., Mainz, 2012.

Elias, Norbert: *Studien über die Deutschen. Machtkämpfe und Habitusentwicklung im 19. und 20. Jahrhundert*, Frankfurt am Main, 1989.

Engelsing, Rolf: *Analphabetentum und Lektüre: zur Sozialgeschichte des Lesens in Deutschland zwischen feudaler und industrieller Gesellschaft*. Stuttgart, 1973.

Felber, Christian: *Gemeinwohlökonomie. Das Wirtschaftsmodell der Zukunft*, Wien, 2012.

Filipp, Sigrun Heide (Hg.): *Kritische Lebensereignisse*, München, 1981.

Frankfurter Allgemeine Zeitung: Interview mit Kurt Bock: Wer Wachstum verbietet, verhindert das Denken, http://www.faz.net /aktuell /wirtschaft / basfchefkurtbockwerwachstumverbietetverhindertdasdenken11724692.html vom 21. 4. 2012.

Frankfurter Allgemeine Zeitung: Deutsche arbeiten häufiger nachts und am Wochenende, http://www.faz.net / aktuell /wirtschaft /arbeitszeitendeutschearbeitenhaeufigernachtsundamwochen ende11861812.html vom 20. 8. 2012.

Frankfurter Allgemeine Zeitung, Testbericht über ein neues Smartphone, 5. 6. 2012, S. T2.

Frankfurter Allgemeine Zeitung, 4. 6. 2012, S. 1.

Frankfurter Allgemeine Zeitung, 20. 8. 2012, S. 13.

Fukuyama, Francis: *Das Ende der Geschichte: wo stehen wir?*, München, 1992.

FUTURZWEI: http://www.futurzwei.org/greenmusicinitiative; http://www.futurzwei.org/beeta

Giesecke, Dana /Welzer, Harald: *Das Menschenmögliche. Zur Renovierung der deutschen Erinnerungskultur*, Hamburg, 2012.

Glickman, Lawrence B.: *Buying Power: A History of Consumer Activism in America*, Chicago, 2009.

Grubenhofer, Elisabeth: *Eine Kita im Seniorenheim*, Kiliansroda, 2009.

Hagner, Michael: *Der Hauslehrer: Die Geschichte eines Kriminalfalls. Erziehung, Sexualität und Medien um 1900*, Frankfurt am Main, 2010.

Hartmann, Kathrin: *Das Ende der Märchenstunde. Wie die Industrie die Lohas und die LifestyleÖkos vereinnahmt*, München, 2009.

Hartmann, Kathrin: *Wir müssen leider draußen bleibenDie neue Armut in der Konsumgesellschaft*, München, 2012.

Heidbrink, Ludger / Schmidt, Imke: Das Prinzip der Konsumentenverantwortung

Grundlagen, Bedingungen und Umsetzungen verantwortlichen Konsums. In: Heidbrink, L. / Schmidt, I./Ahaus, B.(Hg.), *Die Verantwortung der Konsumenten. Über*

das Verhältnis von Markt, Moral und Konsum, Frankfurt am Main/New York, 2011, p 2556.

Helfrich, Silke /Heinrich Böll Stiftung (Hg.), *Commons für eine neue Politik jenseits von Mark und Staat*, Bielefeld, 2012.

Hoffman, Bruce: *Terrorismus. Der unerklärte Krieg: Neue Gefahren politischer Gewalt*, Frankfurt am Main, 1999.

Horkheimer, M. /Adorno, T.W.: *Dialektik der Aufklärung*, Frankfurt am Main, 1988.

Huismann, W.: *Schwarzbuch WWF. Dunkle Geschäfte im Zeichen des Panda*, Gütersloh, 2012.

Hunter, Emily: Ökokrieger. Eine neue Generation kämpft für unseren *Planeten*, Frankfurt am Main, 2012.

Jonas, H.: *Das Prinzip Verantwortung. Versuch einer Ethik für die technologische Zivilisation*, Frankfurt am Main, 1984.

Bibliografía

Jungk, Robert: *Der Atomstaat. Vom Fortschritt in die Unmenschlichkeit*, München, 1991.

Kegler, Ulrike: *In Zukunft lernen wir anders. Wenn Schule schön wird*, Weinheim, 2009.

Königseder, Angelika: Solidarität und Hilfe Rettung von Juden vor nationalsozialistischer Verfolgung. In: Haus der Geschichte BadenWürttemberg (Hg.), *Helfer im Verborgenen. Retter jüdischer Menschen in Südwestdeutschland*, Heidelberg 2012, pág. 2134.

Koschorke, Albrecht: Spiel mit der Zukunft. In: *Süddeutsche Zeitung*, 30/10/2008.

Kuckartz, Udo: Nicht hier, nicht jetzt, nicht ich Über die symbolische Bearbeitung eines ernsten Problems. In: Welzer, Harald / Soeffner, HansGeorg / Giesecke, Dana (Hg.), *KlimaKulturen. Soziale Wirklichkeiten im Klimawandel*, Frankfurt am Main /New York, 2010, pág. 143160.

Laplanche, J. y Pontalis, J.B.: *Das Vokabular der Psychoanalyse*, Frankfurt am Main, 1973.

Liberti, Stefano: *Landraub. Reisen ins Reich des neuen Kolonialismus*, Berlin, 2012.

Luria, A.: *Der Mann, dessen Welt in Scherben ging. Zwei neurologische Geschichten*, Reinbek, 1992.

Maak, Niklas: Stehen lassen! In: *Frankfurter Allgemeine Sonntagszeitung* vom 26/8/2012, pág. 23.

Marcuse, Herbert /Moore, Barrington/Wolff, Robert Paul: *Kritik der reinen Toleranz*, Frankfurt am Main, 1995.

Marker, Chris: *Sans Soleil*, Filmessay, 1983.

Markowitsch, H.J. /Welzer, H.: *Das autobiographische Gedächtnis*, Stuttgart, 2005.

Marquard, Odo: *Skepsis in der Moderne*, Stuttgart, 2007.

Marx, Karl: *Deutsche Ideologie*. In: MarxEngelsWerke Bd. 3, Berlin, (Ost) 1969.

Marzahn, Christian: Das Zucht und Arbeitshaus. Die Kerninstitution frühbürgerlicher Sozialpolitik. In: Marzahn, Christian /Ritz, HansGünther (Hg.): *Zähmen und Bewahren. Die Anfänge bürgerlicher Sozialpolitik*, Bielefeld 1984, pág. 768.

Massing, Michael: Bharain GP Schumacher kritisiert Reifen, Ecclestone wird makaber. In: http://www.stern.de / sport / formel1/bahraingpschumacher-kritisiertreifenecclestonewirdmakaber1817409.html.

McKibben, Bill: Global Warming's Terrifying New Math. In: http://www.rollingstone/ politics /news/ globalwarmingsterrifyingnewmath201.

McNeill, John R.: *Blue Planet. Die Geschichte der Umwelt im 20. Jahrhundert*, Bonn, 2005.

Meadows, Dennis /Meadows, DonellaH. / Randers, Jørgen: *Limits to Growth – The 30Year Update*, London/New York, 2004.

Menasse, R.: *Die Zerstörung der Welt als Wille und Vorstellung*, Frankfurt am Main, 2006.

Milinski, Manfred: Egoismus schafft Gemeinsinn. Das Problem des Altruismus. In: Ernst Peter Fischer / Klaus Wiegandt (Hg.), *Evolution und Kultur des Menschen*, Frankfurt am Main, 2010, pág. 270291.

Müller, Christa (Hg.): *Urban Gardening. Über die Rückkehr der Gärten in die Stadt*, München, 2011.

Musil, Robert: *Der Mann ohne Eigenschaften*, Bd. 1., Reinbek, 1981.

Nassehi, Armin/Weber, Georg: *Tod, Modernität und Gesellschaft. Entwurf einer Theorie der Todesverdrängung*, Opladen, 1989.

Neitzel, Sönke /Welzer, Harald: *Soldaten. Protokolle vom Kämpfen, Töten und Sterben*, Frankfurt am Main , 2011.

Nicolai, Birger: Starbucks und Krüger attackieren Nespresso. In: *Welt am Sonntag*, 27/5/2012, pág. 31.

Osterhammel, Jürgen: *Die Verwandlung der Welt. Eine Geschichte des 19. Jahrhunderts*, München, 2009.

Ostrom, Elinor /Helfrich, Silke (Hg.): *Was mehr wird, wenn wir teilen. Vom gesellschaftlichen Wert der Gemeingüter*, München, 2011.

Paech, Niko: *Befreiung vom Überfluss: Auf dem Weg in die Postwachstumsökonomie,*

München, 2011.

Perthes, Volker: *Der Aufstand. Die arabische Revolution und ihre Folgen*, München, 2011.

Pinker, Steven: *Gewalt. Eine neue Geschichte der Menschheit*, Frankfurt am Main, 2011.

Bibliografía

Precht, Richard David: *Die Kunst, kein Egoist zu sein*, München, 2012.

Radermacher, Franz Josef /Beyers, Bert: *Welt mit Zukunft: Überleben im 21. Jahrhundert*, Hamburg, 2007.

Radkau, Joachim: *Die Ära der ÖkologieEine Weltgeschichte*, München, 2011.

Rammler, Stephan: Die Geschichte der Zukunft unserer Mobilität. In: Welzer, H. / Wiegandt, K. (Hg.): *Perspektiven einer nachhaltigen Entwicklung. Wie sieht die Welt 2050 aus?*, Frankfurt am Main, 2011, pág. 1439.

RedBull,siehe:http://www.redbull.de/cs/Satellite/de_DE/Unternehmenszahlen/001243044071188?pcs_c=PCS_Article&pcs_cid=1243041553189

Reemtsma, J.P.: *Vertrauen und Gewalt: Versuch über eine besondere Konstellation der Moderne*, Hamburg, 2008.

Rockström, J., *et al.*: Planetary boundaries: exploring the safe operating space for humanity. In: *Ecology and Society*, 2009, 14 (2), pág 32.

Rosa, Hartmut: Über die Verwechslung von Kauf und Konsum: Paradoxien der spätmodernen Konsumkultur. In: Heidbrink, Ludger / Schmidt, Imke /Ahaus, Björn (Hg.): *Die Verantwortung der Konsumenten. Über das Verhältnis von Markt, Moral und Konsum*,

Frankfurt am Main /New York 2011, pág. 115132.

SáenzArojo, Andrea, *et al.*: Rapidly shifting environmental baselines among fishers of the Gulf of California. In: *Proceedings of the Royal Society*, 272 / 2005, p{ag. 19571962.

Sanchez, Adriana: Der Code ist das Saatgut der Software. In: Helfrich, Silke /Heinrich Böll Stiftung (Hg.): *Commons. Für eine neue Politik jenseits von Markt und Staat*, Bielefeld, 2012, pág. 344347.

Schivelbusch, Wolfgang: *Geschichte der Eisenbahnreise. Zur Industrialisierung von Raum und Zeit im 19. Jahrhundert*, Frankfurt am Main, 2004.

Schönhaus, Cioma: *Der Passfälscher. Die unglaubliche Geschichte eines jungen Grafikers, der im Untergrund gegen die Nazis kämpfte*, Frankfurt am Main, 2004.

Schor, Juliet: *Plenitude: The new economics of true wealth*, London, 2010.

Schütz, Alfred: Teiresias, oder unser Wissen von zukünftigen Ereignissen. In: Ders., *Gesammelte Aufsätze*, Bd. 2. Den Haag, 1972, pág. 259278.

Shell Jugendstudie (16.): *Jugend 2010*, Frankfurt am Main, 2011.

Siefkes, Christian: PeerProduktion der unerwartete Aufstieg einer commonsbasierten Produktionsweise. In: Helfrich, Silke /Heinrich Böll Stiftung (Hg.): *Commons. Für eine neue Politik jenseits von Markt und Staat*, Bielefeld, 2012, pág. 348353.

Stehr, Nico: *Die Moralisierung der Märkte. Eine Gesellschaftstheorie*, Frankfurt am Main, 2007.

Süddeutsche Zeitung: Das Meer im Jahr 2300, 26/6/2012.

Süß, Christoph: *Morgen letzter Tag! Ich und Du und der Weltuntergang*, Münüchen, 2012.

Tajfel, Henri: *Social identity and intergroup relations*, Cambridge, 1982.

The Economist: Change We can Profit From. http://www.economist.com/node/13031214?story_id=13031214

Thompson, E.P.: *Die Entstehung der englischen Arbeiterklasse*, Frankfurt am Main, 1997.

Truffaut, François: *Mr.Hitchcock, wie haben Sie das gemacht?*, München, 2003.

Turvey, S.T., et al.: Rapidly Shifting Baselines in Yangtze Fishing Communities and Local Memory of Extinct Species. In: *Conservation Biology*, 24(3), 2010, pág. 778787.

U.S. Customs and Border Protection: National Border Patrol Strategy, Washington, September 2004.

Ullrich, W.: *Haben wollen. Wie funktioniert die Konsumkultur?*, Frankfurt am Main, 2006.

Unmüssig, Barbara / Sachs, Wolfgang /Fatheuer, Thomas: *Kritik der grünen Ökonomie: Impulse für eine sozial und ökologisch gerechte Zukunft*, Berlin, 2012.

Vitali, Stefania / Glattfelder, James B. /Battiston, Stefano: The Network of Global corporate Control, PLOS ONE, 6(10) e25995 (2011) doi:10.1371/journal.pone.0025995

Weick, Karl / Sutcliffe, Kathleen: *Das Unerwartete managen: Wie Unternehmen*

aus Extremsituationen lernen, Stuttgart, 2003.

Weiguny, Sabine: *Bionade. Eine Limo verändert die Welt*, Frankfurt am Main 2009.

Welzer, H.: *Klimakriege: Wofür im 21. Jahrhundert getötet wird*, Frankfurt am Main, 2008.

Welzer, H.: *Täter. Wie aus ganz normalen Menschen Massenmörder erden*, Frankfurt am Main, 2005.

Welzer, H.: Wissenschaftsläden. Ein Kapitel aus der Geschichte reflexiver Gerwissenschaftlichung. In: Gerhard Gamm/Gerd Kimmerle (Hg.), *Wissenschaft und Gesellschaft*, Tübingen 1991, pág. 181201.

Welzer, H. /Welzen, S.: Wie gut, dass auch die Nonkonformisten konform sind. In: *Merkur* 9 /10/2011, pág. 970979.

Wenger, E.: Communities of Practice. A Brief Introduction, online: http://www.ewenger.com/ theory / index.htm (Vigente al 31/8/2012), 2006.

Wenger, E.: *Communities of Practice. Learning, Meaning, and Identity*, Reimpr., Cambridge, 1998.

Wissenschaftlicher Beirat der Bundesregierung Globale Umweltveränderungen (WBGU): *Welt im Wandel: Gesellschaftsvertrag für eine Große Transformation*. Hauptgutachten, 2011, Berlin, 2011.

Worldwatch Institute, Washington, D. C. (Hg.): *State of the World 2010, Transforming Cultures*. New York, London. Dt. Ausgabe: Zur Lage der Welt 2010, hg. v. der HeinrichBöllStiftung, München, 2010.

www.adznetzwerk.de

www.archivderzukunft.de

www.backhausen.com/ returnity.php

www.murks.de

www.recyclingdesignpreis.org

www.regionalwertag.de

www.rolfdisch.de

www.schmidttakahashi.de

www.stiftungintact.ch

www.zeitraumarchitektur.info

CRÉDITOS FOTOGRÁFICOS

Bundesarchiv, Bild 183–37600–0004, Fotograf: Funck/Wendorf: S. 231.

dpa/picture alliance: S. 10 (Mary Evans Picture Library), p. 124, S. 179, p. 223 (Georg Göbel), p. 281.

J. H. Darchinger/FriedrichEbertStiftung: p. 97.

Elektrizitätswerke Schönau: p. 261.

Fotolia: p. 149 (Karin Eichinger), p. 212 (Jan Feierabend).

Dana

Stefan Müller: p. 250.

Okeanos Stiftung/Murray Watson: p. 272.

Shutterstock.com: p. 131 (Everett Collection), p. 175 (karlstury).

Dave Sims/Greenpeace: p. 73.

Mick Stevens/The New Yorker Collection/www.cartoonbank.com: p. 289.

Axel Thünker/Stiftung Haus der Geschichte der Bundesrepublik Deutschland, Bonn: p. 249.

www.fairkehr.net: p. 157.

Graphiken von Peter Palm, Berlin: p. 13: Auf Grundlage: Angus Maddison, The World Economy: Historical Statistics (bis 2003), sowie Julius Bär, kaufbereinigte Berechnung

(ab 2003 und Prognose).

Pág. 4446: Auf Grundlage von Steffen, W., et al. 2004. *Global Change and the Earth System: A Planet unter Pressure*. SpringerVerlag, New York, New York, USA.

Pág. 90: Auf Grundlage von Rockström, Johan *et al*.: Planetary Boundaries: Exploring the Safe Operating Space for Humanity. In: *Ecology and Society* 2009, 14 (2), p. 32.

ANEXOS

Los guardianes de semillas*

La Red Semillas Libres Chile, una asociación inclusiva, horizontal y autónoma lucha contra los monocultivos y las semillas genéticamente manipuladas.

Valentina Vives siente mucha satisfacción cuando participa en un intercambio comunitario de la Red Semillas Libres Chile (RSLC) y ve que alguien se encuentra con las mismas semillas nativas que cultivaban sus abuelos y que se creían extintas o quizás olvidadas. Ya son casi cuatro años desde que Vives y sus colegas de la RSLC se reunieron para crear en 2012 esta organización sin fines de lucro, transdisciplinaria, horizontal y autónoma.

En este tiempo han experimentado con frecuencia que muchas personas divulgan en público los mensajes que su organización ha difundido en Chile y en otros países. "Cuando escucho mis ideas y las de mis maestros en las voces de otras personas recuerdo que las semillas son tanto más que un patrimonio vegetal. Y nuevamente se me hace más claro cuál es nuestra misión. Esos mensajes que van de generación en generación son esenciales, ya que sin semillas no puede haber pueblos, ni personas, ni cultura. Si las destruimos estamos haciendo lo mismo con nuestras propias vidas. Las semillas son un elemento sagrado que debe ser compartido, pues así lo dicta la naturaleza," comenta la química ambientalista Vives.

La lucha contra los monopolios

La idea de fundar la RSLC surgió en 2012. En ese entonces, Valentina Vives conoció a Claudia Flisfisch en Ollaytantambo (Perú) durante un encuentro organizado por la asociación francesa Kokopelli. El tema del encuentro era la

---
* Escrito por Daniela Silva Astorga. Daniela es periodista especializada en artes visuales, danza contemporánea y museos. En 2013 obtuvo la Beca Gabriel García Márquez de Periodismo Cultural de la FNPI. Trabaja para el diario chileno *El Mercurio*. Publicado con autorización del Goethe Institut / Futureperfekt (www.futurzwei.org).

protección de la biodiversidad y la producción de semillas orgánicas. En este encuentro surgió la idea de fundar la Red Semillas Libres Chile, y así estar en sintonía con voluntarios de Colombia, Ecuador, Venezuela y Argentina. El grupo se formó con ocho profesionales de diversas disciplinas, que rápidamente creció y llegó a convocar incluso a más de veinte organizaciones que se dedican a la protección de semillas.

Una de las metas del grupo es la lucha contra la expansión y el monopolio de las empresas locales y multinacionales que, en pos del negocio exitoso, anhelan la disminución de las semillas nativas y criollas para la producción de monocultivos. Además, sus simientes, que han sido mutadas genéticamente, son costosas y están sujetas a derechos de propiedad intelectual. Es decir, la RSLC lucha prácticamente contra el sistema agroalimentario de hoy. Según estadísticas de la Asociación Nacional de Productores de Semillas de Chile se estima que para fines de 2015 se habrán plantado alrededor de 45.000 hectáreas con semillas genéticamente manipuladas. Hasta el día de hoy no hay ninguna reglamentación ni legislación que proteja a los agricultores que quieran trabajar con semillas nativas. Muchas organizaciones ambientalistas han manifestado su preocupación sobre la liberación de los alimentos transgénicos.

Las semillas no deberían ser privatizadas

"Nosotros anhelamos recuperar semillas libres de propiedad intelectual, agroquímicos, modificaciones y fronteras. No puede ser que sobre ellas rijan derechos de autoría, pues son un elemento que sostiene la vida, la cultura y no debería ser privatizado. Han construido una sociedad consumista y temerosa a base de premisas que debemos derrumbar, como aquella que dice que el alimento va a escasear," explica Vives. Y, en esa línea, se plantea que el cultivo debe estar regido por el derecho consuetudinario.

La Red Semillas Libres Chile tiene como uno de sus principales objetivos contagiar a los chilenos –y quizás incluso a los países vecinos– con un espíritu de desarrollo alternativo, basado en la cualidad humana, con valores como compartir, la moderación y la reciprocidad más allá de la necesidad de consumir permanentemente y cercano a una economía más horizontal. Para ello realizan talleres, encuentros estacionales, asambleas y conversaciones enfocados en técnicas para recuperar simientes y los aspectos legales del patrimonio cultural que las rodea. "No se trata solo de rescatar y cultivar, sino de comer el fruto obtenido y de este modo valorar su historia para así poder cerrar el ciclo," sostiene Vives.

Una relación alternativa con el planeta

Entre 2013 y 2014 los activistas de la RSLC recorrieron el país para compartir sus experiencias y cimentar subgrupos regionales. Hoy en día existen redes en las regiones de los ríos Biobío, del Maule y la región Metropolitana, así como en Chiloé y Punta Arenas. Valentina Vives, con otros cinco socios, se propusieron ordenar internamente la organización: "Este año creamos la Cooperativa Semilla Austral, que presta servicios a la Red Semillas Libres con un propósito más amplio, porque pensamos que el rescate no podía avanzar solo. Era necesario trabajar con educación ambiental para generar un cambio de paradigma y tener otra relación con el planeta. Damos talleres, estamos planeando crear una editorial y postular a proyectos internacionales."

El encuentro de la red en 2013 reunió a más de 800 personas por siete días en Laguna Verde. Asimismo, la organización tiene una lista de difusión a escala mundial, que suma unas diez mil direcciones de correos electrónicos. "Jamás hemos necesitado convencer a alguien, la gente viene por sí misma. Esta organización, como otras en red, se basa en la confianza y en la autorregulación. Eso es lo bonito," afirma Vives.

Una sala de cine para Ciudad Bolívar*

En un barrio bogotano de mala reputación surge actualmente un proyecto comunitario que une el cine, la arquitectura y la educación. Y que cambia el rostro del lugar.

Para muchos, Ciudad Bolívar es sinónimo de pobreza, marginación, violencia, invasión, peligro. En esta localidad de Bogotá, ubicada en las montañas del suroccidente de la capital, confluyen mucho problemas. Causas de estos son la inequidad social colombiana y el conflicto armado interno, que ya dura más de cincuenta años. En Ciudad Bolívar viven guerrilleros, paramilitares, hay narcotráfico; pandillas venden drogas, policías corruptos miran hacia otra parte. En las montañas se practica la minería ilegal; y campesinos desplazados de sus tierras buscan refugio. Pero también allí, en esa misma localidad, hay jóvenes que se esfuerzan por salir de la marginalidad y luchar contra los estigmas. Ellos valoran las montañas en las que viven, y creen que también en Ciudad Bolívar es posible construir una vida fructífera.

"Quiero ser cineasta, director. Quiero ser como Stefan Kaspar, el creador del cine comunitario", dice convencido Joel Chavarro, un niño de apenas 12 años. En los últimos cuatro fines de semana se ha levantado temprano, entusiasmado y puntual; no para jugar, sino para ayudar a construir lo que él describe como su vida: la primera sala de cine de Ciudad Bolívar.

Ojos bien abiertos

En 2005 nació Sueños Films Colombia, un proyecto local sin ánimo de lucro, cuyo objetivo es la educación y comunicación audiovisuales

---

* Escrito por Estefanía Avella Bermúdez. Estefanía trabaja como periodista en Bogotá. Escribe para el diario *El espectador* y la plataforma periodística "Cerosetenta" (cerosetenta.uniandes.edu.co). Publicado con autorización del Goethe Institut / Futureperfekt (www.futurzwei.org).

alternativas. Un grupo de jóvenes de la localidad creó la Escuela Popular de Cine y Vídeo Comunitario. Allí, dice Carolina Dorado, una de las coordinadoras de la Escuela, le enseñan a jóvenes y adultos a manejar las cámaras, pero ante todo se trata de "generar proyectos de vida". Proyectos como el de Joel, quien entró a la Escuela hace cinco años y hoy tiene no solo el sueño, sino la certeza, de que irá a estudiar en Cuba dirección de cine, para luego regresar y hacerse cargo de la Escuela y del festival de cine comunitario "Ojo al Sancocho".

Pues a los jóvenes cineastas de Ciudad Bolívar no les bastó con crear una escuela. Después de tres años de contar historias, quisieron que su trabajo saliera de las cámaras, se proyectara, se diera a conocer. Con esta intención, Sueños Films Colombia organizó el Festival "Ojo al Sancocho". Como su nombre indica, se trata de mirar el "sancocho" que es Ciudad Bolívar: una mezcla de "pobres muy pobres, ricos muy ricos, intelectuales, poetas y artistas", como lo definen sus creadores. En Ciudad Bolívar esta iniciativa se ha convertido en un referente del cine comunitario nacional e internacional.

Construyendo juntos la sala de cine

Ahora, el siguiente paso es construir un cine propio, pues desde hace más de tres años los fundadores del festival sueñan con un espacio propio para mostrar sus cortometrajes. Con la ayuda del colectivo colombiano Arquitectura Expandida, una organización dedicada a construir espacios para proyectos sociales, lograron conseguir los medios para materializar la idea. Según Felipe González, uno de los miembros, este colectivo es "un proyecto que nace de la ausencia del Estado, pues no había aquí infraestructuras sociales ni educativas". A través de sus conocimientos urbanísticos y arquitectónicos, un grupo de tres jóvenes —un belga, una española y un colombiano— decidieron crear en 2010 Arquitectura Expandida. En 2016, sus esfuerzos están enfocados a apoyar el proyecto de la sala de cine en Ciudad Bolívar.

Pero para González, este proceso no significa llegar a Ciudad Bolívar e imponer una construcción. Todo lo contrario: el esfuerzo debe ser colectivo, creado con y para la comunidad. El diseño de la sala de cine, que estará construida en guadua, no solo será un espacio para proyectar películas, sino también para realizar eventos comunitarios. Así mismo, el lugar de construcción surgió de una decisión de la comunidad. Se trata de la Vereda Potosí, un terreno con valor simbólico. Allí está ubicado el Colegio Ices: un colegio de puertas abiertas, sin rejas, ni candados que nació para brindar una educación alternativa y popular. En Ciudad Bolívar, el colegio es un espacio de resistencia. Pues aunque uno de sus fundadores fue asesinado y la administración de Bogotá le quitó el apoyo económico, el colegio sigue en pie. Justo allí se construye la sala de cine, en una de las casetas adyacentes al colegio. "Este es el epicentro del barrio, aquí está ubicada la Escuela de Cine y aquí comenzó el colegio. Es una manera de recordar la historia y de que la comunidad se apropie de esto", dice Hernando Gutiérrez, uno de los directivos del Colegio Ices.

El proyecto ha logrado que los vecinos se involucren. Las obras de construcción tienen lugar los fines de semana, a fin de que más gente pueda colaborar. Al principio fue difícil, pero mientras la construcción crece, más personas quieren formar parte. Desde el segundo fin de semana, José Arcángel, un maestro de obra, quiso involucrarse: "Vi que tenían herramientas y con eso se puede trabajar por difícil que sea. Lo hago porque me da gusto que otros tengan lo que yo no tuve", dice este hombre de pelo blanco que, a pesar de su edad, es uno de los primeros en llegar a trabajar.

Películas en vez de combates

Como Joel, quien quiere convertirse en director de cine, y el maestro de obra José, cada fin de semana son cada vez más los que cortan, pegan, miden y arman en el lugar donde estará la sala de cine.

En octubre de 2016, en el marco de la novena edición del Festival Ojo al Sancocho, se estrenará la sala, con un proyecto visual hecho en comunidad. Así, quienes viven en este territorio podrán hablar y denunciar sin intermediarios. Con la inauguración del cine se comprobará, como dice la líder comunitaria Angie Santiago, que "cada clic que se dispara con una cámara, evita el disparo de un arma. La cámara es la posibilidad de decir la verdad y, sobre todo, de que se sepa realmente cuál es la historia de este lugar".

La democratización del agua*

Tres ingenieros chilenos construyeron FreshWater, un artefacto doméstico que puede garantizar el acceso autónomo de agua potable a millones de latinoamericanos.

FreshWater puede instalarse en cualquier lugar, independiente de la geografía o el clima. Incluso en un clima tan hostil como el desierto de Atacama (Chile), el más seco del mundo, un dispositivo de FreshWater puede obtener hasta nueve litros de agua al día y treinta y dos mil durante sus diez años de vida útil, mientras que en la costa llega a alcanzar los treinta litros diarios. Y solo requiere una batería o enchufe eléctrico. Funciona recreando el ciclo natural del agua: un estanque de unos cien centímetros de alto atrapa vapor y crea una nube que luego se enfría hasta provocar lluvia. De ahí, un computador la encauza hacia distintos estanques que filtran, purifican y esterilizan el agua. El resultado es agua absolutamente libre de sodio, minerales pesados, fluoruro o conservantes, a un costo de 0,03 dólares americanos por litro.

Los creadores de FreshWater no inventaron una tecnología, sino más bien la optimizaron. Todo comenzó en 2010 cuando el ingeniero forestal Héctor Pino se vio en la necesidad de conseguir agua ciento por ciento libre de sodio para su hija que tenía un déficit renal. Investigó y llegó a los sistemas militares de deshumidificación. Inspirado por ese sistema se preguntó cómo podría aplicar esa tecnología en el ámbito doméstico a través de un sistema sustentable, sencillo y económico. Así, se asoció con Carlos Blamey, ingeniero experto en submarinos, y Alberto González, diseñador industrial con conocimientos en aeronáutica. Y, tras algunas investigaciones y pruebas, lograron crear el primer prototipo de FreshWater en 2013.

---

* Escrito por Daniela Silva Astorga. Daniela es periodista especializada en artes visuales, danza contemporánea y museos. En 2013 obtuvo la Beca Gabriel García Márquez de Periodismo Cultural de la FNPI. Trabaja para el diario chileno El Mercurio. Publicado con autorización del Goethe Institut / Futureperfekt (www.futurzwei.org).

Harald Welzer

Comunidades conscientes

Recién con esa primera estructura, que según sus creadores "era como un Frankenstein", este trío de ingenieros creativos se dio cuenta del gran potencial que tenía. Solo hoy en Chile existen cuarenta mil comunidades, en su mayoría rurales, que no tienen acceso a agua potable. Y en toda América Latina se calcula que hay treinta y cuatro millones de personas en igual situación. "Quisimos democratizar el acceso a este recurso, llevarlo a zonas remotas y de escasez", sostiene Pino. Para eso debieron mejorar el diseño y el sistema de FreshWater. Es así como construyeron un aparato que luce como un lavatorio con un grifo y de fácil manutención. "Al probarlo en zonas como Petorca, en la V Región de Chile, descubrimos que no podíamos entregar algo demasiado tecnológico a las comunidades aisladas. Nadie lo entendería ni usaría. Conseguir la estructura actual costó años", comenta Pino. Tanto, que recién a fines de 2015 lanzarán el equipo de forma comercial.

Tras sus pruebas iniciales, los fundadores se asociaron con la ONG chilena Socialab, que apoya emprendimientos revolucionarios y sostenibles. Además, buscan configurar un nuevo modelo de desarrollo socioeconómico y coinciden con FreshWater en su interés por distribuir este sistema en varias localidades en Chile, pero también en otros países. "Queremos llevarlo a, por ejemplo, la Guajira colombiana y el Chaco argentino", afirma Héctor Pino, con la idea de mejorar el acceso a agua de calidad pensando en la salud de cientos de habitantes.

No obstante, no se trata simplemente de viajar e instalar la tecnología. Según Héctor Pino, uno de los factores importantes es el trabajo con las comunidades, realizar actividades de creación conjunta del mecanismo y monitorear los hábitos de consumo antes de ponerlo en funcionamiento. Y agrega: "Se trata de que el dispositivo sea de fácil uso, como un electrodoméstico y no un contenedor colectivo y grande, de esos que al final nadie mantiene."

Un futuro complejo

El dispositivo de FreshWater cuesta actualmente mil quinientos dólares americanos y se construye en setenta y dos horas. El siguiente desafío es conseguir una producción más económica. Para eso, ya cuentan con el apoyo de Start-Up Chile, del Fondo SSAF (Subsidio Semilla de Asignación Flexible) y de la Corfo (Corporación de Fomento a la Producción) para probar el sistema en la Región de Atacama.

Sin embargo, existen múltiples barreras para crecer. Aunque han iniciado conversaciones con el gobierno de Chile, las cosas avanzan lentamente. Según Pino, "en el país existe una guerra del agua encubierta. La protagonizan, entre otros, los dueños de camiones cisternas que van a zonas aisladas. Como nosotros rompemos su esquema y negocio, nos cuesta avanzar. Somos un mercado alternativo y queremos que esto se convierta en una solución global. A la gente le brillan los ojos cuando les decimos que podrán tener agua prístina con solo apretar un botón. Eso nos entusiasma tanto, que vale la pena todo el esfuerzo."

La memoria en cartón[*]

En Bogotá, un grupo de desplazados de la violencia relata sus vivencias a través del arte. Intentan así sanar sus heridas y evitar que el pasado se repita.

La primera vez que Rolando Paz, un campesino del departamento del Huila, en el suroccidente de Colombia, llegó al Centro de Memoria, Paz y Reconciliación (CMPR) en Bogotá, le entregaron un lápiz y un papel. Le dijeron que debía dibujar algo relacionado con su lugar de origen. No sabía qué hacer, pero al final, en el papel quedaron retratadas unas estatuas de piedra atravesadas por el río Magdalena y rodeadas de semillas y plantas de café, algodón y arroz. Para Rolando, esto era lo más representativo de su tierra, el municipio de San Agustín.

Así recuerda este hombre el lugar del que salió por primera vez en el año 2000 con su esposa y sus cuatro hijos. Es el mismo lugar al que regresó un par de años después y del que tuvo que volver a salir de nuevo en 2007. En ambas ocasiones, tuvo que partir desplazado por grupos armados al margen de la ley. Rolando es uno de los seis millones novecientas mil de personas que en Colombia han tenido que huir de sus hogares a causa de una guerra de más de medio siglo entre fuerzas militares estatales, guerrillas comunistas y grupos paramilitares. Según la ACNUR (Oficina del Alto Comisionado de la ONU para los Refugiados), Colombia es el país con más desplazados en el mundo, seguido por Siria e Irak.

---

[*] Escrito por Estefanía Avella Bermúdez. Estefanía trabaja como periodista en Bogotá. Escribe para el diario *El espectador* y la plataforma periodística "Cerosetenta" (cerosetenta.uniandes.edu.co). Publicado con autorización del Goethe Institut / Futureperfekt (www.futurzwei.org).

Harald Welzer

Construir memoria para evitar que la historia se repita

En el año 2013, Rolando Paz y otras treinta y nueve víctimas del conflicto colombiano comenzaron a dibujar los recuerdos de sus casas, pueblos y familias. A través de estos ejercicios nació el proyecto "Cartongrafías de la Memoria", una editorial independiente dedicada a construir memoria a través del cartón, los dibujos y las palabras. Las mismas personas que han vivido las consecuencias directas de la guerra se dedicaron a contar y recrear gráficamente sus historias y las de otras víctimas del conflicto colombiano. Ante todo, como dice Rolando, este es un espacio que ayuda a restaurar y sanar.

Hace tres años, Rolando se dedicaba a vender café, empanadas y artesanías –collares y pulseras hechos por él mismo– en la localidad de Suba, en el noroccidente de la ciudad; ahora es el director de la editorial. Este hombre de piel trigueña, de baja estatura, rasgos fuertes y que casi todos los días utiliza un chaleco impermeable, llegó al primer taller de "Cartongrafías" sin saber para qué ni por qué. "Cuando comenzamos nadie quería hablar. Ahora que la gente sabe que ya contó su historia, no hay temor", dice con convicción, aunque en voz baja. La idea surgió de organizaciones de víctimas en Bogotá que vieron la necesidad de que quienes han sufrido a causa de la guerra, cuenten los hechos.

"La historia nos la han contado mal. Nos dimos cuenta de que lo que está escrito no representa a los afectados por el conflicto", dice Marcela Ospina, fundadora e integrante de la editorial. Por eso, porque sintieron la necesidad de romper con los imaginarios sobre el conflicto creados por la academia y los medios, y porque quisieron dar a conocer las realidades que no se han hecho visibles, organizaciones de víctimas le propusieron al Centro de Memoria, Paz y Reconciliación –un espacio distrital creado para la reconstrucción del pasado colombiano– hacer talleres de cartografía social. Esto con el fin de restaurar simbólicamente los lazos con los lugares de origen de las víctimas. Así, "Cartongrafías" se transformó en un espacio para no olvidar los propios territorios de origen, reconstruir las travesías tras el desplazamiento y, sobre todo, convertir las historias personales en la memoria del país y un incentivo a que la guerra y el desplazamiento no se repitan.

En búsqueda de la autosuficiencia laboral

Los primeros dibujos que surgieron de los talleres fueron editados, calcados, grabados en linóleo (un tipo de caucho), tallados con una gubia (una herramienta manual utilizada en carpintería), recubiertos con tinta y, finalmente, plasmados en hojas con una prensa de hierro que funciona con manivela. El fin de todo esto era crear artesanalmente la primera publicación: unas agendas de notas, cada una con cuatro historias diferentes y con una portada de cartón con un dibujo en tinta negra. Aunque el equipo actual lo conforman solo siete personas que durante su vida no han estado relacionados directamente con el dibujo y la escritura –de hecho, Rolando, por ejemplo, solo estudió hasta tercero de primaria–, la idea se ha fortalecido. Actualmente existen tres publicaciones editadas, todas con el mismo proceso manual, y dos proyectos en proceso de realización. Después de la publicación de las agendas en 2013, en 2014 publicaron Goloza, una caja de cartón con dieciocho cuentos cortos creados a partir de las historias de niños víctimas del conflicto. Así mismo, en 2015 realizaron las primeras copias de *Jorgito*, un libro que narra los eventos de vida de un niño de Samaná (Caldas) que perdió a sus hermanos por el reclutamiento forzado y cuyo padre fue asesinado por la guerrilla. "Jorgito", el protagonista del libro, tampoco sobrevivió, pero Marcela Ospina, amiga de infancia de Jorgito, quiso que no fuera olvidado. Escribió la historia y hoy después de contarla con voz temblorosa y los ojos brillantes, dice: "nunca pensé que escribiría un libro. Me siento feliz de haberlo hecho, porque finalmente el proceso de memoria es lo único que queda".

El grupo de "Cartongrafías" está convencido de que este "es un archivo para evitar que la historia sea la misma", como dice otro de los integrantes de la editorial, Genis Marca. Pero está claro que no se trata solo de una herramienta para construir memoria, sino de un proyecto de vida laboral y autosuficiente. "Cartongrafías puede aspirar a tener una visión más emprendedora que no solo se sostenga sobre el relato de víctimas. Nos interesa que conozcan a los participantes por la calidad del producto y no solo por la historia. Si esto no sucede, no hay transformación y es caer en el discurso revictimizante", dice Arturo Charria, encargado de la Dirección de Gestión de Conocimiento del Centro de Memoria, Paz y Reconciliación.

Por este motivo, el proyecto busca que sus miembros tengan también un reconocimiento económico; sus publicaciones se encuentran en librerías a nivel nacional e internacional y han participado en las dos últimas versiones de la Feria Internacional del Libro de Bogotá. Además, los integrantes de Cartongrafías han recibido el título de "Pedagogos de la Memoria", que les otorgó la Secretaría Distrital de Educación de Bogotá, por enseñar lo que hacen. De este modo consiguen otra fuente de ingreso para sostener el proyecto: dictando talleres a otras víctimas y a estudiantes de colegios distritales. "Les enseñamos cómo construir memoria y a los que han tenido dificultades, les contamos por lo que hemos pasado y les decimos que aquí estamos. Y que hay que seguir adelante", señala Rolando.

Más allá de la crisis[*]

Las monedas sociales que crearon colectivos en España en respuesta a la crisis económica modifican cuestiones fundamentales del sistema económico favoreciendo una sociedad más justa a nivel local.

Jesús G.C. es carpintero y vive en Jerez de la Frontera, España. Al año de instalarse en la ciudad entró en contacto con la red de moneda local Zoquito, pidió su cartilla y comenzó a intercambiar trabajos de carpintería por otros bienes y servicios. "Cuando llegué aquí estaba sin trabajo, me enteré de lo de la moneda social y me metí a probar la experiencia del trueque", relata. Como él, alrededor de un centenar de personas integran esta red cuya herramienta de transacción, el zoquito, es una moneda ficticia de crédito mutuo basada en la confianza. Ficticia, no porque no exista, ya que se pueden comprar cosas con ella, sino porque no hay moneda como tal, los intercambios se apuntan en una cartilla.

El último intercambio que realizó Jesús fue un servicio de carpintería para una chica que quería un tablao de madera para bailar. Como pago ella restó 45 zoquitos de su cartilla y él los sumó. "Ahora, a la chica del tablao le compro comidas a 8 zoquitos. Antes pagaba 7 pero como están muy ricas y abundantes pues 8. De hecho se viene a comer conmigo". Como ellos muchos otros usuarios comienzan haciendo servicios a cambio de zoquitos y acaban haciendo trueques como en los bancos de tiempo. "A mí me viene muy bien también para conseguir trabajo", comenta Jesús. "Si alguien necesita un carpintero pregunta antes si hay alguno en la red".

---

[*] Escrito por Alejandro Panés. Alejandro es poeta y escritor de contenidos. De formación periodística, realizó estudios de literatura comparada en la Universidad de NSW en Sídney, Australia. Es fundador e integrante del proyecto de improvisación poética en espacios públicos Momento Verso. Actualmente también colabora en publicaciones culturales de vanguardia como *Yorokobu* o *El Estado Mental*. Publicado con autorización del Goethe Institut / Futureperfekt (www.futurzwei.org).

Esta idea se le ocurrió a Maki Iizuka, una japonesa que vino a Jerez por el flamenco hace más de quince años y que ahora también regenta un restaurante ocasional de comida japonesa y vegana. Por supuesto, allí se aceptan zoquitos. Maki se basó en las monedas sociales que surgieron en su país a raíz de la crisis económica de hace dos décadas para experimentar lo mismo en la ciudad gaditana. Junto con su marido, Nicolás Patris, y otros miembros de la asociación de consumidores de productos ecológicos El Zoco, se pusieron manos a la obra y poco a poco se fueron uniendo más personas. Ahora son casi un centenar. En 2017 cumplen su décimo aniversario y para celebrarlo pretenden acoger el próximo encuentro estatal de monedas sociales.

Una gran diversidad

Sin embargo, el zoquito no es ni mucho menos el único dinero social que existe en España. Según Julio Gisbert, fundador del Instituto de moneda social español y autor del libro y del blog *Vivir sin empleo*, actualmente coexisten entre setenta y ochenta monedas complementarias diferentes. Y puntualiza complementarias porque "el término social es muy elástico". La tipología que maneja Julio es más técnica y alude a la generación de las mismas. "Un tipo son las monedas de crédito mutuo como el zoquito o el puma, en Sevilla, que como los bancos de tiempo se basan en el intercambio de recursos, bienes y servicios. El segundo tipo son las monedas soportadas por moneda legal como el ekhi en Bilbao que se obtiene cambiando euros. El tercero son las monedas fiduciarias que se crean de la nada". En su blog hay un mapa colaborativo donde se recogen muchas de ellas.

El Boniato, que opera en Madrid desde 2013, si bien es una moneda social y local, pertenece a este tercer tipo por la variante de la fidelización. La moneda se crea cuando el cliente realiza una compra en euros en un comercio del Mercado Social de Madrid. Al importe se le aplica una bonificación en boniatos que acumula para comprar posteriormente en otras entidades asociadas. Las empresas luego gastan los boniatos recibidos en otras empresas o comercios del MES, por ejemplo proveedores.

Pero también podría decirse que el boniato pertenece a la segunda categoría, al menos una vez al año. El verano pasado durante la III Feria de Economía Social y Solidaria en el Matadero de Madrid se cambiaron más de treinta mil euros en boniatos impresos para ser gastados en productos y servicios ofrecidos por entidades del MES durante el evento. Así mismo, las entidades pueden cambiar sus boniatos por euros cuando tengan un excedente de los mismos.

Más allá de una respuesta a la crisis

El dinero social responde a factores coyunturales y estructurales. Es decir, actúa como herramienta de intercambio para las personas o comercios más vulnerables a la crisis y a su vez modifica algunos axiomas del sistema económico imperante que generan desigualdades. La moneda social no es un depósito de valor, no produce intereses, no interesa acumularla y dinamiza la economía local. En definitiva, garantiza un cambio de hábitos en el consumo, la financiación y la interacción entre las personas.

"Desde luego que no solo es un remedio a la crisis económica. Muchos de los colectivos que promueven estas monedas quieren una sociedad más justa, una sociedad diferente", afirma Julio Gisbert. "Hay monedas alternativas al sistema y monedas complementarias... sin embargo, el número de usuarios todavía es escaso, quizás el 95% de la población española ni siquiera haya oído hablar de ellas. Se trata de un movimiento minoritario".

Cada moneda complementaria o social tiene por tanto sus propias funciones, aspiraciones y objetivos. "La red de zoquitos es sobre todo un espacio de autoaprendizaje. Nosotros hacemos un trabajo pequeño y lento pero seguro", cuenta Maki Iizuka. "Antes de crear una nueva economía, una nueva manera de trabajar en comunidad, hay que desaprender porque si no, no hay hueco para aprender. Cambiar cuesta tiempo. El objetivo principal es que la gente de la comunidad tenga sus necesidades básicas cubiertas. Tenemos que ser capaces de ver las personas, no solo los números". Personas como Jesús que no solo consiguen desempeñar su oficio a través de la red sino que también ayudan a otras personas y por el camino hacen amistades.

NEOJIBA - Música que transforma vidas*

El pianista Ricardo Castro inició una red de proyectos comunitarios de música con niños y jóvenes de todo el estado de Bahía.

"Cuando alguien empezó a tocar piano a los tres años, no puede detenerse de repente. Ni decidir que ya no quiere tocar más, pues no va a poder hacerlo. Es como comer y dormir" dice Ricardo Castro, el primer brasilero en recibir el título de miembro honorario de la Royal Philarmonic Society. Sin embargo, esa relación orgánica que el brasilero construyó con la música va más allá de su sólida carrera internacional, llegando a más de 4600 niños, adolescentes y jóvenes a través del programa NEOJIBA (Núcleos de Orquestas Juveniles e Infantiles de Bahía). "Al principio, simplemente creamos una orquesta sinfónica, que ya tenía algo inédito desde el origen" dice Castro, que fundó el programa en 2007, en Salvador. "La novedad es que aquí la orquesta es el medio para llevar la práctica musical colectiva al mayor número posible de personas. Desde el comienzo, sin saberlo, yo quería que la platea fuera parte del escenario" agrega.

Formación en Suiza

Natural de Vitória da Conquista, en Bahía, el músico se fue a Europa siendo todavía muy joven. Formado por el Conservatorio de Ginebra, Castro da clases desde 1992 para estudiantes de maestría de la Haute École de Musique de Lausanne, en Suiza. "Pero nunca dejé de ser brasilero. Mi familia permaneció en el país y, en algún momento, me enfrenté a esa realidad

---

* Escrito por Christiane Sampaio. Christiane es periodista y coordinadora de proyectos en las áreas de políticas públicas, educación y derechos humanos. Publicado con autorización del Goethe Institut / Futureperfekt (www.futurzwei.org). Copyright: Goethe-Institut Brasil, dentro del marco del proyecto internacional FUTUREPERFECT. Licencia de *Creative Commons*, BY-SA 4.0 International. Agosto de 2016.

social" relata el pianista cuando recuerda el instante en que sintió que podría hacer 'algo más' como artista. "Después se trató de conseguir socios. El Projecto Axé, el Conquista Criança y el projecto Belgais, de la pianista Maria João Pires, en Portugal, fueron mis tres principales referencias", dice.

El lugar de la platea es el escenario

En enero de 2007 empezó la aventura en NEOJIBA para Ricardo Castro. "Lo que sucede aquí es algo nuevo, también para mí. Cambié mucho mis conceptos como artista. Después de los últimos nueve años, viviendo cotidianamente nuestro lema 'aprende aquel que enseña', lo cambié por el lema: 'el lugar de la platea es el escenario'. Considero que todos pueden alcanzar un nivel general de excelencia en el arte si se les da la oportunidad" analiza el pianista.

Castro cree que la práctica artística no puede ser el privilegio de pocos: "Ya sabemos que el arte es transformador y esencial para una vida en comunidad. De lo que se trata ahora es de convencer a cada vez más personas de que es posible para todos y que debería ser una prioridad en las políticas públicas". Y mientras que la formación musical sigue siendo bastante difícil para muchos niños, adolescentes y jóvenes brasileros, el NEOJIBA avanza a grandes pasos.

Todo es posible

En 2016, el programa ya cuenta con diez Núcleos de Práctica Orquestal y Coral con sede en Salvador de Bahía y otros municipios bahianos, entre ellos Simões Filho, que lidera el ranking de homicidios en Brasil. El programa tiene otros socios en quince barrios de Salvador con los mayores índices de violencia de la región metropolitana y en diecisiete ciudades del interior del estado. Son proyectos comunitarios de música, orquestas filarmónicas y bandas escolares, que reciben gratuitamente de parte de NEOJIBA actividades de formación musical, calificación en el campo pedagógico y de gestión y conciertos didácticos.

"La orquesta es la manera más rápida y eficiente para alcanzar un resultado de impacto en poco tiempo. Eso ocurre por el tamaño, repertorio y la exigencia de disciplina. El canto coral también es una actividad fundamental. Ampliamos nuestro trabajo a todas las formaciones posibles, como la Orquesta de Instrumentos punteados y de cuerdas. Quizá tendremos pronto una orquesta de berimbau o solo de percusión. Todo es posible" relata Castro.

Una experiencia más real

Algunos de los músicos brasileros de NEOJIBA forman parte de un grupo de 104 músicos, con edades entre los catorce y los veintinueve años, que se presentan a partir de agosto de 2016 en Francia, Suiza e Italia. Son once conciertos bajo la dirección de Ricardo Castro y en compañía de dos de las mujeres en la música mejor conceptuadas de la actualidad: la pianista Martha Argerich y la violinista Midori Goto.

"Creo que existe el deseo de escuchar a esos jóvenes tocando, por la manera en que abordamos el repertorio, por la dedicación y energía que emana de la conjunción de esas energías. El resultado siempre es bastante emocionante" agrega Castro. Para el público europeo, habituado a oír orquestas profesionales y estandarizadas, el interés en el trabajo realizado en Bahía está en la posibilidad de formar parte de una experiencia más real, concluye el pianista brasilero.

Viviendo y aprendiendo*

La iniciativa Vila Flores revitaliza un complejo arquitectónico y viabiliza iniciativas culturales, sociales y educativas en Porto Alegre, Brasil.

Dos edificios y un galpón, proyectados por el alemán Joseph Lutzenberger a fines de los años 1920 y cariñosamente conocidos como "casitas de Lutzenberger", son desde 2012 un espacio colaborativo que reúne proyectos culturales y sociales, así como iniciativas educativas. Vila Flores es un espacio multifuncional que alberga artistas, diseñadores de diversas áreas, arquitectos y otros profesionales creativos, en una zona que comienza a ser revitalizada en Porto Alegre: el barrio Floresta.

La idea de restaurar los edificios que son patrimonio histórico de la ciudad y de ocuparlos con actividades culturales provino de la misma familia Wallig, heredera del conjunto, pero fue desarrollada junto a otras personas. "Todo fue pensado y construido con mucha investigación y colaboración de pobladores de la ciudad, que participaron desde el principio y tenían interés no solo en preservar el edificio, sino que en construir espacios de convivencia, queriendo proporcionar accesibilidad a la cultura y pensar una ciudad más humana", cuenta Antonia Wallig, gestora cultural de Vila Flores junto a Aline Bueno.

En 2013 tuvieron lugar las primeras actividades dirigidas al público, tales como espectáculos de teatro, exposiciones, talleres y shows. Pero fue en 2014 que el proyecto pasó a tener su configuración actual, cuando veinte iniciativas comenzaron a ocupar espacios individuales de trabajo. "Cada uno reformó su espacio con sus propias ideas y, hoy, esas iniciativas, que llamamos "residentes", realizan sus actividades dentro de su área de actuación,

---

* Escrito por Camilla Gonzatto. Camila es guionista y directora de cine y televisión, y cursa el doctorado en Teoría de Literatura en la PUC-RS en Porto Alegre y en Berlín. Publicado con autorización del Goethe Institut / Futureperfekt (www.futurzwei.org). Copyright: Goethe-Institut Brasil, dentro del marco del proyecto internacional FUTUREPERFECT. Licencia de *Creative Commons*, BY-SA 4.0 International. Abril de 2016. Traducción de Ilana Marx.

pero también crean proyectos compartidos que promueven el diálogo entre las áreas del conocimiento", explica Wallig.

Propuestas consistentes y de cuño educativo

Vila Flores es administrada por la Asociación Cultural Vila Flores, que además de coordinar de manera colaborativa todo el espacio junto con los residentes del local, también se encarga de proponer una agenda cultural dirigida al público. La prioridad son actividades promovidas por los propios residentes, pero también se realizan proyectos externos, desarrollados junto a la Asociación. "Como Vila Flores no es un espacio de eventos y sí de proyectos culturales, le damos valor a la consistencia de las propuestas y a su contenido educativo", explica Aline Bueno. Además de los eventos, en Vila Flores hay un día oficial de visita. Los martes por la tarde, todas las puertas de los talleres están abiertas al público.

La gestión del espacio está centrada en ideas de colaboración, compartir, solidaridad, comunidad y creatividad. "No pensamos y actuamos conforme a una lógica de acumulación de capital monetario, pero sí de vivencia de experiencias, intercambio de conocimientos, convivencia con personas de diferentes perfiles" explica Bueno.

Cemento y lápiz de labios

La diversidad es realmente lo que da el tono del proyecto. Entre los residentes existe, por ejemplo, el proyecto Mujer en Construcción, que capacita mujeres para actuar en la construcción civil. El proyecto actúa en dos niveles: en uno de ellos se encuentran los talleres "Cemento y lápiz de labios", en los que las mujeres aprenden a hacer pequeñas reparaciones tanto para trabajar en esa área como para uso propio. Las participantes en estado de riesgo social reciben becas a partir de convenios internacionales para que puedan participar gratuitamente en los cursos. "Muchas amas de casa vienen a vernos para aprender a arreglar ellas mismas sus enseres domésticos, economizando también en el presupuesto familiar", cuenta Bia Kern, presidente de Mujer en Construcción.

También hay capacitación de profesionales de áreas afines (arquitectas, ingenieras, diseñadoras de interiores) que quieren literalmente meter las manos en la masa y entender la construcción civil en la práctica.

Ver el mundo de forma más colorida

En el sector educativo también existe el proyecto Escola Convexo (Escuela de lo convexo), que trabaja con niños y jóvenes de ocho a dieciocho años para desarrollar el espíritu de liderazgo resolviendo problemas reales. En Vila Flores, los alumnos crean junto a los residentes proyectos de impacto socioambiental, sociocultural y de generación de beneficios y oportunidades en el barrio Floresta. "Estar presente en un ambiente como Vila Flores hace que el alumno de Convexo tenga contacto con diferentes realidades y vea el mundo de una forma más colorida", dice Bruno Bittencourt, miembro de la Escola Convexo.

Juntando la idea de la bebida tradicional de Rio Grande do Sul, el mate, con los espacios dedicados al intercambio de experiencias y libre experimentación en informática, se fundó el proyecto Matehackers, también residente en Vila Flores. Funciona de manera abierta y plural, sin cargos de dirección, socios o miembros, y realiza diversas actividades con la idea de reunir personas en torno a la ecología.

Compañías teatrales, espacios de videoartistas, estudios de sonido, talleres de restauración de bicicletas y diversos ateliers también forman parte del mosaico de Vila Flores y contribuyen a la gestión colaborativa y multidisciplinaria del espacio.

Turismo comunitario en la Amazonia*

En el norte brasilero, la iniciativa individual intenta que el turismo en la región se realice de forma consciente y sustentable, en defensa del ambiente y de las culturas locales.

Daniel Cardoso dos Anjos, ese brasilero de gran sonrisa y postura firme, nació en Santarem, en el estado de Pará, y milita desde los doce años en causas socio-ambientales con una inquebrantable perseverancia.

Como uno de los grandes activistas locales, integra el Consejo Indígena de Tapajós-Arapiuns (CITA), además de haber sido uno de los iniciadores de la Reserva Extractivista Tapajós-Arapiuns, de la cual es uno de los gestores actuales, una Unidad de Conservación de Uso Sustentable, con un área de 690 mil hectáreas, donde viven 4600 familias en setenta y cinco comunidades, con una población estimada en diecinueve mil personas.

Esta zona protegida –en la que los habitantes deciden sus destinos de forma participativa – es un ejemplo de caminos alternativos para la explotación sustentable de la selva. Lamentablemente, esta reserva protegida está cada vez más aislada debido a la tala, a la parcelación ilegal del suelo y a los monocultivos que se extienden cada vez más.

La iniciativa más reciente de Daniel Cardoso dos Anjos es el "turismo comunitario". Un cortometraje registra su primera experiencia y documenta la actuación de los que defienden el patrimonio natural de la región amazónica.

---

* Escrito por Pedro Barbosa. Pedro es director audiovisual y biólogo. Además de participar en diagnósticos y proyectos socioambientales, hace años que registra imágenes y declaraciones, con el objetivo de profundizar en la esencia de pueblos, culturas y paisajes. Publicado con autorización del Goethe Institut / Futureperfekt (www.futurzwei.org). Copyright: Goethe-Institut Brasil, dentro del marco del proyecto internacional FUTUREPERFECT. Licencia de *Creative Commons*, BY-SA 4.0 International. Octubre de 2015. Traducción de Ilana Marx.

Documentando historias y tradiciones propias*

Vincent Carelli creó una escuela de cine única en su especie para indígenas en Brasil, que en 2016 festejará sus treinta años de existencia.

A los dieciseis años, Vincent Carelli, "adolescente rebelde en crisis existencial", hijo de padre brasilero y madre francesa, decidió lanzarse a una aventura: en 1969 partió para la aldea indígena Xikrin, en el sur del estado federal de Pará. Allí fue adoptado por un "padre indígena". Para Carelli, ello significó formar parte de la comunidad de la aldea, participar de las jornadas de caza, abrir caminos en la selva y colaborar con la construcción de cabañas.

En ese período, al presenciar "ceremonias espectaculares", Carelli pensó que no podía ser el único privilegiado que conociera eso de cerca. Entonces, comenzó a fotografiar todo lo que veía. Fue el impulso inicial para un proyecto que desarrolló casi veinte años después, en 1986, el *Video nas aldeias*. Fue el momento en que el indigenista también se volvió cineasta y empezó a filmar los rituales y la vida cotidiana de varias etnias. "Mi equipo consistía en una cámara VHS, un pequeño generador, un reproductor y un monitor. Eso era todo. Y yo no sabía cómo hacer filmes. Aprendí a filmar con los indios, haciendo películas sobre ellos" relata Carelli.

En 2016, cuando el proyecto *Video nas aldeias* cumplió sus treinta años de existencia, cuenta con uno de los mayores acervos de imágenes indígenas conocidos. Varias películas fueron premiadas en festivales de diferentes partes del mundo. Entres sus admiradores hay figuras como el cineasta brasilero Eduardo Coutinho (1933-2014) y el antropólogo francés Claude Lévi-Strauss (1908-2009). Este último escribió dos cartas a Carelli, declarando, por ejemplo, que *O amendoim da cutia* (El maní del agutí, 2005) –una de las películas

---

* Escrito por Victor da Rosa. Victor es escritor y Doctor en Literatura. Publicado con autorización del Goethe Institut / Futureperfekt (www.futurzwei.org). Copyright: Goethe-Institut Brasil, dentro del marco del proyecto internacional FUTUREPERFECT. Licencia de *Creative Commons*, BY-SA 4.0 International. Abril de 2016. Traducción de Ilana Marx.

del proyecto *Video nas aldeias*, que fue concebido y filmado por indígenas– era el mejor film que había visto sobre indígenas latinoamericanos.

Preservando en filmes la historia y las ceremonias

Carelli, que todavía se considera más activista en temas indígenas que cineasta, dice que la militancia es el "fundamento de todo" y explica que al comienzo del proyecto, la idea no era hacer películas y mucho menos, formar cineastas indígenas, como sucedió en la década del 2000, pero sí mostrar a los indígenas sus propias imágenes, así como promover por medio de estas filmaciones intercambios entre las diferentes etnias. "Yo filmaba, y a continuación hacía de inmediato pequeñas sesiones para que todos asistieran. Siempre importaron más las dinámicas que las películas mismas. Varias veces sucedió que una etnia retomara una tradición porque veía a través de las imágenes que otras la estaban aplicando." La primera película del proyecto *Video nas aldeias,* que llevaba el título *A festa da moça* (La fiesta de la chica, 1987), ya muestra ese carácter "experimental" del proyecto, al no retratar exactamente a los indígenas Nambiquara, pero sí el encuentro de ellos con su propia imagen en la pantalla.

"Yo estaba interesado en saber cómo reaccionarían los indígenas delante de su imagen proyectada. Al principio no les gustó mucho el resultado, quedaron decepcionados. Y criticaron el exceso de ropa que llevaban puesta" cuenta.

Claudia Mesquita, profesora de la Facultad de Comunicación Social de la Universidad Federal de Minas Gerais (UFMG), llama la atención sobre un aspecto en particular de los documentales de esa primera fase de Carelli. "Esas películas no solo registran el ritual, sino que también lo provocan. O sea que la presencia de la cámara hizo que el ritual tuviera lugar. Eso es muy interesante." El cineasta y activista a favor de los derechos de la población indígena recuerda que en *A festa da moça*, los indígenas decidieron hacerse una perforación de la nariz y de los labios al ser filmados. "Por eso fue tan mágico ese film, aunque fuera solamente una imagen pálida de lo que sucedió allí. Los más viejos decían: 'Si yo hubiera tenido una cámara una generación atrás, hubiera filmado a mi abuelo y les mostraría a los jóvenes que no estoy inventando las cosas de que hablo'. Inmediatamente después de *A festa da moça*, Vincent Carelli, que siempre "estaba muy justo de dinero" –filmó también *O Espírito da TV* (El espíritu de la televisión, 1990), que considera la "piedra inaugural del proyecto, porque representa el proceso de video en su plenitud", y *A arca dos Zo'é* (El arca de los Zo'é, 1993)–.

Escuela de cine indígena

Para el cineasta, *Vídeo nas aldeias* siempre tuvo como propuesta central "dar voz a los indígenas, a diferencia del cine etnográfico que siempre intenta explicar esto o aquello". Por eso fue algo muy natural que los propios indígenas empezaran a filmar. Al final de los años 1990, el proyecto estaba más consolidado después de alcanzar cierta notoriedad internacional. En esos años pudo continuarse el *Vídeo nas aldeias* gracias a algunas becas para artistas. Y Carelli opinó que era hora de invertir en el proceso de formación de jóvenes cineastas indígenas. "En realidad, yo ya había distribuido cámaras desde el principio, pues de cierto modo fueron los dirigentes indígenas los que siempre asumieron la dirección de la película, decidiendo qué y cómo filmar. Pero durante mucho tiempo tuve la idea algo tonta de no enseñarles nada. De dejarlos hacer lo que ellos quisieran."

Poco a poco se fue desarrollando un método. Al entrar en contacto con proyectos similares ya iniciados en otros países como Méjico y Bolivia, y también con los Ateliers Varan (escuela tradicional de formación de cine al estilo del Cinema Direct con sede en París), el *Vídeo nas aldeias* se fue consolidando como Escuela de cine.

Hoy ya son más de cien filmes los realizados por casi cincuenta etnias diferentes.

Aprendiendo con los inmigrantes*

Cocina, percusión, caligrafía: en Brasil es posible aprender todo eso con inmigrantes. La plataforma Migraflix organiza cursos y *workshops* con el objetivo de integrar a los inmigrantes en la sociedad y el mercado locales.

"Aquí se invierten los papeles. El inmigrante ya no es el extranjero que necesita recibir nuestra ayuda. Más bien se convierte en alguien que puede darnos algo. Y somos nosotros los que nos enriquecemos." Así, la empresaria paulista Patricia Salvaia describe los cursos de caligrafía árabe, percusión africana, además de cocina siria y marroquí que tomó durante los últimos meses. Todos organizados por Migraflix, una plataforma creada en setiembre de 2015 en la ciudad de San Pablo, que ya ofreció setenta *workshops* dirigidos por veinticinco extranjeros de bajos ingresos venidos de países como Bolivia, Perú y Siria. "Es un aprendizaje más rico que en las aulas convencionales, porque se da un intercambio cultural y nos aprendemos un poco sobre la vida en otros países" prosigue la empresaria.

Para el economista argentino Jonathan Berezovsky, quien tuvo la idea junto al periodista paulista Rodrigo Borges Delfim, ese es exactamente el objetivo de Migraflix: acercar a brasileros e inmigrantes por medio del intercambio cultural. "Además de generar ingresos para el inmigrante, ya que el 80% de las ganancias del *workshop* es para él, existe la preocupación de integrarlo a la sociedad brasilera", explica Berezovsky, que vive hace dos años en Brasil. "Durante un curso de cocina siria, por ejemplo, los participantes no solo aprenden a hacer una comida típica siria, sino también a conocer la historia de ese inmigrante: por qué tuvo que huir de Siria, o qué hacía antes de la guerra, y como está organizando su vida en Brasil", dice Beresovsky.

---

* Escrito por Ana Paula Orlandi. Ana es periodista, con trabajos en las áreas de cultura y comportamiento, y la edición de libros. Publicado con autorización del Goethe Institut / Futureperfekt (www.futurzwei.org). Copyright: Goethe-Institut Brasil, dentro del Proyecto internacional FUTURE PERFECT. Este texto está bajo la licencia del *Creative Commons* BY-SA 4.0 International. Julio de 2016. Traducción de Ilana Marx

Harald Welzer

Red de contactos

En los cursos se escuchan historias como la del ingeniero mecánico sirio Talal Al-Tinawi, que actualmente ofrece en Migraflix el *workshop* "A Síria sobre a mesa" (Siria sobre la mesa). "Con ese trabajo gano dinero, extiendo mi red de contactos y aprendo más sobre el pueblo brasilero", dice Al-Tinawi. En 2012, abandonó la ciudad de Damasco, dónde vivía, rumbo al Líbano, para obtener un certificado de lengua inglesa. Al volver a Siria fue detenido, al ser confundido con un homónimo suyo buscado por el gobierno, y pasó tres meses y medio detrás de las rejas. Al salir de la prisión, con miedo a ser detenido nuevamente y también presionado por la guerra civil en curso en su país desde 2011, decidió mudarse al Líbano con su esposa Gazhal y sus hijos Riad y Sara (hoy de catorce y once años respectivamente).

Como no se pudieron adaptar al Líbano, el ingeniero y su familia consiguieron en 2013 una visa para Brasil, adonde muchos de sus compatriotas ya habían emigrado. Para sobrevivir en el país, el ingeniero comenzó a vender comida siria en su casa. A fines del año pasado, obtuvo setenta y un mil reales (alrededor de veintiún mil dólares) por medio de un sitio web de financiamiento colectivo y en abril inauguró un restaurante en San Pablo. "Ahora mi país es el Brasil", afirma. Una historia exitosa la de Al-Tinawi, y sin embargo, una excepción todavía. "Los inmigrantes de bajos ingresos tienen muchas dificultades para encontrar trabajo y enfrentan prejuicios en Brasil", dice Berezovsky, cofundador de Migraflix.

Una mezcla fina

El argentino está fascinado por la cuestión migratoria. "Vengo de una familia de inmigrantes", cuenta el economista, nieto de una judía polaca que se radicó en Buenos Aires a fines de 1940, después de la Segunda Guerra Mundial. "Además, yo también soy inmigrante: nací en Buenos Aires, me crié en los Estados Unidos, viví un tiempo en Israel y ahora vivo en San Pablo". En Israel, donde vivió entre 2009 y 2014, colaboró con una ONG que apoyaba a refugiados africanos, provenientes sobre todo de Sudán y de Eritrea mediante la concesión de microcréditos. Al mudarse a Brasil en 2014, no abandonó la causa y creó Migraflix.

El proyecto que comenzó en San Pablo existe ahora también en Curitiba y Belo Horizonte. "El objetivo es llegar a más ciudades brasileras y también a otros países", planea Berezovsky. Además, Migraflix quiere llevar los *workshops* a las escuelas. "Es una forma de superar los prejuicios en relación a los inmigrantes desde temprano", cree Berezovsky. "Los prejuicios tienen que ver con la ignorancia". Con la misma propuesta, el economista fundó la banda Mazeej ("mezcla" en árabe), formada por músicos sirios, palestinos, libaneses y judíos brasileros. El estreno tuvo lugar a fines de mayo en una sinagoga de Sao Paulo. "La idea es reunir gente de diferentes países y religiones para mostrar que juntos podemos crear proyectos increíbles independientemente de la nacionalidad, el color de piel o la religión", agrega.

Impreso por TREINTADIEZ S. A. en 2017
Pringles 521 (C1183AEI)
Ciudad Autónoma de Buenos Aires
Teléfonos: 4864-3297 / 4862-6794
editorial@treintadiez.com

www.ingramcontent.com/pod-product-compliance
Lightning Source LLC
Chambersburg PA
CBHW080538220526
45466CB00010B/2962